世界遺産シリーズ

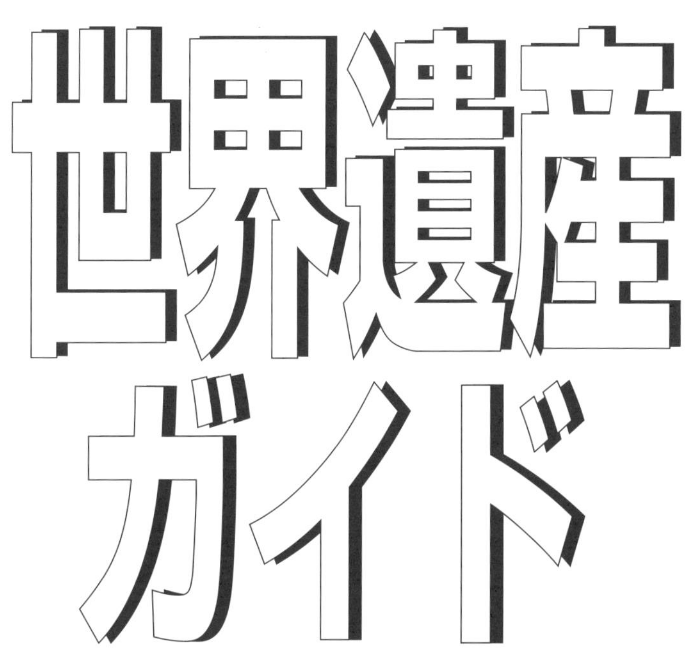

ー文化遺産編ー

2020改訂版

【目　次】

■ 文化遺産の概要

■ 世界遺産リストに登録されている文化遺産

■ 危機遺産リストに登録されている文化遺産

■ 日本のユネスコ文化遺産とポテンシャル・サイト

【表紙写真】

（表）　（裏）

❶	❷
❸	❹
❺	❻

（裏）❼

❶ ジョドレル・バンク天文台（英国）
❷ 古都プスコフの記念物群（ロシア連邦）
❸ コネリアーノとヴァルドッビハーテの
プロセッコ丘陵群（イタリア）
❹ フィリッピの考古学遺跡（ギリシャ）
❺ ビハール州ナーランダにあるナーランダ・マハーヴィハーラ
の考古学遺跡（インド）
❻ バガン（ミャンマー）
❼ テワカン・クイカトラン渓谷：メソアメリカの起源となる
環境（メキシコ）

文化遺産　キーワード

- Aesthetics　美学
- Anthropology　人類学
- Archaeological sites　考古学遺跡
- Architectural works　建築作品
- Area of nominated property　登録範囲
- Art　芸術
- Authenticity　真正性、或は、真実性
- Boundaries　境界線（コア・ゾーンとバッファー・ゾーンとの）
- Buffer Zone　バッファー・ゾーン（緩衝地帯）
- Cave dwellings　洞穴住居
- Combined　works nature and man　自然と人間との共同作品
- Community　地域社会
- Comparison with other similar properties　他の類似物件との比較
- Component(s)　構成資産
- Conservation and Management　保護管理
- Core Zone　コア・ゾーン（核心地域）
- Criteria for Inscription　登録基準
- Cultural Heritage　文化遺産
- Cultural Landscape　文化的景観
- Earthen Architecture　土の建築物
- Ethnology　民族学
- Group of buildings　建造物群
- History　歴史
- Hominid sites　人類遺跡
- Human Evolution　人類の進化
- ICCROM　文化財保存及び修復の研究のための国際センター（通称　ローマセンター）
- ICOMOS　国際記念物遺跡会議
- Industrial Heritage　産業遺産
- Integrity　完全性
- International Cooperation　国際協力
- Juridical Data　法的データ
- Modern Heritage　近代遺産
- Monitoring　モニタリング（監視）
- Monuments　モニュメント
- Preserving and Utilizing　保全と活用
- Reinforced Monitoring Mechanism　監視強化メカニズム
- Science　科学、学術
- Serial nomination　シリアル・ノミネーション（連続性のある）
- Sites　遺跡
- State of Conservation　保護状況
- Sustainable Tourism　持続可能な観光
- Transboundary nomination　トランスバウンダリー・ノミネーション（国境をまたぐ）
- Urban and Architecture　都市・建築
- Works of man　人間の作品
- Works of monumental sculpture and painting　記念碑的な意義を有する彫刻及び絵画
- World Heritage in Danger　危機にさらされている世界遺産

文化遺産の概要

バビロン（イラク）
2019年世界遺産登録

文化遺産　定義

文化遺産（Cultural Heritage）についての語義については、1972年11月16日にユネスコのパリ本部で開催された第17回ユネスコ総会において満場一致で採択され1975年12月17日に発効した「世界の文化遺産及び自然遺産の保護に関する条約」(Convention concerning the Protection of the World Cultural and Natural Heritage　略称　世界遺産条約　World Heritage Convention)の第2条で、定義されている。

文化遺産（Cultural Heritage)とは、歴史上、芸術上、または、学術上、「顕著な普遍的価値」（Outstanding Universal Value）を有する記念物、建築物群、記念的意義を有する彫刻および絵画、考古学的な性質の物件および構造物、金石文、洞穴居ならびにこれらの物件の組合せで、歴史的、芸術上、または、学術上、顕著な普遍的価値を有するものと定義することが出来る。

遺跡（Sites)とは、自然と結合したものを含む人工の所産および考古学的遺跡を含む区域で、歴史上、芸術上、民族学上、または、人類学上、「顕著な普遍的価値」を有するものをいう。
建造物群(Groups of buildings)とは、独立し、または、連続した建造物の群で、その建築様式、均質性、または、景観内の位置の為に、歴史上、芸術上、または、学術上、「顕著な普遍的」価値を有するものをいう。

記念物（Monuments)とは、建築物、記念的意義を有する彫刻および絵画、考古学的な性質の物件および構造物、金石文、洞穴居ならびにこれらの物件の組合せで、歴史的、芸術上、または、学術上、「顕著な普遍的価値」を有するものをいう。

複合遺産（mixed Cultural and Natural Heritage）とは、自然遺産と文化遺産の両方の定義を満たす物件で、「世界遺産ガイド–複合遺産編–」で詳しく取り上げるが、本書でも、複合遺産も含めて、文化遺産の全体像を明らかにする。

文化遺産（含む複合遺産)は、2020年3月現在、908物件（含む複合遺産の39物件）あるが、ゴレ島(セネガル)、ラリベラの岩の教会(エチオピア)、アーヘン大聖堂(ドイツ)、クラクフの歴史地区(ポーランド)、ヴィエリチカ塩坑(ポーランド)、メサ・ヴェルデ国立公園(アメリカ合衆国)、ランゾー・メドーズ国立史跡(カナダ)、キト市街(エクアドル）の8物件が1978年第2回世界遺産委員会（World Heritage Committee）で初めて登録された。

また、文化遺産の登録基準(i) (ii) (iii) (iv) (v) (vi)をすべて満たす典型的な文化遺産は、莫高窟（中国)、泰山(中国)＜複合遺産＞、ヴェネチアとその潟(イタリア）の3物件である。

文化遺産の中には、自然災害や人為災害などの原因や理由から「危機にさらされている世界遺産のリスト」(List of World Heritage in Danger)に登録され、緊急的な救済措置と恒久的な保護･保全を図る為の国際的な協力及び援助の体制を急務とする物件も数多くある。

世界遺産は、ユネスコの「世界遺産リスト」に登録されることがゴールではない。世界遺産登録後の恒久的な保存管理が必要であり、世界遺産登録時の完全性が損なわれると、「ドレスデンのエルベ渓谷」(ドイツ)の様に世界遺産リストからの抹消という不名誉なことになることもある。

また、文化遺産は、「武力紛争の際の文化財の保護の為の条約」、「文化財の不法な輸入、輸出及び所有権譲渡の禁止及び防止の手段に関する条約」、「盗取され、または、不法に輸出された文化財に関するユニドロワ条約」、「水中文化遺産保護に関する条約」、「無形文化遺産の保護に関する条約」、「文化的表現の多様性の保護及び促進に関する条約」などの他の国際条約や計画とも関わりが深い。

ゴレ島（セネガル）　1978年登録
登録基準（vi）
（写真）「絶妙の錨地」という意味をもつゴレ島

ラリベラの岩の教会（エチオピア）　1978年登録
登録基準（i）（ii）（iii）
（写真）各地からの巡礼と信仰の場になっている。

クラクフの歴史地区（ポーランド）
1978年／2010年登録　登録基準（iv）
（写真）ポドグージェ地区からヴァヴェル城を望む

ヴィエリチカ塩坑（ポーランド）
1978年／2008年登録　登録基準（iv）
（写真）聖キンガ礼拝堂内の岩塩の彫刻

アーヘン大聖堂（ドイツ）
1978年登録　登録基準（i）（ii）（iv）（vi）
（写真）ドイツ最古のロマネスク様式とゴシック様式が
見事に融合した聖堂

ランゾー・メドーズ国立史跡（カナダ）
1978年登録　登録基準（vi）
（写真）復元されたヴァイキングの住居。屋根は芝で覆われている。

メサ・ヴェルデ国立公園（アメリカ合衆国）
1978年登録　登録基準（iii）
（写真）先住民族のアナサジ・インディアンの集落遺跡

キト市街（エクアドル）
1978年登録　登録基準（ii）（iv）
（写真）サン・フランシスコ教会

ドレスデンのエルベ渓谷（ドイツ）
2004年世界遺産登録　★2006年危機遺産登録　2009年登録抹消
エルベ川の新たな架橋建設が文化的景観の完全性を喪失させた。

文化遺産　ユネスコと世界遺産

1954 年　ハーグで「武力紛争の際の文化財の保護の為の条約」（通称ハーグ条約）を採択。
1959 年　アスワン・ハイ・ダムの建設（1970 年完成）でナセル湖に水没する危機にさらされたエジプトのヌビア遺跡群の救済を目的としたユネスコの国際的キャンペーン。
文化遺産保護に関する条約の草案づくりを開始。
1959 年　ICCROM（文化財保存修復研究国際センター）が発足。
1964 年　「記念建造物および遺跡の保存と修復の為の国際憲章」(通称ヴェネツィア憲章）を採択。
1965 年　ICOMOS（国際記念物遺跡会議）が発足。
1967 年　アムステルダムで開催された国際会議で、アメリカ合衆国が自然遺産と文化遺産を総合的に保全するための「世界遺産トラスト」を設立することを提唱。
1970 年　「文化財の不正な輸入、輸出、および所有権の移転を禁止、防止する手段に関する条約」を採択。
1971 年　ニクソン大統領の提案（ニクソン政権に関するメッセージ)、この後、IUCN とユネスコが世界遺産の概念を具体化するべく世界遺産条約の草案を作成。
1971 年　ユネスコと IUCN（国際自然保護連合）が世界遺産条約の草案を作成。
1972 年　ユネスコはアメリカの提案を受けて、自然・文化の両遺産を統合するための専門家会議を開催、これを受けて両草案はひとつにまとめられた。
1972 年　ストックホルムで開催された国連人間環境会議で条約の草案報告。
1972 年　パリで開催された第 17 回ユネスコ総会において採択。
1975 年　世界の文化遺産及び自然遺産の保護に関する条約発効。
1977 年　第 1 回世界遺産委員会がパリにて開催される。
1978 年　第 2 回世界遺産委員会がワシントンにて開催される。
メサ・ヴェルデ国立公園、ランゾー・メドーズ国立史跡、キト市街、アーヘン大聖堂、ヴィエリチカ塩坑、クラクフの歴史地区、ラリベラの岩の教会、ゴレ島の 8 物件が初の文化遺産として登録される。
1984 年　米国、ユネスコを脱退。
1985 年　英国、シンガポール、ユネスコを脱退。
1989 年　日本政府、「文化遺産保存日本信託基金」をユネスコに設置。
1992 年　ユネスコ事務局長、ユネスコ世界遺産センターを設立。
1992 年　日本、世界遺産条約を受諾。
1997 年　英国、ユネスコに復帰。
1999 年　松浦晃一郎氏、ユネスコ事務局長に就任。
2000 年　ケアンズ・デシジョンを採択。
2002 年　国連文化遺産年。
2002 年　ブダペスト宣言採択。
2002 年　世界遺産条約採択 30 周年。
2003 年　米国、ユネスコに復帰。
2004 年　蘇州デシジョンを採択。
2005 年　「文化的表現の多様性の保護と促進に関する条約」（略称：文化多様性条約）を採択。
2006 年　無形文化遺産保護条約が発効。
2007 年　文化多様性条約が発効。
2009 年　水中文化遺産保護に関する条約が発効。
2009 年　ブルガリアのイリナ・ボコバ氏、松浦晃一郎氏の後任としてユネスコ事務局長に就任。
2012 年　世界遺産条約採択 40 周年。
2015 年　ユネスコ創設 70 周年。
メチルド・ロスラー氏、ユネスコ世界遺産センター所長に就任。
2020 年　世界遺産条約締約国数　193 か国。(2020 年 3 月現在)
ユネスコ創設 75 周年。(加盟国 193 か国、準加盟 11 の国と地域)

文化遺産　世界遺産条約に関連する他の国際条約や計画

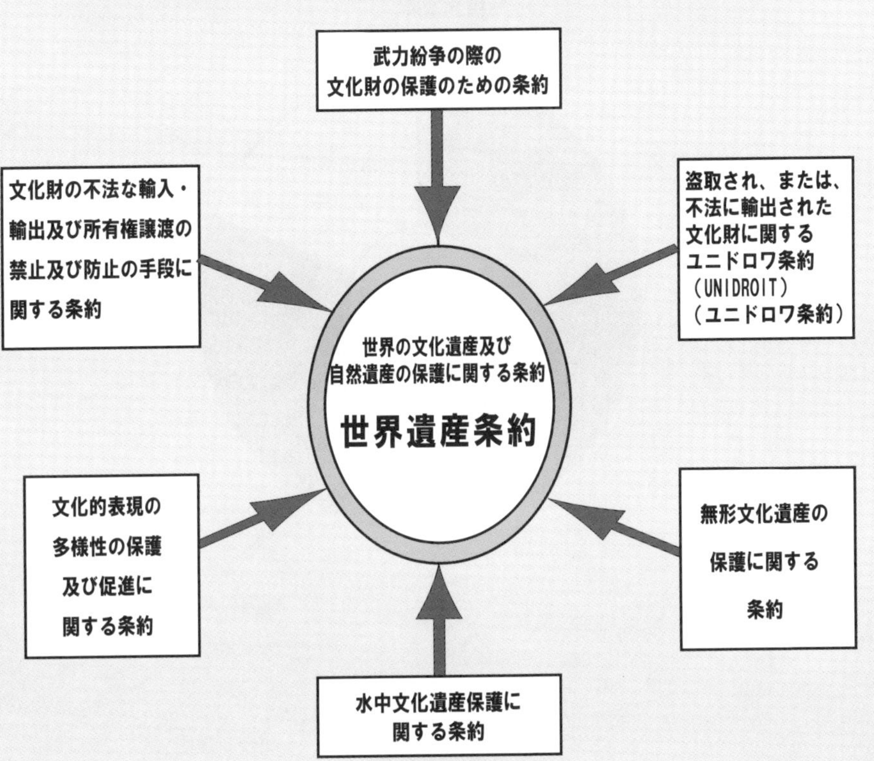

●武力紛争の際の文化財の保護の為の条約　1954年
（Convention for the Protection of Cultural Property in the Event of Armed Conflict）
（通称　ハーグ条約）

●文化財の不法な輸入、輸出及び所有権譲渡の禁止及び防止の手段に関する条約
（Convention on the Means of Prohibiting and Preventing the Illicit Import, Export and Transfer of Ownership of Cultural Property）　1970年
（略称　文化財不法輸出入等禁止条約）

●盗取され、または、不法に輸出された文化財に関するユニドロワ条約　1995年
（UNIDROIT Convention on Stolen or Illegally Exported Cultural Objects）
（略称　ユニドロワ条約）

●水中文化遺産保護に関する条約　2001年
（略称　水中文化遺産保護条約）

●無形文化遺産の保護に関する条約　2003年
（略称　無形文化遺産保護条約）

●文化的表現の多様性の保護及び促進に関する条約　2005年
（略称　文化多様性条約）

文化遺産（含む複合遺産）　遺産種別・地域別の数

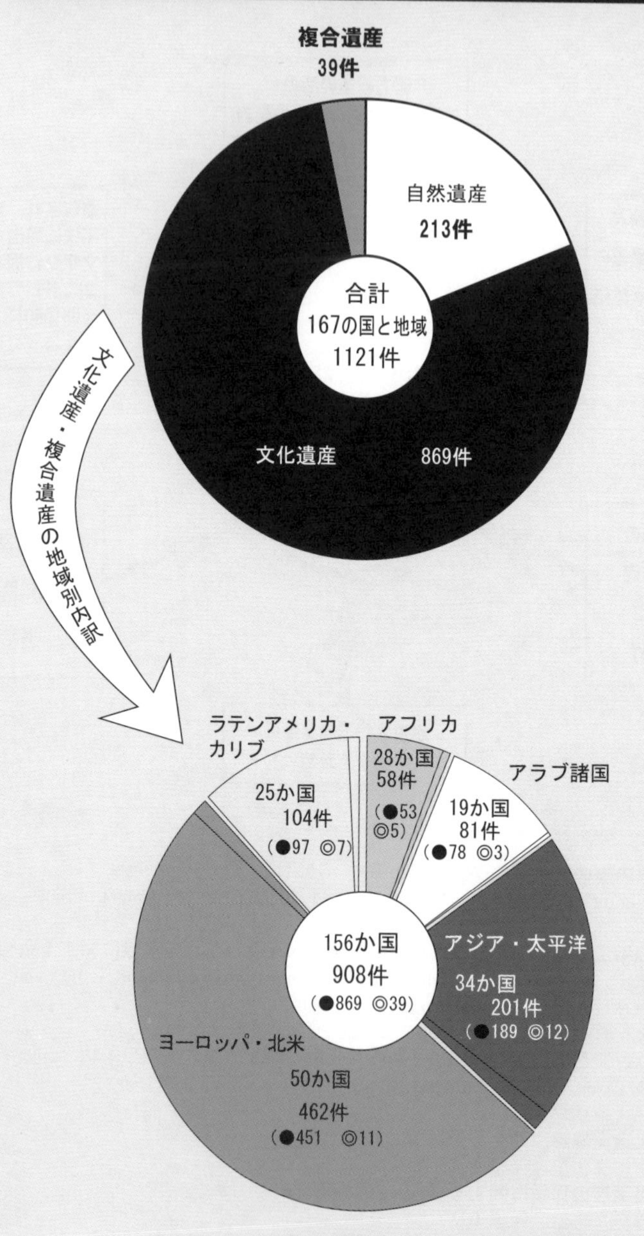

（注）複数国にまたがる文化遺産20件、複合遺産3件を含む。

2020年3月現在

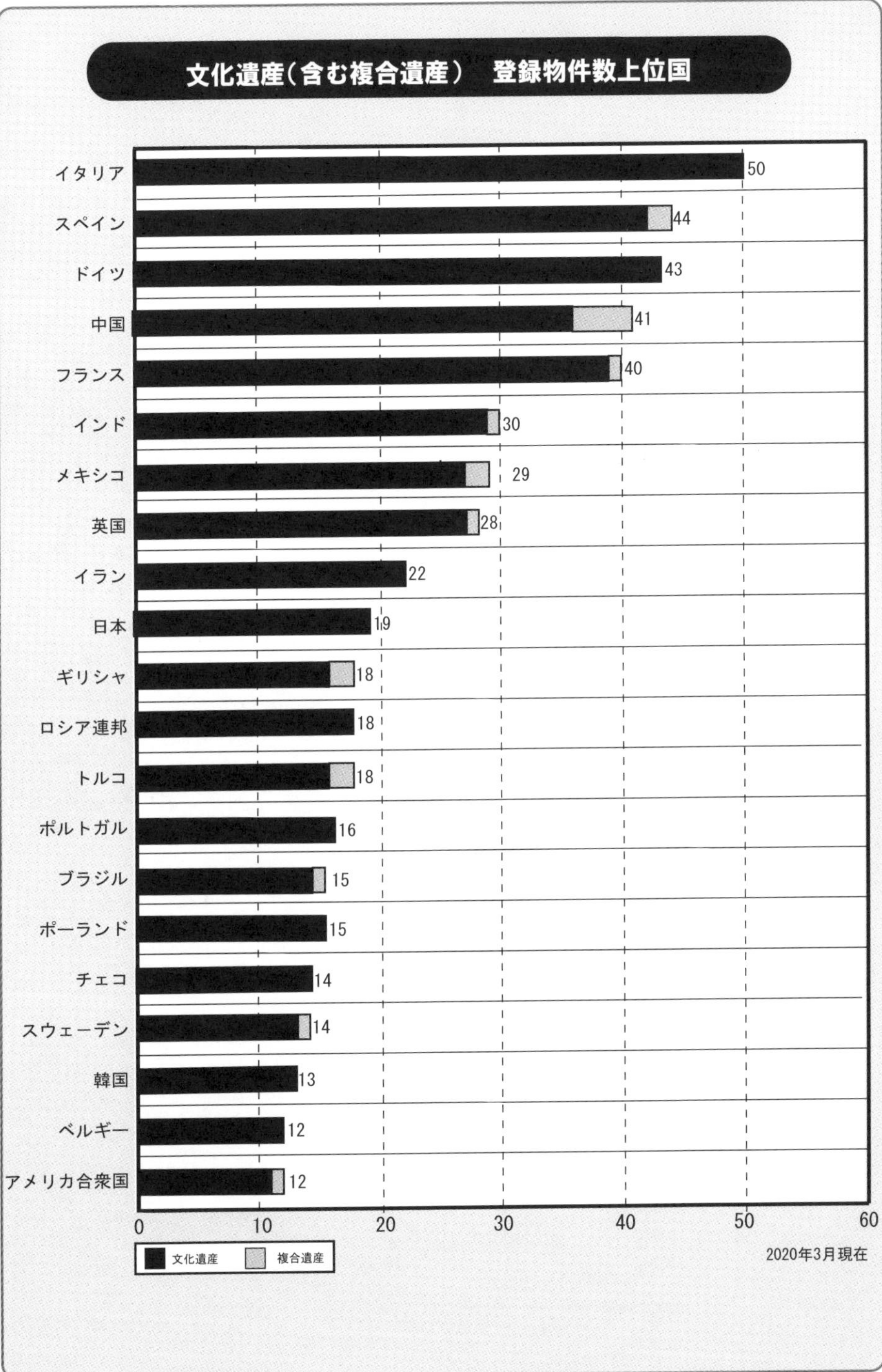
文化遺産（含む複合遺産）　登録物件数上位国
イタリア 50
スペイン 44
ドイツ 43
中国 41
フランス 40
インド 30
メキシコ 29
英国 28
イラン 22
日本 19
ギリシャ 18
ロシア連邦 18
トルコ 18
ポルトガル 16
ブラジル 15
ポーランド 15
チェコ 14
スウェーデン 14
韓国 13
ベルギー 12
アメリカ合衆国 12
0
10
20
30
40
50
60
文化遺産
複合遺産
2020年3月現在

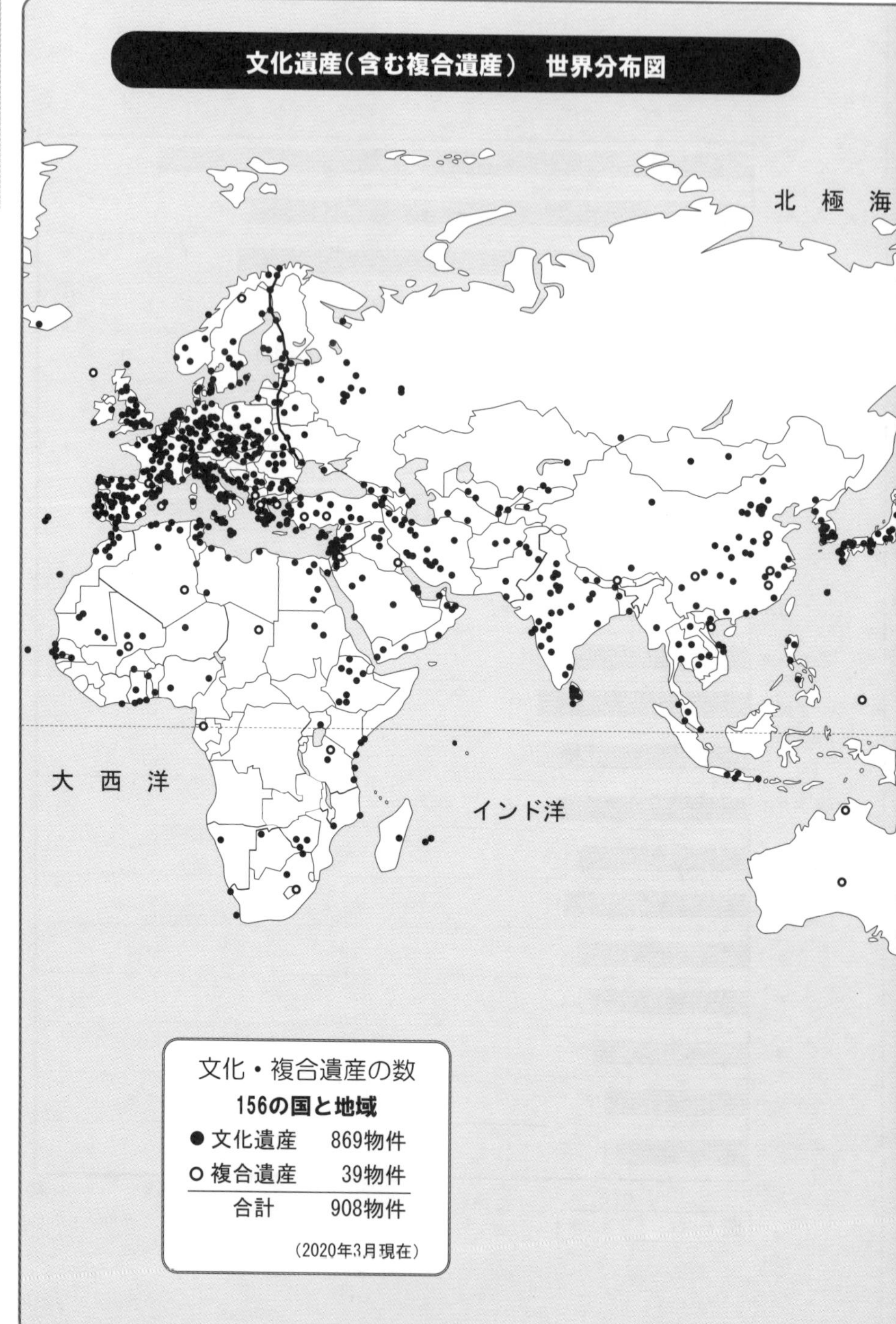
文化遺産（含む複合遺産）　世界分布図
北極海
大西洋
インド洋
文化・複合遺産の数
156の国と地域
● 文化遺産　869物件
○ 複合遺産　39物件
合計　908物件
（2020年3月現在）

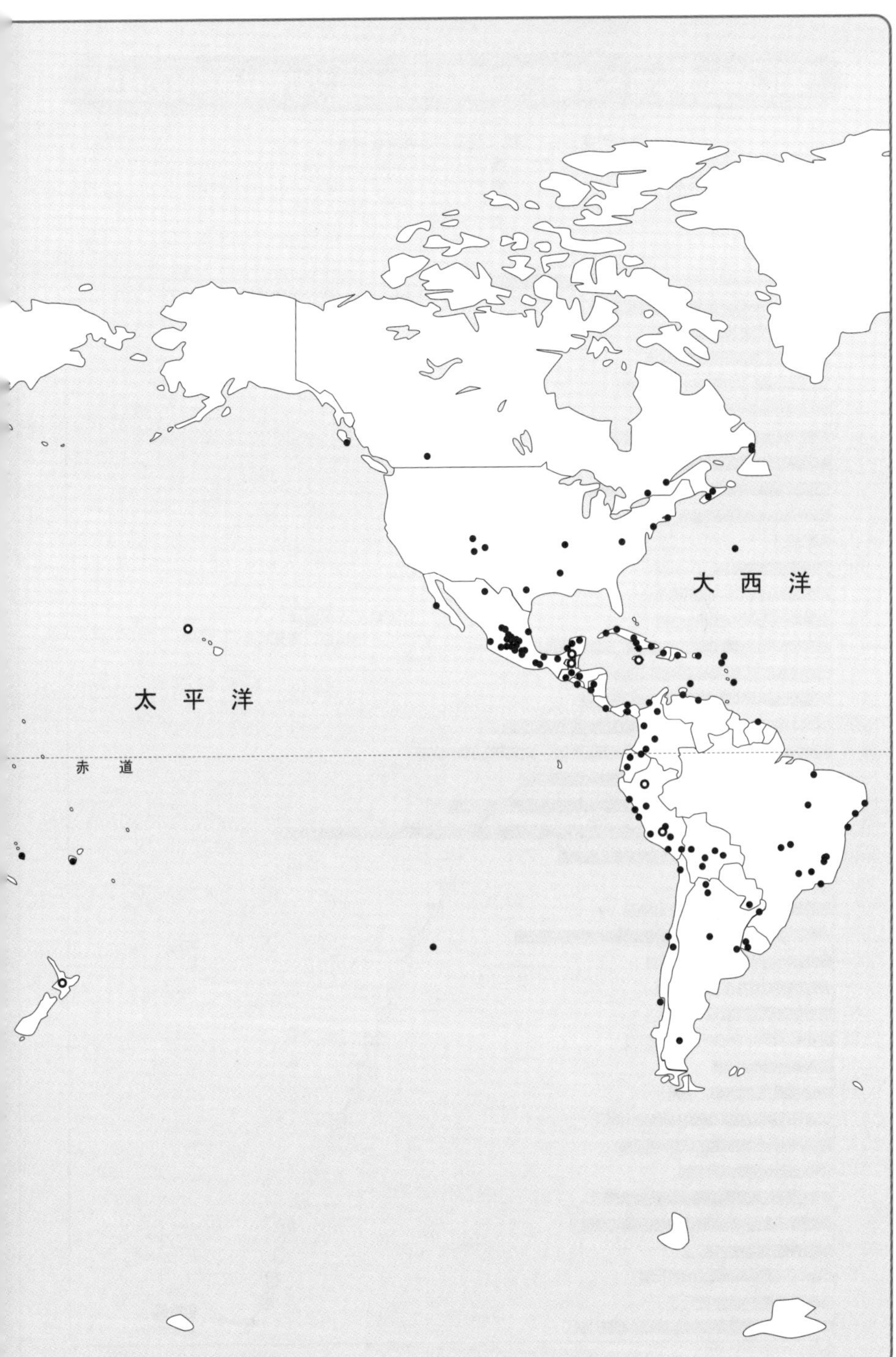
大 西 洋
太 平 洋
赤 道

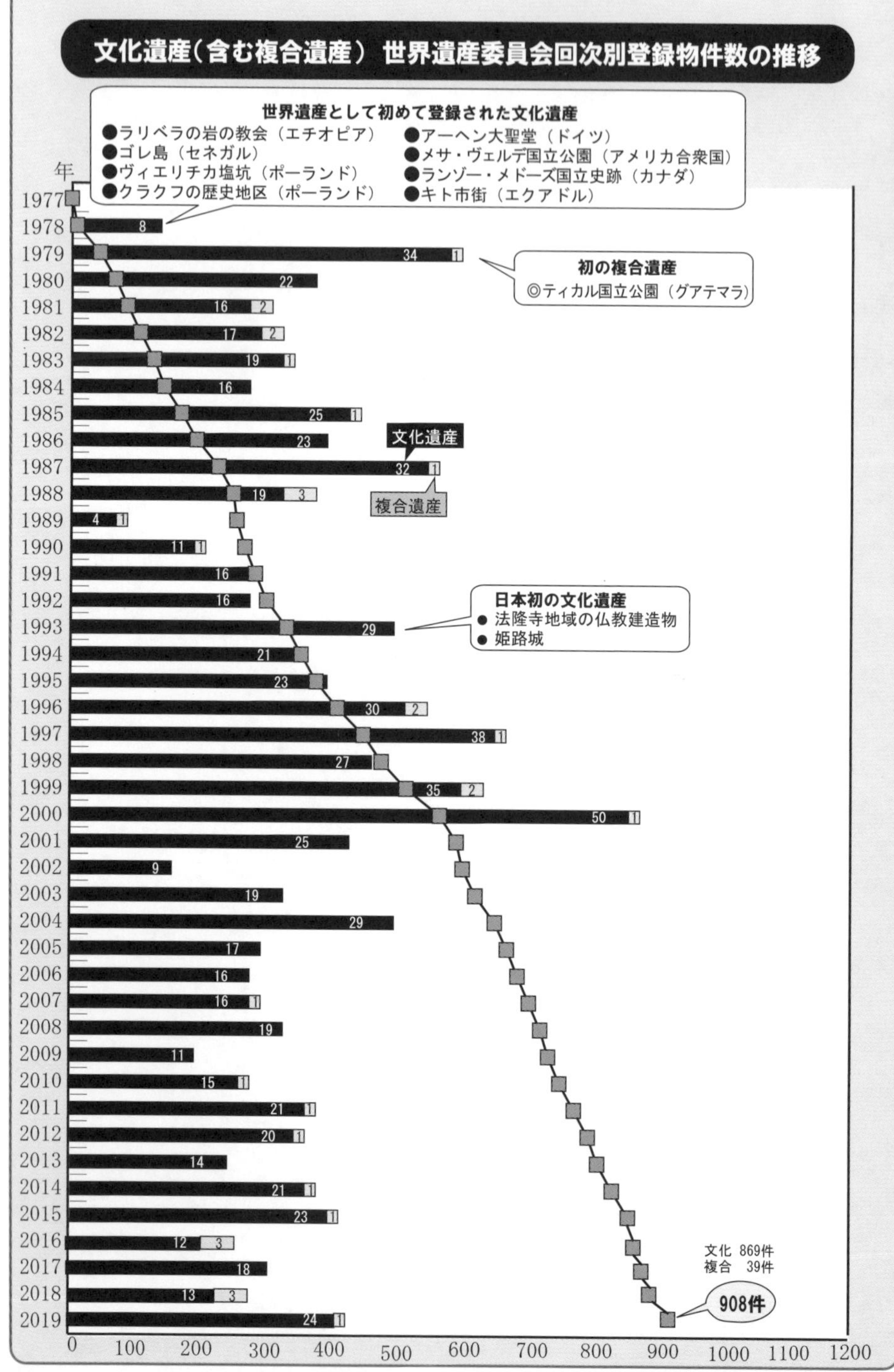
文化遺産（含む複合遺産） 世界遺産委員会回次別登録物件数の推移
世界遺産として初めて登録された文化遺産
●ラリベラの岩の教会（エチオピア）
●ゴレ島（セネガル）
●ヴィエリチカ塩坑（ポーランド）
●クラクフの歴史地区（ポーランド）
●アーヘン大聖堂（ドイツ）
●メサ・ヴェルデ国立公園（アメリカ合衆国）
●ランゾー・メドーズ国立史跡（カナダ）
●キト市街（エクアドル）
初の複合遺産
◎ティカル国立公園（グアテマラ）
文化遺産
複合遺産
日本初の文化遺産
● 法隆寺地域の仏教建造物
● 姫路城
文化 869件
複合 39件
908件
年
1977
1978 8
1979 34 1
1980 22
1981 16 2
1982 17 2
1983 19 1
1984 16
1985 25 1
1986 23
1987 32 1
1988 19 3
1989 4 1
1990 11 1
1991 16
1992 16
1993 29
1994 21
1995 23
1996 30 2
1997 38 1
1998 27
1999 35 2
2000 50 1
2001 25
2002 9
2003 19
2004 29
2005 17
2006 16
2007 16 1
2008 19
2009 11
2010 15 1
2011 21 1
2012 20 1
2013 14
2014 21 1
2015 23 1
2016 12 3
2017 18
2018 13 3
2019 24 1
0 100 200 300 400 500 600 700 800 900 1000 1100 1200

文化遺産　世界遺産委員会回次別登録物件数の内訳

回次	開催年	登録物件数				登録物件数（累計）			
		自然	文化	複合	合計	自然	文化	複合	累計
第1回	1977年	0	0	0	**0**	0	0	0	**0**
第2回	1978年	4	8	0	**12**	4	8	0	**12**
第3回	1979年	10	34	1	**45**	14	42	1	**57**
第4回	1980年	6	23	0	**29**	19①	65	2①	**86**
第5回	1981年	9	15	2	**26**	28	80	4	**112**
第6回	1982年	5	17	2	**24**	33	97	6	**136**
第7回	1983年	9	19	1	**29**	42	116	7	**165**
第8回	1984年	7	16	0	**23**	48②	131③	7	**186**
第9回	1985年	4	25	1	**30**	52	156	8	**216**
第10回	1986年	8	23	0	**31**	60	179	8	**247**
第11回	1987年	8	32	1	**41**	68	211	9	**288**
第12回	1988年	5	19	3	**27**	73	230	12	**315**
第13回	1989年	2	4	1	**7**	75	234	13	**322**
第14回	1990年	5	11	1	**17**	77④	245	14	**336**
第15回	1991年	6	16	0	**22**	83	261	14	**358**
第16回	1992年	4	16	0	**20**	86⑤	277	15⑤	**378**
第17回	1993年	4	29	0	**33**	89⑥	306	16⑥	**411**
第18回	1994年	8	21	0	**29**	96⑦	327	17⑦	**440**
第19回	1995年	6	23	0	**29**	102	350	17	**469**
第20回	1996年	5	30	2	**37**	107	380	19	**506**
第21回	1997年	7	38	1	**46**	114	418	20	**552**
第22回	1998年	3	27	0	**30**	117	445	20	**582**
第23回	1999年	11	35	2	**48**	128	480	22	**630**
第24回	2000年	10	50	1	**61**	138	529⑧	23	**690**
第25回	2001年	6	25	0	**31**	144	554	23	**721**
第26回	2002年	0	9	0	**9**	144	563	23	**730**
第27回	2003年	5	19	0	**24**	149	582	23	**754**
第28回	2004年	5	29	0	**34**	154	611	23	**788**
第29回	2005年	7	17	0	**24**	160⑨	628	24⑨	**812**
第30回	2006年	2	16	0	**18**	162	644	24	**830**
第31回	2007年	5	16	1	**22**	166⑩	660	25	**851**
第32回	2008年	8	19	0	**27**	174	679	25	**878**
第33回	2009年	2	11	0	**13**	176	689⑪	25	**890**
第34回	2010年	5	15	1	**21**	180⑫	704	27⑫	**911**
第35回	2011年	3	21	1	**25**	183	725	28	**936**
第36回	2012年	5	20	1	**26**	188	745	29	**962**
第37回	2013年	5	14	0	**19**	193	759	29	**981**
第38回	2014年	4	21	1	**26**	197	779⑬	31⑬	**1007**
第39回	2015年	0	23	1	**24**	197	802	32	**1031**
第40回	2016年	6	12	3	**21**	203	814	35	**1052**
第41回	2017年	3	18	0	**21**	206	832	35	**1073**
第42回	2018年	3	13	3	**19**	209	845	38	**1092**
第43回	2019年	4	24	1	**29**	213	869	39	**1121**

備　考

①オフリッド湖〈自然遺産〉
（マケドニア*1979年登録）
→文化遺産加わり複合遺産に
*当時の国名はユーゴスラヴィア

②バージェス・シェル遺跡〈自然遺産〉
（カナダ1980年登録）
→「カナディアンロッキー山脈公園」として再登録。上記物件を統合

③グアラニー人のイエズス会伝道所〈文化遺産〉（ブラジル1983年登録）
→アルゼンチンにある物件が登録され、1物件とみなされることに

④ウエストランド、マウント・クック国立公園〈自然遺産〉
フィヨルドランド国立公園〈自然遺産〉
（ニュージーランド1986年登録）
→「テ・ワヒポナム」として再登録。
上記2物件を統合し1物件に

④タラマンカ地方-ラ・アミスタッド保護区群〈自然遺産〉
（コスタリカ1983年登録）
→パナマのラ・アミスタッド国立公園を加え再登録。
上記物件を統合し1物件に

⑤リオ・アビセオ国立公園〈自然遺産〉
（ペルー）
→文化遺産加わり複合遺産に

⑥トンガリロ国立公園〈自然遺産〉
（ニュージーランド）
→文化遺産加わり複合遺産に

⑦ウルル-カタ・ジュタ国立公園〈自然遺産〉（オーストラリア）
→文化遺産加わり複合遺産に

⑧シャンボール城〈文化遺産〉
（フランス1981年登録）
→「シュリー・シュルロワールとシャロンヌの間のロワール渓谷」として再登録。上記物件を統合

⑨セント・キルダ〈自然遺産〉
（イギリス1986年登録）
→文化遺産加わり複合遺産に

⑩アラビアン・オリックス保護区〈自然遺産〉（オマーン1994年登録）
→登録抹消

⑪ドレスデンのエルベ渓谷〈文化遺産〉（ドイツ2004年登録）
→登録抹消

⑫ンゴロンゴロ保全地域〈自然遺産〉
（タンザニア1978年登録）
→文化遺産加わり複合遺産に

⑬カラクムルのマヤ都市〈文化遺産〉
（メキシコ2002年登録）
→自然遺産加わり複合遺産に

コア・ゾーン（推薦資産）

登録推薦資産を効果的に保護するたに明確に設定された境界線。

境界線の設定は、資産の「顕著な普遍的価値」及び完全性及び真正性が十分に表現されることを保証するように行われなければならない。

＿＿＿＿＿＿＿ ha

- ●文化財保護法
  国の史跡指定
  国の重要文化的景観指定など
- ●自然公園法
  国立公園、国定公園
- ●都市計画法
  国営公園

登録範囲

バッファー・ゾーン（緩衝地帯）

推薦資産の効果的な保護を目的として、推薦資産を取り囲む地域に、法的または慣習的手法により補完的な利用・開発規制を敷くことにより設けられるもうひとつの保護の網。推薦資産の直接のセッティング（周辺の環境）、重要な景色やその他資産の保護を支える重要な機能をもつ地域または特性が含まれるべきである。

＿＿＿＿＿＿＿ ha

- ●景観条例
- ●環境保全条例

長期的な保存管理計画

登録推薦資産の現在及び未来にわたる効果的な保護を担保するために、各資産について、資産の「顕著な普遍的価値」をどのように保全すべきか（参加型手法を用いることが望ましい）について明示した適切な管理計画のこと。どのような管理体制が効果的かは、登録推薦資産のタイプ、特性、ニーズや当該資産が置かれた文化、自然面での文脈によっても異なる。管理体制の形は、文化的視点、資源量その他の要因によって、様々な形式をとり得る。伝統的手法、既存の都市計画や地域計画の手法、その他の計画手法が使われることが考えられる。

- ●管理主体
- ●管理体制
- ●管理計画

- ●記録・保存・継承
- ●公開・活用（教育、観光、まちづくり）

- ●地域計画、都市計画
- ●協働のまちづくり

担保条件

世界遺産登録と「顕著な

顕著な普遍的価値（Out

国家間の境界を超越し、人類全体にとって現代
文化的な意義及び/又は自然的な価値を意味
国際社会全体にとって最高水準の重要性を有

ローカル ⇨ リージョナル ⇨ ナシ

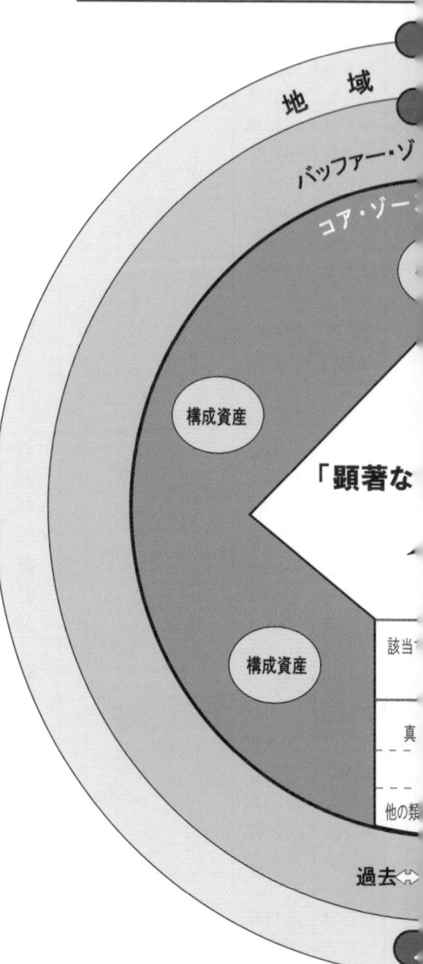

登録遺産名：○○○○○○○○○○○
日本語表記：○○○○○○○○○○○
位置（経緯度）：北緯○○度○○分 東
登録遺産の説明と概要：○○○○○
○○○○○○○○○

値」の証明について

rsal Value＝OUV)

した重要性をもつような、傑出した
な遺産を恒久的に保護することは

ショナル ⇨グローバル

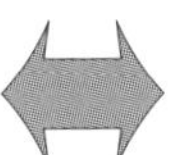

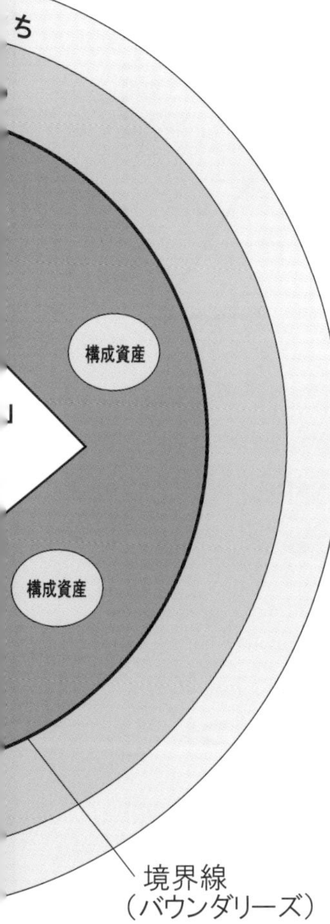

〇〇(英語)
〇〇〇〇
分
〇〇〇〇〇〇〇〇〇
〇〇〇〇〇

必要十分条件の証明

必要条件

登録基準（クライテリア）

(i) 人類の創造的天才の傑作を表現するもの。
→人類の創造的天才の傑作

(ii) ある期間を通じて、または、ある文化圏において、建築、技術、記念碑的芸術、町並み計画、景観デザインの発展に関し、人類の価値の重要な交流を示すもの。
→人類の価値の重要な交流を示すもの

(iii) 現存する、または、消滅した文化的伝統、または、文明の、唯一の、または、少なくとも稀な証拠となるもの。
→文化的伝統、文明の稀な証拠

(iv) 人類の歴史上重要な時代を例証する、ある形式の建造物、建築物群、技術の集積、または、景観の顕著な例。
→歴史上、重要な時代を例証する優れた例

(v) 特に、回復困難な変化の影響下で損傷されやすい状態にある場合における、ある文化（または、複数の文化）、或は、環境と人間との相互作用、を代表する伝統的集落、または、土地利用の顕著な例。
→存続が危ぶまれている伝統的集落、土地利用の際立つ例

(vi) 顕著な普遍的な意義を有する出来事、現存する伝統、思想、信仰、または、芸術的、文学的作品と、直接に、または、明白に関連するもの。
→普遍的出来事、伝統、思想、信仰、芸術、文学的作品と関連するもの

(vii) もっともすばらしい自然的現象、または、ひときわすぐれた自然美をもつ地域、及び、美的な重要性を含むもの。**→自然景観**

(viii) 地球の歴史上の主要な段階を示す顕著な見本であるもの。これには、生物の記録、地形の発達における重要な地学的進行過程、或は、重要な地形的、または、自然地理的特性などが含まれる。
→地形・地質

(ix) 陸上、淡水、沿岸、及び、海洋生態系と動植物群集の進化と発達において、進行しつつある重要な生態学的、生物学的プロセスを示す顕著な見本であるもの。**→生態系**

(x) 生物多様性の本来的保全にとって、もっとも重要かつ意義深い自然生息地を含んでいるもの。これには、科学上、または、保全上の観点から、普遍的価値をもつ絶滅の恐れのある種が存在するものを含む。
→生物多様性

※上記の登録基準(i)～(x)のうち、一つ以上の登録基準を満たすと共に、それぞれの根拠となる説明が必要。

十分条件

真正（真実）性（オーセンティシティ）

文化遺産の種類、その文化的文脈によって一様ではないが、資産の文化的価値（上記の登録基準）が、下に示すような多様な属性における表現において真実かつ信用性を有する場合に、真正性の条件を満たしていると考えられ得る。

- ○形状、意匠
- ○材料、材質
- ○用途、機能
- ○伝統、技能、管理体制
- ○位置、セッティング（周辺の環境）
- ○言語その他の無形遺産
- ○精神、感性
- ○その他の内部要素、外部要素

完全性（インテグリティ）

自然遺産及び文化遺産とそれらの特質のすべてが無傷で包含されている度合を測るためのものさしである。従って、完全性の条件を調べるためには、当該資産が以下の条件をどの程度満たしているかを評価する必要がある。

a)「顕著な普遍的価値」が発揮されるのに必要な要素（構成資産）がすべて含まれているか。
b) 当該物件の重要性を示す特徴を不足なく代表するために適切な大きさが確保されているか。
c) 開発及び管理放棄による負の影響を受けていないか。

他の類似物件との比較

当該物件を、国内外の類似の世界遺産、その他の物件と比較した比較分析を行わなければならない。比較分析では、当該物件の国内での重要性及び国際的な重要性について説明しなければならない。

文化遺産　顕著な普遍的価値

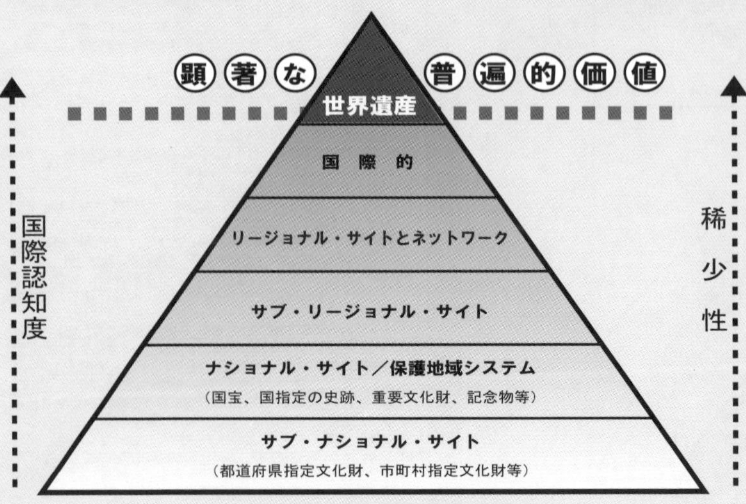

「顕著な普遍的価値」の決定要素

- 世界遺産の登録基準<(ⅰ)～(ⅹ)>のうち1つ以上に適合していること。
- 完全性（インテグリティ）の必要条件を満たしていること。

代表性の主眼点

- 遺跡、建造物群、モニュメントの各分野、カテゴリーを代表していること。

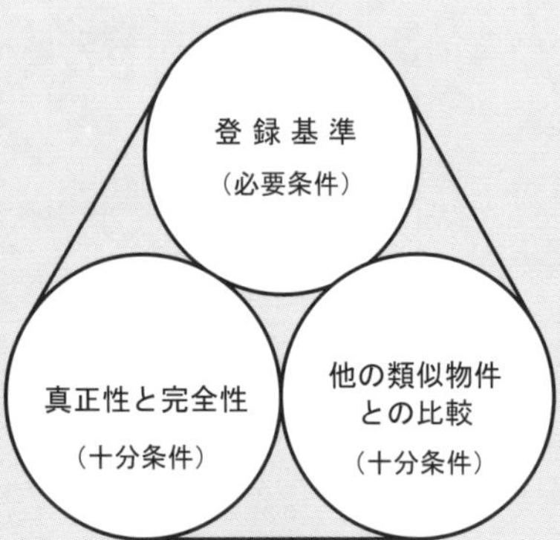

「顕著な普遍的価値」の正当性
(JUSTIFICATION FOR OUTSTANDING UNIVERSAL VALUE)

- □ Criteria met（該当する登録基準）
- □ Statement of authenticity and/or integrity（真正性と或は完全性の陳述）
- □ Comparison with other similar properties（他の類似物件との比較）

文化遺産　登録基準

世界遺産の登録基準は、世界遺産の概念の進化を反映させる為、定期的に世界遺産委員会によって改訂されてきた。文化遺産には、これまで、次の6つの登録基準（Cultural Criteria）があり、それぞれの登録基準を満たす代表的な物件（◎は、複合遺産）は、下記の通りであった。世界遺産条約履行の為の作業指針の改訂によって、2005年以降は、自然遺産の４つの登録基準と文化遺産の6つの登録基準は、(i)～(x)に合併され、文化遺産の従来の登録基準(i)～(vi)は、(i)～(vi)に、自然遺産の従来の登録基準（i)～(iv)は、(vii)～(x)に再編された。

尚、1992年以降、人間と自然環境との重要な相互作用は、文化的景観として認識されている。

(ｉ) 人類の創造的天才の傑作を表現するもの。→　人類の創造的天才の傑作

●タージ・マハル（インド）、●プレア・ヴィヒア寺院（カンボジア）、
●シドニーのオペラ・ハウス（オーストラリア）

(ii) ある期間を通じて、または、ある文化圏において、建築、技術、記念碑的芸術、町並み計画、景観デザインの発展に関し、人類の価値の重要な交流を示すもの。
→　人類の価値の重要な交流を示すもの

●イスファハンの金曜モスク(イラン)、◎黄山(中国)、●王立展示館とカールトン庭園(オーストラリア)、●シュパイアー大聖堂（ドイツ)、●ホレズ修道院（ルーマニア)、●ゲガルド修道院とアザト峡谷の上流(アルメニア)、●コローメンスコエの主昇天教会(ロシア連邦)、●サン・アントニオ・ミッションズ（アメリカ合衆国)、●セウェルの鉱山都市（チリ）

(iii) 現存する、または、消滅した文化的伝統、または、文明の、唯一の、または、少なくとも稀な証拠となるもの。→　文化的伝統、文明の稀な証拠

●キルワ・キシワーニとソンゴ・ムナラの遺跡（タンザニア)、●ロロペニの遺跡群(ブルキナファソ)、●ベニ・ハンマド要塞(アルジェリア)、●ケルクアンの古代カルタゴの町とネクロポリス（チュニジア)、●真珠採り、島の経済の証し(バーレーン)、●サブラタの考古学遺跡(リビア)、●タドラート・アカクスの岩絵（リビア)、●タムガリの考古学的景観とペトログラフ（カザフスタン)、●アグラ城塞（インド)、●アユタヤの歴史都市(タイ)、●バン・チェーン遺跡（タイ)、●タッタ、マクリの丘の歴史的記念物群（パキスタン)、●高敞、和順、江華の支石墓（韓国)、●モンゴル・アルタイ山脈の岩壁画群（モンゴル)、◎ウィランドラ湖群地域(オーストラリア)、●ブトリント(アルバニア)、●サンマリノの歴史地区とティターノ山（サンマリノ)、●ベルンの旧市街（スイス)、●ミュスタイアの聖ヨハン大聖堂（スイス)、●イベリア半島の地中海沿岸の岩壁画（スペイン)、●ヘラクレスの塔（スペイン)、●イェリング墳丘、ルーン文字石碑と教会（デンマーク)、●アルタの岩画（ノルウェー)、●ブリッゲン（ノルウェー)、●ハル・サフリエニの地下墳墓(マルタ)、●コブスタンの岩石画の文化的景観(アゼルバイジャン)、●チャコ文化(アメリカ合衆国)、●メサ・ヴェルデ国立公園(アメリカ合衆国)、●ポヴァティ・ポイントの記念碑的な土塁群(アメリカ合衆国)、●スカン・グアイ(カナダ)、●ピントゥーラス川のラス・マーノス洞窟(アルゼンチン)、●サン・アグスティン遺跡公園(コロンビア)、●ティエラデントロ国立遺跡公園(コロンビア)、●セラ・ダ・カピバラ国立公園(ブラジル)、●チャビン（考古学遺跡)(ペルー)、◎リオ・アビセオ国立公園(ペルー)、●海港都市バルパライソの歴史地区(チリ)、●オアハカの中央渓谷のヤグールとミトラの先史時代の洞窟群(メキシコ)

(iv) 人類の歴史上重要な時代を例証する、ある形式の建造物、建築物群、技術の集積、または、景観の顕著な例。→ <u>歴史上、重要な時代を例証する優れた例</u>

◎ンゴロンゴロ保全地域（タンザニア）、●アブ・ミナ（エジプト）★、●古都メクネス（モロッコ）、●バフラ城塞（オマーン）、●エルビルの城塞（イラク）、●デリーのクトゥブ・ミナールと周辺の遺跡群（インド）、●宗廟（韓国）、●ゴールの旧市街と城塞（スリランカ）、●タクティ・バヒーの仏教遺跡と近隣のサハリ・バハロルの都市遺跡（パキスタン）、●バゲラートのモスク都市（バングラデシュ）、●ディヤルバクル城壁とエヴセルガーデンの文化的景観（トルコ）、●コルフの旧市街（ギリシア）、●マルタの巨石神殿群（マルタ）、●バミューダの古都セント・ジョージと関連要塞群（英国）、●アラゴン地方のムデハル様式建築（スペイン）、●ルーゴのローマ時代の城壁（スペイン）、●ポルトの歴史地区（ポルトガル）、●エルヴァスの国境防護の町とその要塞群（ポルトガル）、●フォントネーのシトー会修道院（フランス）、●市場町ベリンゾーナの3つの城、防壁、土塁（スイス）、●ラ・ショー・ド・フォン／ル・ロックル、時計づくりの計画都市（スイス）、●クヴェートリンブルクの教会と城郭と旧市街（ドイツ）、●シュパイヘルシュダッドとチリハウスのあるコントールハウス地区（ドイツ）、●ハンザ同盟の都市リューベック（ドイツ）、●ルクセンブルク市街、その古い町並みと要塞都市の遺構（ルクセンブルク）、●クロンボー城（デンマーク）、●エンゲルスベルグの製鉄所（スウェーデン）、●ドロットニングホルムの王領地（スウェーデン）、●ヴェルラ製材製紙工場（フィンランド）、●オメンリンナ要塞（フィンランド）、●ペタヤヴェシの古い教会（フィンランド）、●ヴィエリチカ塩坑（ポーランド）、●クラクフの歴史地区（ポーランド）、●ザモシチの旧市街（ポーランド）、●レヴォチャ、スピシュスキー・ヒラットと周辺の文化財（スロヴァキア）、●ゼレナホラ地方のネポムクの巡礼教会（チェコ）、●チェルキー・クルムロフの歴史地区（チェコ）、●トランシルヴァニア地方にある要塞教会のある村（ルーマニア）、●マラムレシュの木造教会（ルーマニア）、●バグラチ大聖堂とゲラチ修道院（ジョージア）★、● シルヴァンシャーの宮殿と乙女の塔がある城塞都市バクー（アゼルバイジャン）、●ソロベツキー諸島の文化・歴史的遺跡群（ロシア連邦）、●タオス・プエブロ（アメリカ合衆国）、●グアラニー人のイエズス会伝道所：サン・イグナシオ・ミニ、ノエストラ・セニョーラ・デ・レ・ロレート、サンタ・マリア・マジョール（アルゼンチン）、サン・ミゲル・ミソオエス遺跡（ブラジル）（アルゼンチン／ブラジル）、●コロニア・デル・サクラメントの歴史地区（ウルグアイ）、●ヴィニャーレス渓谷（キューバ）、●ラ・サンティシマ・トリニダード・デ・パラナ、ヘスス・デ・タバランゲのイエズス会伝道所（パラグアイ）、●リマの歴史地区（ペルー）、●スクレの歴史都市（ボリヴィア）

(v) 特に、回復困難な変化の影響下で損傷されやすい状態にある場合における、ある文化（または、複数の文化）を代表する伝統的集落、または、土地利用の顕著な例。
→ <u>存続が危ぶまれている伝統的集落、土地利用の際立つ例</u>

●アシャンティの伝統建築物（ガーナ）、◎バンディアガラの絶壁（ドゴン人の集落）（マリ）、●ガダミースの旧市街（リビア）、●オマーンのアフラジ灌漑施設（オマーン）、●メイマンドの文化的景観（イラン）、◎チャンアン景観遺産群（ヴェトナム）、●マドリュウ・ペラフィタ・クラロー渓谷（アンドラ）、●ユダヤ低地にあるマレシャとベトグヴリンの洞窟群：洞窟の大地の小宇宙（イスラエル）、●ヴェガオヤン-ヴェガ群島（ノルウェー）、●ヘルシングランド地方の装飾農家群（スウェーデン）、●ホッローケーの古村と周辺環境（ハンガリー）、●フェルトゥー・ノイジィードラーゼーの文化的景観（オーストリア／ハンガリー）、●クルシュ砂州（リトアニア／ロシア連邦）

(vi) 顕著な普遍的な意義を有する出来事、現存する伝統、思想、信仰、または、芸術的、文学的作品と、直接に、または、明白に関連するもの。
→ <u>普遍的出来事、伝統、思想、信仰、芸術、文学的作品と関連するもの</u>

●広島の平和記念碑（原爆ドーム）（日本）、●ヴォルタ、アクラ、中部、西部各州の砦と城塞（ガーナ）、●ゴレ島（セネガル）、●アアプラヴァシ・ガート（モーリシャス）、◎トンガリロ国立公園（ニュージーランド）、●リラ修道院（ブルガリア）、●アウシュヴィッツ・ビルケナウのナチス・ドイツ強制・絶滅 収容所（1940-1945）（ポーランド）、●モスタル旧市街の古橋地域（ボスニア・ヘルツェゴヴィナ）、●独立記念館（アメリカ合衆国）、●プエルト・リコのラ・フォルタレサとサン・ファンの国立歴史地区（アメリカ合衆国）、●ヘッド・スマッシュト・イン・バッファロー・ジャンプ（カナダ）、●ランゾー・メドーズ国立史跡（カナダ）、●リオ・デ・ジャネイロ：山と海との間のカリオカの景観群（ブラジル）、●ヴァロンゴ埠頭の考古学遺跡（ブラジル）

●文化遺産　◎複合遺産　★危機遺産

莫高窟（中国）　1987年登録
登録基準 (i) (ii) (iii) (iv) (v) (vi)

泰山（中国）　複合遺産　1987年登録
登録基準 (i) (ii) (iii) (iv) (v) (vi)

ヴェネツィアとその潟（イタリア）　1987年登録
登録基準 (i) (ii) (iii) (iv) (v) (vi)
（写真）水の都ヴェネツィアのシンボル、サン・マルコ鐘楼

文化遺産　真正（真実）性と完全性

真正（真実）性（Authenticity）とは、文化遺産の種類、その文化的文脈によって一様ではないが、物件の文化的価値が、下記の多様な属性における表現において、真正（真実）かつ信用性を有する場合に、真正（真実）性の条件を満たしていると考えられる。

○ 形状、意匠（form and design）
○ 材料、材質（materials and substance）
○ 用途、機能（use and function）
○ 伝統、技能、管理体制（traditions, techniques and management systems）
○ 位置、周辺環境（location and setting）
○ 言語その他の無形遺産（language, and other forms of intangible heritage）
○ 精神、感性（spirit and feeling）
○ その他の内部要素、外部要素（other internal and external factors）

完全性（Integrity）とは、文化遺産とその特質のすべてが無傷で保存されている度合いを測るための尺度である。完全性の条件を調べるためには、物件が以下の条件をどの程度満たしているかを点検・評価する必要がある。

a)　「顕著な普遍的価値」が発揮されるのに必要な要素（構成資産）がすべて含まれているか。
b)　物件の重要性を示す特徴を不足なく代表するための適切な大きさが確保されているか。
c)　開発及び管理放棄による負の影響を受けていないか。

文化遺産　他の類似物件との比較

世界遺産の登録推薦にあたっては、当該物件の登録の価値証明（Justification for Inscription）が求められる。

その「顕著な普遍的価値」の証明にあたって、該当すると思われる登録基準と根拠、真正（真実）性、完全性の証明と共に、当該物件と国内外の類似物件の世界遺産、その他の物件と比較した比較分析（Comparative analysis）を行なわなければならない。

比較分析では、当該物件の国内での重要性、及び国際的な重要性について説明することが求められる。

一方、世界遺産委員会の諮問機関のIUCNやICOMOSは、世界遺産委員会の要請によって、当該物件の審査及びプレゼンテーションの原則に則って、当該物件について、その保全状況を含む関連基準の全てを体系的に照らしあわせて相対的に評価することが求められる。

すなわち、当該物件のテーマ別研究に基づく国内外の同種の他の物件との比較を行なうことが求められている。

文化遺産　世界遺産委員会の諮問機関 ICOMOSとICCROM

ICOMOS（International Council of Monuments and Sites　国際記念物遺跡会議）は、本部をフランス、パリに置く国際的な非政府組織（NGO）である。1965年に設立され、建築遺産及び考古学的遺産の保全のための理論、方法論、そして、科学技術の応用を推進することを目的としている。1964年に制定された「記念建造物および遺跡の保全と修復のための国際憲章」（ヴェネチア憲章）に示された原則を基盤として活動している。

ICOMOSの国際学術委員会には、岩画、木造、石造、土造建築遺産、壁画、ヴィトロ・ステンド・グラス、要塞と軍事遺産、歴史都市、文化的景観、文化の道、20世紀の遺産、太平洋諸島、水中文化遺産、極地遺産、無形文化遺産、保存・修復の哲学、考古学遺産管理、建築遺産の構造の分析と修復、遺跡・モニュメントの遺物の保存修復、防災管理、文化観光、国際研修、解説とプレゼンテーション、法律・管理・財務問題などの各委員会がある。

世界遺産条約に関するICOMOSの役割は、「世界遺産リスト」への登録推薦物件の適否の評価と世界遺産委員会への勧告、文化遺産の保存状況の監視、世界遺産条約締約国から提出された国際援助要請の審査、人材育成への助言及び支援などである。

【新登録候補物件の評価結果についての世界遺産委員会への4つの勧告区分】

① 登録（記載）勧告（Recommendation for Inscription）
世界遺産としての価値を認め、世界遺産リストへの登録（記載）を勧める。

② 情報照会勧告（Recommendation for Referral）
世界遺産としての価値は認めるが、追加情報の提出を求めた上で、次回以降の世界遺産委員会での審議を勧める。

③ 登録（記載）延期勧告（Recommendation for Deferral）
より綿密な調査や登録推薦書類 の抜本的な改定が必要なもの。
登録推薦書類を再提出した後、約１年半をかけて、再度、専門機関のIUCNやICOMOSの審査を受けることを勧める。

④ 不登録（不記載）勧告（Not recommendation for Inscription）
登録（記載）にふさわしくないもの。例外的な場合を除いて再推薦は不可とする。

ICCROM（International Centre for the Study of the Preservation and Restoration of Cultural Property文化財保存及び修復の研究のための国際センター）は、本部をイタリア、ローマにおく国際的な政府間機関（IGO）である。ユネスコによって1956年に設立され、不動産・動産の文化遺産の保全強化を目的とした研究、記録、技術支援、研修、普及啓発を行うことを目的としている。

世界遺産条約に関するICCROMの役割は、文化遺産に関する研修において主導的な協力機関であること、文化遺産の保存状況の監視、世界遺産条約締約国から提出された国際援助要請の審査、人材育成への助言及び支援などである。

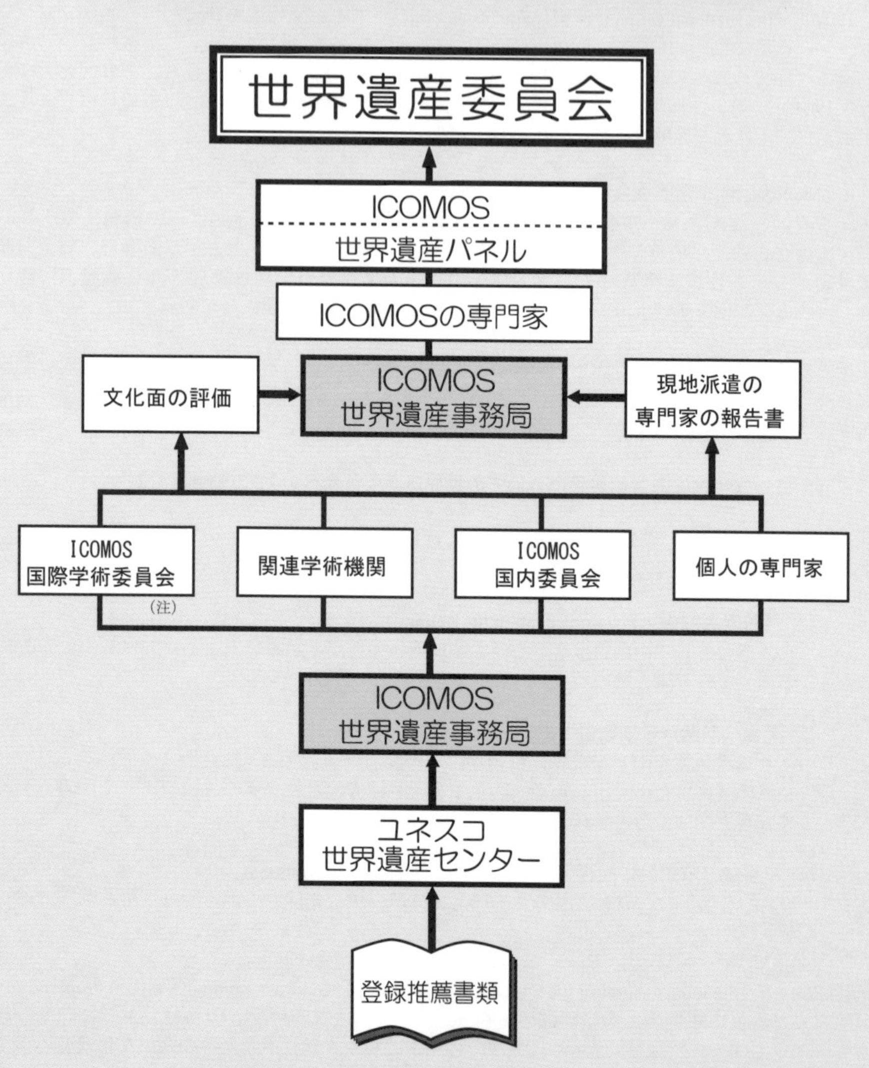

<参考文献> 1. 世界遺産条約履行の為の作業指針（オペレーショナル・ガイドラインズ）
2. ICOMOSの世界遺産業務遂行の為の方針

(注) ICOMOSの国際学術委員会には、岩画、木造、石造、土造建築遺産、壁画、ヴィトロ・ステンド・グラス、要塞と軍事遺産、歴史都市、文化的景観、文化の道、20世紀の遺産、太平洋諸島、水中文化遺産、極地遺産、無形文化遺産、保存・修復の哲学、考古学遺産管理、建築遺産の構造の分析と修復、遺跡・モニュメントの遺物の保存修復、防災管理、文化観光、国際研修、解説とプレゼンテーション、法律・管理・財務問題などの各委員会がある。

文化遺産　ICOMOSの評価レポートの項目

・締約国によって提案された公式名 ・所在地 ・概要 ・物件のカテゴリー	
基本データ	暫定リスト記載日、登録準備の為の世界遺産基金からの国際援助の有無、世界遺産センターの受理日、背景、ICOMOSの協議機関、参考文献、技術評価ミッションの調査、締約国からの要請・受理した追加情報の有無、本レポートのICOMOSの承認日
物　件	・概要 ・歴史と推移
顕著な普遍的価値 完全性、真正(真実)性	・完全性と真正(真実)性 ・比較分析 ・顕著な普遍的価値の証明
物件に影響を 与える要因	・開発圧力 ・観光圧力 ・環境圧力、自然災害、気候変動
保護、保存管理	・登録遺産とバッファーゾーンの境界 ・所有権 ・保護 ・保存 ・管理
モニタリング	・当該物件の継続的な監視体制
結　論	・登録（記載）に関する勧告 (25頁参照)

文化遺産　ICOMOSの世界遺産委員会への評価の概要　例示

比較分析	完全性	真正性	登録基準	選択の正当性（シリーズ）	境界	物件保護	バッファー・ゾーンの保護	保全	管理	脅威	追加必要事項	結論
✓	✓	✓	✓	✓	✓	✓	✓	≈	≈	≈	No	I
✓	✓	✓	✓	✓	≈	×	×	≈	≈	≈	No	R
✓	✓	✓	✓	✓	×	×	×	×	×	×	Yes	D
○	✓	✓	✓	✓							Yes	D
○	○	○	○	○							Yes	D
×	×	×	×	×								NI

＜略語の意味＞

✓　**OK**　良好
≈　適切－改善可
○　この段階では立証されていない
×　不適切

I　**inscribe / approve**　登録（記載）／承認
NI　**non inscribe**　不登録（不記載）
R　**refer**　照会
D　**defer**　延期

文化遺産　ICOMOSの登録可否を勧告する審査過程の透明化

＜例示＞

翌々年　6月～7月頃	ユネスコ世界遺産委員会登録の可否決議
世界遺産委員会の14日前	誤認等の反論と修正
世界遺産委員会の6週間前	
翌々年　5月頃	ICOMOSによる評価結果の勧告
・追加情報（提出期限：翌々年 2月28日）	評価結果の中間報告
翌々年　1月31日迄に	申請国（意見交換）
翌年　12月頃	ICOMOSが内部会議
翌年　8月～9月頃	ICOMOSの現地調査
・翌年 3月1日迄に受理するかどうかを回答 ＜本申請＞（提出期限：翌年 2月1日）	推薦書類をユネスコに提出
・当年11月15日迄に回答 ＜草稿＞（提出期限：当年 9月30日）	
当年　7月～8月頃	政府がユネスコへの推薦決定

文化遺産　文化の多様性

文化遺産

タイプ	主な物件
人類遺跡	サンギラン、周口店、スタークフォンテン、スワークランズ、クロムドラーイ、オモ川下流域、アワッシュ川下流域
考古学遺跡	ポンペイ、エルコラーノ、カルタゴ、キュレーネ、レプティス・マグナ、モヘンジョダロ、アンコール、アグリジェント、アイガイ、オリンピア、エピダウロス、デルフィ、トロイ、アタプエルカ、ケルナヴェ、アル・ヒジュル、サーマッラ、モンテ・アルバン、ソチカルコ、パナマ・ヴィエホ、チャビン、メロエ島など
古代都市遺跡	殷墟、アレッポ、シギリア、ポロンナルワ、ケベル・バーカル、テオティワカン、カラル、マダイン・サ
墓・古墳	秦始皇帝陵、明・清王朝の陵墓群、高句麗古墳群、朝鮮王朝の陵墓群、ティヤ、テーベ、メンフィス、タッタ、ネムルト・ダウ、エトルリア墳墓群、シラクーサ・パンタリア、ペーチュ(ソピアネ)、カスビ、アスキア、カザンラク、スベシュタリ
旧市街	ジェンネ、ラム、テトゥアン、サナア、ガダミース、エルサレム、ゴール、コルフ、カセレス、セゴビア、アヴィラ、サンティアゴ・デ・コンポステーラ、ベルン、レーゲンスブルク、ラウマ、ドブロブニク、ザモシチなど
歴史地区	イスタンブール、澳門(マカオ)、慶州、ローマ、フィレンツェ、シエナ、ウルビーノ、エヴォラ、オポルト、アヴィニョン、ブルージュ、コルドバ、ウィーン、グラーツ、プラハ、クラクフ、リガ、ターリン、ヴィリニュス、シャフリサーブス、ケベック、メキシコシティ、プエブラ、オアハカ、アレキパ、オリンダ、サンルイス、バルパライソ、シンフェゴス、サンクト・ペテルブルグなど
歴史都市	ハラール・ジュゴール、グラン・バッサム、ザビド、カイロ、アユタヤ、ヴィガン、ムラカとジョージタウン、スクレ、トロギール、オウロ・プレートなど
古都	京都、奈良、スコタイ、ホイアン、サラマンカ、トレド、メクネス、メルブ、ルーネンバーグ、グアナファトなど
歴史的町並みと街区	ホイアン、澳門(マカオ)ウィーン、プロヴァン、バルパライソ
広場	イマーム広場､ピサのドゥオモ広場､ナンシーのスタニスラス広場､カリエール広場､アリャーンス広場､赤の広場､グランプラス､モデナのグランデ広場､ブレーメンのマルクト広場
聖堂	ロスキレ､ケルン､セビリア､ブルゴス､シャルトル､アーヘン､アミアン､聖ジェームス､シュパイアー､ブールジュ､ザンクト・ガレン､カンタベリー､バグラチ､聖ヨハン､レオン
教会	聖マーガレット、ボヤナ、ヴィース、サンタマリア・デレ・グラツィエ、チロエ島の教会群、ゴア、マラムレシュの木造教会、コローメンスコエの主昇天教会、聖ミヒャエル
修道院	モン･サン･ミッシェル、リラ、バターリャ、ポブレット、ゲラチ、サンタマリア、ストゥデニカ、ホレーズ、サナヒン、フェラポントフ、ノボディチ、マウルブロン、ジェロニモス、ゲガルド、オシオス・ルカスなど
寺院	ウエストミンスター、アヌラダプラ、アユタヤ、ワット・プー
神殿・神社	パルテノン、オリンピア、アブ・シンベル、バールベク、オスン神社(神の祠)、厳島神社
宮殿	アルハンブラ、ウエストミンスター・パレス、ブレナム、ヴェルサイユ、シェーンブルン、ゴレスタン
城	姫路城、ヴァルトブルク、クロンボー、ミール、リトミシュル、ダーラム、シュバリエ
城塞	水原華城､カルカソンヌ、ロータス、バフラ、アグラ、シバーム、アムラ、バクー、サラ・ディーン、胡朝、エルビル
城壁	万里の長城、エルサレム、ベリンゾーナ、ルゴ、ローマ帝国の国境界線
廟	孔子、タージ・マハル、フマユーン、宗廟、カーブース墓廟
生誕地	ルンビニー、ベツレヘム
聖山	黄山、◎泰山、◎峨眉山、五台山、◎アトス山、サクリ・モンティ、聖キャサリン
聖地	アヌラダプラ、キャンディ、ラサ、サンティアゴ・デ・コンポステーラ
巡礼道	サンティアゴ・デ・コンポステーラへの巡礼道、ベツレヘムの聖誕教会と巡礼の道、紀伊山地の霊場と参詣道
岩画	ヴァルカモニカ、アルタミラ、イベリア半島の地中海沿岸、ターヌム、アルタ、タドラート・アクスム、コンドア、チョンゴニ、◎タッシリ・ナジェール、◎オカシュランバ・ドラケンスバーグ公園、セラ・ダ・カピバラ、クエバ・デ・ラス・マーノス
石窟	莫高窟、龍門、雲崗、エレファンタ、アジャンタ、エローラ
地上絵	ナスカ、フマナ
フレスコ画	グアダラハラのオスピシオ・カバニャス
像	自由の女神像、マダラの騎士像、モアイの石像、ローランド像
塔	ロンドン、ヘラクレス、ベレン、オロモウツの聖三位一体の塔、モデナの市民の塔、ジャム、クトゥブ・ミナール

文化遺産

タイプ	主な物件
鉱山	ポトシ、サカテカス、グアナファト、ローロス、ランメルスベルク、ヴィエリチカ、アルケスナン
炭坑	エッセンの関税同盟炭坑
製鉄所	エンゲルスベルク、フェルクリンゲン、ブレナヴォン、
工場	ヴェルラ、ダウエント、ニュー・ラナーク、ソルテア、ラ・ショー・ド・フォン／ル・ロックル、ハンバーストーンとサンタ・ラウラ、アルフェルトのファグス、ファン・ネレ
孤児院	オスピシオ・カバニャス
病院	サン・パウ、ディヴリイ
音楽堂・歌劇場	カタルーニャ、シドニーオペラハウス、バイロイト
植物園	パドヴァ、キューガーデン、シンガポール
記念館・記念碑	独立記念館、ルター記念碑、広島の平和記念碑原爆ドーム）
博物館	博物館島、プランタン・モレトゥス印刷博物館
展示館	王立展示館
大学	ヴァージニア大学、大学都市カラカス、アルカラ・デ・エナレス、メキシコ国立自治大学、コインブラ
バウハウス	ワイマール、デッサウ
温泉	バース、◎パムッカレ
島	ゴレ、モザンビーク、アンソニー、サモス、スケリッグ・マイケル、ロベン、サン・ルイ、ザンジバル、ライヒェナウ修道院島、ジェームズ
庭園	シャリマール、蘇州、カールトン、ヴェルサイユ、シェーンブルン、ヴュルツブルク、デッサウ-ヴェルリッツ、クロメルジーシュ、ペルシャ
橋	アヴィニョン橋、ヴィスカヤ橋、メフメット・パシャ・ソコロヴィッチ橋、ポン・デュ・ガール（水道橋）、アイアンブリッジ（鉄橋）、モスタル、ヴァンヴィテリ（水道橋）、ポントカサステ水路橋、フォース橋
風車	キンデルダイク-エルスハウト
運河	ミディ運河、サントル運河、ポントカサステ運河、リドー運河、アムステルダムのシンゲル運河、京杭
鉄道	センメリング鉄道、インドの山岳鉄道群、レーティッシュ鉄道
駅舎	チャトラパティ・シヴァージー・ターミナス駅
無線局	ヴァルベルイ
測地弧	シュトゥルーベ
河岸	パリのセーヌ河岸
渓谷	ムサブ、カディーシャ、カトマンズ、オルホン、オルチャ、ノート、ディアーナ、マドリュウ・ペラフィタ・クラロー、ライン川上中流域、ロワール、ヴェゼール、コア、ボイ、ダウエント、ウマワカ、インヘニオス、スペ、オアハカの中央渓谷
集落	白川郷・五箇山、タオス、メサヴェルデ、アイットベンハドゥ、ロロペニ、バンディアガラ、西逓村と宏村、ワット・プー、ホロッケー、シリア北部の古村群
集合住宅	福建土楼、ベルリンのモダニズムの集合住宅
邸宅	孔子邸、サン・レウチョ邸、ストックレー邸、オルタの主な邸宅、トゥーゲントハット邸、リートフェルト・シュレーダー邸、ルイス・バラガン邸
棚田（棚畑段畑）	コルディリェラ、スクル、ラヴォー、アウト-ドウロ、バリ、紅河ハニ族
葡萄畑	サン-テミリオン、ピコ、トカイ、アウト-ドウロ、ラヴォー
文化的景観	紀伊山地の霊場と参詣道、石見銀山、スクル、コンソ族、オスン-オショグボ、コウタマコウ、◎ロペ-オカンダ、ミジケンダ族のカヤ森林群、マトボ丘陵、アンボヒマンガ、マプングブウェ、リヒターズベルド、ル-モーン、コルディリェラ、カディーシャ渓谷、バーミヤン盆地、バム、ビムベトカ、タムガリ、スライマン-トォー、ニサ、オルホン渓谷、チャムパサック、◎チャンアン、五台山、杭州西湖、◎ウルル-カタジュタ、◎トンガリロ、◎セント-キルダ、ブレナヴォン、◎ピレネー地方-ペルデュー山、アランフエス、アマルフィターナ海岸、チレントとディアーノ渓谷、オルチャ渓谷、トラムンタナ山地、コース地方とセヴェンヌ地方、シントラ、サン-テミリオン、ブレナヴォン、ハルシュタットとダッハシュタイン、ワッハウ、レドニツェとバルティツェ、カルヴァリアゼブジドフスカ、ホルトバージ、スタリ-グラド平原、クルシュ砂州、エーランド島南部、コブスタン、テキーラ、ヴィニャーレス渓谷、コロンビアのコーヒー、ウマワカの渓谷など

＜備考＞　世界遺産条約に基づく文化遺産は、遺跡、建造物群、モニュメントの3つのカテゴリーに大別され、動産は含まず、不動産の有形文化財が対象である。ここでは、文化遺産の多様性を理解することを主眼に、重複するものもあるが、原則、登録遺産名を根拠に、上記のようなタイプに分類した。

ヨルダン川の対岸の洗礼の地、ベタニア（アル・マグタス）
（ヨルダン）
2015年登録　登録基準（iii）（vi）

ペルシャのカナート（イラン）
2016年登録
登録基準（iii）（iv）

プレア・ヴィヒア寺院（カンボジア）
2008年登録
登録基準（i）

大運河（中国）
2014年登録
登録基準（i）（iii）（iv）（vi）

山寺（サンサ）、韓国の仏教山岳寺院群（韓国）
2018年登録
登録基準（iii）

イングランドの湖水地方（英国）
2017年登録
登録基準（ii）（v）（vi）

シャンパーニュ地方の丘陵群、家屋群、貯蔵庫群
（フランス）
2015年登録　登録基準（iii）（iv）（vi）

シュトルーヴェの測地弧（ノルウェー／スウェーデン／フィンランド／ロシア／エストニア／ラトヴィア／リトアニア／ベラルーシ／モルドヴァ／ウクライナ）
2005年登録　登録基準（ii）（iv）（vi）

ステチェツィの中世の墓碑群
（ボスニア・ヘルツェゴヴィナ）
2016年登録
登録基準（iii）（vi）

レッド・ベイのバスク人の捕鯨基地（カナダ）
2013年登録
登録基準（iii）（iv）

コロンビアのコーヒーの文化的景観（コロンビア）
2011年登録
登録基準（v）（vi）

リオ・デ・ジャネイロ：山海との間のカリオカの景観群（ブラジル）
2012年登録
登録基準(vi)

文化遺産　カテゴリー別の類型

	遺　　跡	建造物群	モニュメント
考古学遺産	使用或は占有されていない土塁、埋葬地、洞窟住居、要塞、墓地、道等	使用或は占有されていない町村集落、要塞等	使用或は占有されていない土塁、農場、別荘、寺院群、公共建造物群、要塞等を含む 個々のモニュメント
岩画遺跡	絵画、彫刻等を含む洞窟、ロック・シェルター、野外場		
人類化石遺跡	骸骨や初期人類が占有したことがわかる個々の遺跡や景観		
歴史的建造物群とアンサンブル			個々のモニュメント、モニュメント群、芸術作品
都市と田舎の集落歴史的町並み		町、タウンセンター、村、コミュニティの住居群	
土地固有の建築物	土地固有の集落がある文化的景観	伝統的建造物群	伝統的な建設システムと技術を使用した伝統的建造物群
宗教物件	宗教或は精神的関連物がある遺跡：聖地、神聖な景観、或は、聖的な特徴がある景観	宗教或は、精神的に関連がある聖地がある歴史的集落や町	教会群、修道院群、神社群、聖地、モスク、シナゴーク、寺院等宗教或は精神的価値と関連した建造物群
農業、工業、産業・技術物件	田畑のシステム、葡萄畑、農業景観、ダムや灌漑等の水管理システム、鉱山、採掘景観、運河、鉄道等	農業集落 工業集落	工場、橋、ダムや灌漑などの水管理システム
軍事物件	防御システム	宮殿、町の要塞、防御システム等	城、要塞、宮殿等
文化的景観 公園と庭園	意匠され意図的に創造されたと明らかに定義できる景観。組織的に進化した景観（残存する或は化石景観、継続する景観、関連する文化的景観		モニュメントと関連した庭園
文化の道	巡礼道、交易路、道、運河、鉄道等		
埋蔵文化財と遺跡	埋葬地、石塚、陵、墓、慰霊碑、墓地等がある広域な地域、或は文化的景観		土塁、石塚、陵、墓、慰霊碑、墓地等
象徴的な物件とメモリアル	信仰、個人或は出来事と関連する景観、或は広大な地域	信仰。個人或は出来事と関連した集落や町	信仰、個人或は出来事と関連した推薦或は登録されたモニュメント
近代化遺産	19世紀後半以降の文化的景観	19世紀後半以降の町、都市、或は田舎	19世紀後半以降の建造物群、芸術作品、産業物件

<出所> ICOMOSの資料“ The World Heritage List : Filling the Gaps-an action plan for the future”などを基に作成

文化遺産　グローバル・ストラテジー

「世界遺産リストにおける不均衡の是正及び代表性・信頼性の確保のためのグローバル・ストラテジー」(略称 グローバル・ストラテジー) は、1994年6月にパリのユネスコ本部において開催された専門家会合における議論をまとめた報告書に基づいて、1994年12月にタイのプーケットで開催された第19回世界遺産委員会プーケット会議において採択された。

グローバル・ストラテジーは、ICOMOSが行った調査の結果、①ヨーロッパ地域における遺産、②都市関連遺産及び信仰関連遺産、③キリスト教関連資産、④先史時代及び20世紀を除く歴史の遺産、⑤宮殿や城のようなエリートの建築遺産、などの登録が過剰に進んでいるとの認識が示され、このような登録遺産の偏重は文化遺産の多面的かつ広範な視野を狭める傾向を招く一方、生きた文化(living culture)や生きた伝統(living tradition)、民族学的な風景、そして普遍的価値を有し、広く人間の諸活動に関わる事象などは、世界遺産に含まれていないことが確認された。

そこで、地理上、また物件のテーマ別のアンバランスを是正して、世界遺産リストの代表性及び信頼性を確保していくためには、世界遺産の定義を拡大解釈して、世界遺産を「もの」として類型化するアプローチから、広範囲にわたる文化的表現の複雑でダイナミックな性質に焦点をあてたアプローチへと移行させる必要のあることが指摘され、人間の諸活動や居住の形態、生活様式や技術革新などを総合的に含めた人間と土地の在り方を示す事例や、人間の相互作用、文化の共存、精神的・創造的表現に関する事例なども考慮すべきであることが指摘された。

以上のような指摘を踏まえて、1994年現在、比較研究が進んでいる分野として、文化的景観、20世紀の建築、産業遺産の3つの遺産の種別が示された。

文化遺産　文化的景観

文化的景観（Cultural Landscapes）とは、世界遺産条約第1条でいう「自然と人間との共同作品」に相当するものである。人間社会または人間の居住地が、自然環境による物理的制約のなかで、社会的、経済的、文化的な内外の力に継続的に影響されながら、どのような進化をたどってきたのかを例証するものである。文化的景観は、文化遺産と自然遺産との中間的な存在で、現在は、文化遺産の分類に含められており、次の三つのカテゴリーに分類することができる。

(1)　庭園、公園など人間によって意図的に設計され創造されたと明らかに定義できる景観

(2)　棚田など農林水産業などの産業と関連した有機的に進化する景観で、次の2つのサブ・カテゴリーに分けられる。

□残存する（或は化石）景観（a relict (or fossil) landscape）

□継続中の景観（continuing landscape）

(3)　聖山など自然的要素が強い宗教、芸術、文化などの事象と関連する文化的景観

文化的景観の概念図

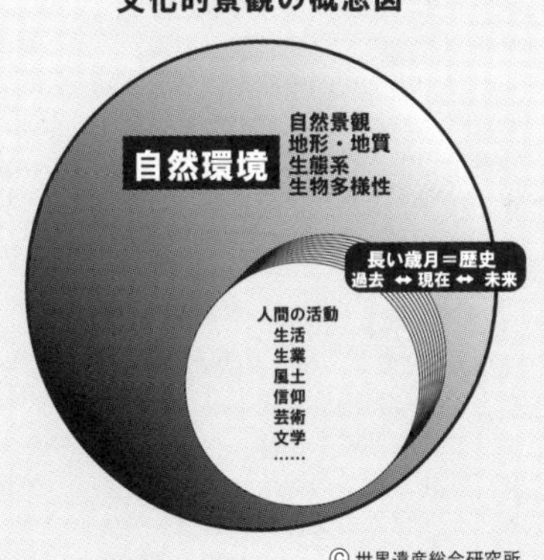

© 世界遺産総合研究所

文化遺産　主な文化的景観

【アフリカ】

●スクルの文化的景観（ナイジェリア）　1999年登録
●アンボヒマンガの王丘（マダガスカル）　2001年登録
●マトボ丘陵（ジンバブエ）　2003年登録
●マプングブウェの文化的景観（南アフリカ）　2003年登録
●バタムマリバ族の地　コウタマコウ（トーゴ）　2004年登録
●オスン・オショグボの聖なる森（ナイジェリア）　2005年登録
●リヒターズベルドの文化的な植物景観（南アフリカ）　2007年登録
◎ロペ・オカンダの生態系と残存する文化的景観（ガボン）　2007年登録
●神聖なミジケンダ族のカヤ森林群（ケニア）　2008年登録
●ル・モーンの文化的景観（モーリシャス）　2008年登録
●コンソ族の文化的景観（エチオピア）　2011年登録
●サルーム・デルタ（セネガル）　2011年登録
●バサリ地方：バサリ族、フラ族、それにベディク族の文化的景観群（セネガル）　2012年登録

【アラブ諸国】

●カディーシャ渓谷（聖なる谷）と神の杉の森　（ホルシュ・アルゼ・ラップ）（レバノン）　1998年登録
●シリア北部の古村群（シリア）★　2011年登録
●オリーブとワインの地パレスチナ-エルサレム南部バティール村の文化的景観（パレスチナ）★　2014年登録
●アハサー・オアシス、進化する文化的景観（サウジアラビア）　2018年登録

【アジア】

●フィリピンのコルディリェラ山脈の棚田（フィリピン）　1995年登録
●チャムパサックの文化的景観の中にあるワット・プーおよび関連古代集落群（ラオス）　2001年登録
●バーミヤン盆地の文化的景観と考古学遺跡　（アフガニスタン）★　2003年登録
●ビムベトカの岩窟群（インド）　2003年登録
●バムの文化的景観（イラン）★　2004年／2007年登録
●オルホン渓谷の文化的景観（モンゴル）　2004年登録
●紀伊山地の霊場と参詣道（日本）　2004年登録
●タムガリの考古学的景観とペトログラフ（カザフスタン）　2004年登録
●ニサのパルティア時代の要塞群（トルクメニスタン）　2007年登録
●石見銀山遺跡とその文化的景観（日本）　2007年登録
●スライマン・トォーの聖山（キルギス）　2009年登録
●五台山（中国）　2009年登録
●杭州西湖の文化的景観（中国）　2011年登録
●バリ州の文化的景観：トリ・ヒタ・カラナの哲学を表現したスバック・システム（インドネシア）　2012年登録
●紅河ハニ族の棚田群の文化的景観（中国）　2013年登録
◎チャンアン景観遺産群（ヴェトナム）　2014年登録
●メイマンドの文化的景観（イラン）　2015年登録
●シンガポール植物園（シンガポール）　2015年登録

【太平洋】

◎ウルル-カタ・ジュタ国立公園（オーストラリア）　1987年／1994年登録
◎トンガリロ国立公園（ニュージーランド）　1990年／1993年登録
●ククの初期農業遺跡（パプア・ニューギニア）　2008年登録
●ロイマタ酋長の領地（ヴァヌアツ）　2008年登録
●バジ・ビムの文化的景観（オーストラリア）　2019年登録

【ヨーロッパ・北米】

◎セント・キルダ（英国） 1986年／2004年／2005年登録
●シントラの文化的景観（ポルトガル） 1995年登録
●レドニツェとヴァルチツェの文化的景観（チェコ） 1996年登録
◎ピレネー地方- ペルデュー山（スペイン／フランス） 1997年／1999年登録
●アマルフィターナ海岸（イタリア） 1997年登録
●ポルトヴェーネレ、チンクエ・テッレと諸島（パルマリア、ティーノ、ティネット）（イタリア） 1997年登録
●ザルツカンマーグート地方のハルシュタットとダッハシュタインの文化的景観（オーストリア） 1997年登録
●ペストゥムとヴェリアの考古学遺跡とパドゥーラの僧院があるチレントとディアーナ渓谷国立公園（イタリア） 1998年登録
●サン・テミリオン管轄区（フランス） 1999年登録
●ホルトバージ国立公園-プスタ（ハンガリー） 1999年登録
●カルヴァリア ゼブジドフスカ：マニエリズム建築と公園景観それに巡礼公園（ポーランド） 1999年登録
●ブレナヴォンの産業景観（英国） 2000年登録
●デッサウ-ヴェルリッツの庭園王国（ドイツ） 2000年登録
●ワッハウの文化的景観（オーストリア） 2000年登録
●クルシュ砂州（リトアニア／ロシア連邦） 2000年登録
●シュリー・シュル・ロワールとシャロンヌの間のロワール渓谷（フランス） 2000年登録
●エーランド島南部の農業景観（スウェーデン） 2000年登録
●アランフエスの文化的景観（スペイン） 2001年登録
●ワインの産地アルト・ドウロ地域（ポルトガル） 2001年登録
●フェルトゥ-・ノイジィードラーゼーの文化的景観 （オーストリア／ハンガリー） 2001年登録
●ライン川上中流域の渓谷（ドイツ） 2002年登録
●トカイ・ワイン地方の歴史的・文化的景観（ハンガリー） 2002年登録
●ピエモント州とロンバルディア州の聖山（イタリア） 2003年登録
●王立植物園キュー・ガーデン（英国） 2003年登録
●マドリュウ・ペラフィタ・クラロー渓谷（アンドラ） 2004年／2006年登録
●シンクヴェトリル国立公園（アイスランド） 2004年登録
●ピコ島の葡萄園文化の景観（ポルトガル） 2004年登録
●オルチャ渓谷（イタリア） 2004年登録
●ムスカウ公園 / ムザコフスキー公園（ドイツ／ポーランド） 2004年登録
●ヴェガオヤン-ヴェガ群島（ノルウェー） 2004年登録
●ケルナヴェ考古学遺跡（ケルナヴェ文化保護区） （リトアニア） 2004年登録
●香料の道 – ネゲヴの砂漠都市群（イスラエル） 2005年登録
●コンウォールと西デヴォンの鉱山景観（英国） 2006年登録
●ラヴォーのブドウ畑（スイス） 2007年登録
●ゴブスタンの岩石画の文化的景観（アゼルバイジャン） 2007年登録
●レーティッシュ鉄道アルブラ線とベルニナ線の景観群 （スイス／イタリア） 2008年登録
●スタリ・グラド平原（クロアチア） 2008年登録
●コース地方とセヴェンヌ地方の地中海農業や牧畜の文化的景観（フランス） 2011年登録
●トラムンタナ山地の文化的景観（スペイン） 2011年登録
●グラン・プレの景観（カナダ） 2012年登録
●タウリカ・ケルソネソスの古代都市とそのホラ（ウクライナ） 2013年登録
●シェラン島北部のパル・フォルス式狩猟の景観（デンマーク） 2015年登録
●ディヤルバクル城壁とエヴセルガーデンの文化的景観（トルコ） 2015年登録
●コネリアーノとヴァルドッビアーデネのプロセッコ丘陵群（イタリア） 2019年登録
●ブラガのボン・ジェズス・ド・モンテの聖域（ポルトガル） 2019年登録

【ラテンアメリカ・カリブ】

●ヴィニャーレス渓谷（キューバ） 1999年登録
●キューバ南東部の最初のコーヒー農園の考古学的景観 （キューバ） 2000年登録
●ウマワカの渓谷（アルゼンチン） 2003年登録
●テキーラ（地方）のリュウゼツランの景観と古代産業設備 （メキシコ） 2006年登録
●コロンビアのコーヒーの文化的景観（コロンビア） 2011年登録
●リオ・デ・ジャネイロ：山と海との間のカリオカの景観群（ブラジル） 2012年登録
●フライ・ベントスの文化的・産業景観（ウルグアイ） 2015年登録

紅河ハニ族の棚田群の文化的景観（中国）
2013年登録　登録基準（iii）（v）
（写真）元陽-多依樹棚田

石見銀山遺跡とその文化的景観（日本）
2004年登録
登録基準（ii）（iii）（iv）（vi）

ザルツカン・マーグート地方のハルシュタットと
ダッハシュタインの文化的景観（オーストリア）
1997年登録　登録基準（iii）（iv）

シントラの文化的景観（ポルトガル）
1995年登録
登録基準 (ii) (iv) (v)

ラヴォーのブドウの段々畑 （スイス）
2007年登録
登録基準 (iii) (iv) (v)

ゴブスタンの岩石画の文化的景観
（アゼルバイジャン）
2007年登録　登録基準 (iii)

文化遺産　文化の道

文化的景観などと共に、今後、注目されるのが「文化の道」(Cultural Routes) という考え方である。人間が往来し人間が交流する長い歴史のなかで、巡礼道、遍路道、絹や香料などの交易路、仏教伝来の道、キリスト教布教の道、街道、通信使節の道、運河、水路、鉄道などは、文化の道であり、その途上に残った遺跡、建造物群、モニュメントだけではなく、その道が果たした人類の歴史上の役割は大きい。既に「世界遺産リスト」に登録されている物件の中で、「文化の道」に関わるものについては、下記のものが該当する。

①信仰の道

- ●サンティアゴ・デ・コンポステーラへの巡礼道：フランス人の道とスペイン北部の巡礼路群（スペイン）1985年／2015年登録
- ●サンティアゴ・デ・コンポステーラへの巡礼道（フランス側）（フランス）　1998年登録
- ●紀伊山地の霊場と参詣道（日本）　2004年登録

②交易の道

- ●フランキンセンスの地（オマーン）　2000年登録
- ●香料の道 － ネゲヴの砂漠都市群（イスラエル）　2005年登録
- ●シルクロード：長安・天山回廊の道路網（中国／カザフスタン／キルギス）　2014年登録
- ●カパック・ニャン、アンデス山脈の道路網（ペルー／ボリヴィア／エクアドル／チリ／アルゼンチン／コロンビア）　2014年登録
- ●カミノ・レアル・デ・ティエラ・アデントロ（メキシコ）　2010年登録
- ●水銀の遺産、アルマデン鉱山とイドリャ鉱山（スペイン／スロヴェニア）　2012年登録
- ●ウマワカの渓谷（アルゼンチン）　2003年登録

③運河、水路

- ●京杭大運河（中国）　2014年登録
- ●ミディ運河（フランス）　1996年登録
- ●ポントカサステ水路橋と運河（英国）　2009年登録
- ●アムステルダムのシンゲル運河の内側にある17世紀の環状運河地域（オランダ）　2010年登録
- ●ルヴィエールとルルー（エノー州）にあるサントル運河の4つの閘門と周辺環境（ベルギー）　1998年登録
- ●リドー運河（カナダ）　2007年登録

④鉄道

- ●インドの山岳鉄道群（インド）　1999年／2005年／2008年登録
- ●センメリング鉄道（オーストリア）　1998年登録
- ●レーティッシュ鉄道アルブラ線とベルニナ線の景観群（スイス／イタリア）　2008年登録

「文化の道」で、今後、世界遺産や世界記憶遺産への登録が期待されるのは、

- ●シルクロード：ペンジケント-サマルカンド、ポイケント回廊（タジキスタン／ウズベキスタン）
- ●アウグストゥフ運河（ベラルーシ／ポーランド）
- ●フランシスコ修道会の伝道の道（グアテマラ）
- ●グレート・ウェスタン鉄道（英国）
- ●セルダーニ鉄道（フランス）
- ●シルクロード：海の道（中国／日本）
- ●朝鮮通信使（韓国／日本）
- ●四国八十八箇所遍路道（日本）

＜出所＞「世界遺産ガイド-文化の道編-」（シンクタンクせとうち総合研究機構）

シルクロード：長安・天山回廊の道路網
（カザフスタン／キルギス／中国）
2014年登録　登録基準（ii）（iii）（v）（vi）
（写真）トルファン高昌故城

カパック・ニャン、アンデス山脈の道路網
（コロンビア／エクアドル／ペルー／ボリヴィア／チリ／アルゼンチン）
2014年登録　登録基準（ii）（iii）（iv）（vi）

テンブレケ神父の水道橋の水利システム（メキシコ）
2015年登録
登録基準（i）（ii）（iv）

文化遺産　主な19世紀と20世紀の建築

【アジア・太平洋】

●シドニーのオペラ・ハウス（オーストラリア）　2007年登録
建築家　ヨルン・ウッツォン(1918年～2008年)

【ヨーロッパ・北米】

●アントニ・ガウディの作品群（スペイン）　1984年／2005年登録
建築家　アントニ・ガウディ(1852～1926年)

●スコースキュアコゴーデン（スウェーデン）　1994年登録
建築家　グンナー・アスプルンド(1885～1940年)、シグード・レーヴェレンツ(1885～1975年)

●ワイマールおよびデッサウにあるバウハウスと関連遺産群（ドイツ）　1996年登録
建築家　ヴァルター・グロピウス(1883～1969年)、ミース・ファン・デル・ローエ(1886～1969年)　など

●バルセロナのカタルーニャ音楽堂とサン・パウ病院（スペイン）　1997年登録
建築家　ドメネック・イ・ムンタネル(1850～1923年)

●ブリュッセルの建築家ヴィクトール・オルタの主な邸宅建築（ベルギー）　2000年登録
建築家　ヴィクトール・オルタ(1861～1947年)

●リートフェルト・シュレーダー邸（オランダ）　2000年登録
建築家　ヘリット・トーマス・リートフェルト（1888～1964年）

●ブルノのトゥーゲントハット邸（チェコ）　2001年登録
建築家　ミース・ファン・デル・ローエ(1886～1969年)

●テル・アヴィヴのホワイト・シティー近代運動（イスラエル）　2003年登録
建築家　アリー・シャロン(1900～1984年)　など

●オーギュスト・ペレによって再建された都市ル・アーヴル（フランス）　2005年登録
建築家　オーギュスト・ペレ(1874～1954年)

●ベルリンのモダニズムの集合住宅（ドイツ）　2008年登録
建築家　ブルーノ・タウト(1880～1938年)、ヴァルター・グロピウス(1883～1969年)　など

●ストックレー邸（ベルギー）　2009年登録
建築家　ヨーゼフ・ホフマン(1870～1956年)

●アルフェルトのファグス工場（ドイツ）　2010年登録
建築家　ヴァルター・グロピウス(1883～1969年)、アドルフ・マイヤー(1881～1929年)

●ファン・ネレ工場（オランダ）　2014年登録
建築家　ヨハネス・ブリンクマン(1902～1949年)、ファン・デル・フルフト(1894～1936年)

●シュパイヘルシュダッドとチリハウスのあるコントールハウス地区（ドイツ）　2015年登録
建築家　フリッツ・ヘーガー(1877～1949年)

●ル・コルビュジェの建築作品ー近代化運動への顕著な貢献
（フランス／スイス／ドイツ／ベルギー／日本／インド／アルゼンチン）　2016年登録
建築家　ル・コルビュジェ（1887年～1965年）

●フランク・ロイド・ライトの20世紀の建築
（アメリカ合衆国）　2019年登録
建築家　フランク・ロイド・ライト（1867年～1959年）

【ラテンアメリカ・カリブ】

●ブラジリア（ブラジル）　1987年登録
建築家　ルシオ・コスタ(1902～1998年)、オスカー・ニエマイヤー（1907年～）、
ロベルト・ブルレ・マルクス(1909～1994年)

●カラカスの大学都市（ヴェネズエラ）　2000年登録
建築家　カルロス・ラウール・ヴィラヌェヴァ(1900～1975年)

●ルイス・バラガン邸と仕事場（メキシコ）　2004年登録
建築家　ルイス・バラガン(1902～1988年)

●メキシコ国立自治大学(UNAM)の中央大学都市キャンパス（メキシコ）　2007年登録
建築家　マリオ・パニ・ダルクィ(1911～1993年)、エンリケ・デル・モラル(1905～1987年)

フランク・ロイド・ライトの20世紀の建築
2019年年登録
登録基準 (ii)

ル・コルビュジェの建築作品ー近代化運動への顕著な貢献
2016年登録
登録基準 (i) (ii) (vi)

ブラジリア（ブラジル）
1987年登録
登録基準 (i) (iv)

文化遺産　主な産業遺産

産業遺産（Industrial Heritage）とは、歴史的、技術的、社会的、建築学的、或は、学術的な価値のある産業文化の遺物や遺構で、建造物群と機械、作業場、工場、鉱山などからなっている。

なかでも、18世紀後半からの工場制機械工業の導入による産業革命以降の工業化、近代化に寄与した英国などヨーロッパの産業遺産に注目したい。

【アラブ諸国】

- オマーンのアフラジ灌漑施設（オマーン）　2006年登録
- 真珠採り、島の経済の証し（バーレーン）　2012年登録

【アジア・太平洋】

- インドの山岳鉄道群（インド）　1999年／2005年／2008年登録
- 青城山と都江堰の灌漑施設（中国）　2000年登録
- チャトラパティ・シヴァージー駅（旧ヴィクトリア・ターミナス駅）（インド）　2004年登録
- 王立展示館とカールトン庭園（オーストラリア）　2004年登録
- 石見銀山遺跡とその文化的景観（日本）　2007年登録
- シューシュタルの歴史的水利施設（イラン）　2009年登録
- 京杭大運河（中国）　2014年登録
- 富岡製糸場と絹産業遺産群（日本）　2014年登録
- 明治日本の産業革命遺産：製鉄・製鋼、造船、石炭産業（日本）　2015年登録

【ヨーロッパ・北米】

- ヴィエリチカとボフニャの王立塩坑群（ポーランド）　1978年／2010年登録
- ローロスの鉱山都市と周辺環境（ノルウェー）　1980年登録
- サラン・レ・バンの大製塩所からアルケスナンの王立製塩所までの開放式平釜製塩（フランス）　1982年／2009年登録
- ポン・デュ・ガール（ローマ水道）（フランス）　1985年／2007年登録
- アイアンブリッジ峡谷（英国）　1986年登録
- ランメルスベルク鉱山、古都ゴスラーとハルツ地方北部の水利管理システム（ドイツ）　1992年登録
- エンゲルスベルクの製鉄所（スウェーデン）　1993年登録
- バンスカー･シュティアヴニッツアの町と周辺の技術的な遺跡（スロヴァキア）　1993年登録
- フェルクリンゲン製鉄所（ドイツ）　1994年登録
- クトナ・ホラ聖バーバラ教会とセドリックの聖母マリア聖堂を含む歴史地区（チェコ）　1995年登録
- ヴェルラ製材製紙工場（フィンランド）　1996年登録
- ザルツカンマーグート地方のハルシュタットとダッハシュタインの文化的景観（オーストリア）　1997年登録
- センメリング鉄道（オーストリア）　1998年登録
- セゴビアの旧市街とローマ水道（スペイン）　1985年登録
- クレスピ・ダッダ（イタリア）　1995年登録
- ミディ運河（フランス）　1996年登録
- ラス・メドゥラス（スペイン）　1997年登録

●キンデルダイク-エルスハウトの風車群（オランダ） 1997年登録
●Ir.D.F.ウォーダヘマール（D.F.ウォーダ蒸気揚水ポンプ場）（オランダ） 1998年登録
●ルヴィエールとルルー（エノー州）にあるサントル運河の4つの閘門と周辺環境（ベルギー） 1998年登録
●ブレナヴォンの産業景観（英国） 2000年登録
●モンスのスピエンヌの新石器時代の燧石採掘坑（ベルギー） 2000年登録
●ニュー・ラナーク（英国） 2001年登録
●ソルテア（英国） 2001年登録
●ダウエント渓谷の工場（英国） 2001年登録
●エッセンの関税同盟炭坑の産業遺産（ドイツ） 2001年登録
●ファールンの大銅山の採鉱地域（スウェーデン） 2001年登録
●リヴァプール-海商都市（英国）★ 2004年登録
●ヴァルベルイの無線通信所（スウェーデン） 2004年登録
●プランタン・モレトゥスの住宅、作業場、博物館（ベルギー） 2005年登録
●コンウォールと西デヴォンの鉱山景観（英国） 2006年登録
●ヴィスカヤ橋（スペイン） 2006年登録
●ヴィシェグラードのメフメット・パシャ・ソコロヴィッチ橋（ボスニア・ヘルツェゴビナ） 2007年登録
●リドー運河（カナダ） 2007年登録
●レーティッシュ鉄道アルブラ線とベルニナ線の景観群（スイス／イタリア） 2008年登録
●ポントカサステ水路橋と運河（英国） 2009年登録
●ラ・ショー・ド・フォン／ル・ロックル、時計製造の計画都市（スイス） 2009年登録
●アルフェルトのファグス工場（ドイツ） 2010年登録
●水銀の遺産、アルマデン鉱山とイドリャ鉱山（スペイン／スロヴェニア） 2012年登録
●ノール・パ・ド・カレ地方の鉱山地帯（フランス） 2012年登録
●ワロン地方の主要な鉱山遺跡群（ベルギー） 2012年登録
●レッド・ベイのバスク人の捕鯨基地（カナダ） 2013年登録
●ファン・ネレ工場（オランダ） 2014年登録
●フォース橋（英国） 2015年登録
●リューカン・ノトデン産業遺産地（ノルウェー） 2015年登録
●シャンパーニュ地方の丘陵群・家屋群・貯蔵庫群（フランス） 2015年登録
●タルノフスキェ・グルィの鉛・銀・亜鉛鉱山とその地下水管理システム（ポーランド） 2017年登録
●イヴレーア、20世紀の工業都市（イタリア） 2018年登録

【ラテンアメリカ・カリブ】

●オウロ・プレートの歴史都市（ブラジル） 1980年登録
●ポトシ市街（ボリヴィア） 1987年登録
●古都グアナファトと近隣の鉱山群（メキシコ） 1988年登録
●サカテカスの歴史地区（メキシコ） 1993年登録
●キューバ南東部の最初のコーヒー農園の考古学的景観 （キューバ） 2000年登録
●ハンバーストーンとサンタ・ラウラの硝石工場群（チリ） 2005年登録
●テキーラ（地方）のリュウゼツランの景観と古代産業設備（メキシコ） 2006年登録
●セウェルの鉱山都市（チリ） 2006年登録
●フライ・ベントスの文化的・産業景観（ウルグアイ） 2015年登録

イヴレーア、20世紀の工業都市（イタリア）
2018年登録
登録基準（iv）

フォース橋（英国）
2015年登録　登録基準（i）（iv）

エッセンの関税同盟炭坑の産業遺産（ドイツ）
2001年登録　登録基準（ii）（iii）

ファールンの大銅山の採鉱地域（スウェーデン）
2001年登録
登録基準（ii）（iii）（v）

富岡製糸場と絹産業遺産群（日本）
2014年登録
登録基準（ii）（iv）

フライ・ベントスの文化的・産業景観（ウルグアイ）
2015年登録
登録基準（ii）（iv）

文化遺産　人類の負の遺産

文化遺産は、本来、先人が残した偉大で賞賛すべき、「顕著な普遍的価値」を持つ真正なものばかりであるが、逆に、人類が犯した二度と繰り返してはならない人権や人命を無視した悲劇、人種や民族の差別の証明ともいえる文化遺産もある。

これらには、15～19世紀の植民地主義時代、西欧列強による黒人奴隷売買の舞台となったアフリカのセネガルの「ゴレ島」、ガーナの「ヴォルタ、アクラ、中部、西部各州の砦と城塞」、ゲレザ(牢獄)の要塞などが残るタンザニアの「キルワ・キシワーニ」、17～20世紀のオランダ植民地時代、イギリス統治下での流刑地、20世紀にはアパルトヘイト(人種隔離)政策に反対する黒人の監獄島であった南アフリカの「ロベン島」、17世紀に奴隷貿易の拠点として繁栄したキューバの「トリニダード」、16～18世紀、先住民にとっては隷属の象徴であった銀山のあるボリヴィアの「ポトシ」、16～17世紀、先住民から略奪した金、銀、財宝が積み出されたコロンビアの「カルタヘナ」、ブラジルの「ヴァロンゴ埠頭の考古学遺跡」などの物件がある。

それに、第2次世界大戦中、ドイツがユダヤ人や共産主義者を大量虐殺したポーランドの「アウシュヴィッツ・ビルケナウのナチス・ドイツ強制・絶滅収容所」、太平洋戦争末期の1945年8月6日にアメリカが広島市上空に投下した原子爆弾で被災した「広島の平和記念碑(原爆ドーム)」の2つは、戦争の悲惨さを示すショッキングな戦争遺跡(War-related sites)で、人間が起した戦争の愚かしさを人類に警告するマイナスの遺産なので、「負の遺産」とも言われている。世界遺産から私達は何を学ぶかを考える時、「人類の負の遺産」が物語る教訓を決して忘れてはならない。

世界遺産に見る「負の遺産」は、核(兵器)の使用に関連したもの、大量虐殺に関連したもの、人種差別や奴隷貿易に関連したもの、強制労働に関連したものに集約できる。これらの社会的な背景にあるのは、戦争や侵略的行為である。

ユネスコ憲章の前文に、「戦争は、人の心の中で生まれるものであるから、人の心の中に平和のとりでを築かなければならない。相互の風習と生活を知らないことは、人類の歴史を通じて世界の諸人民の間に疑惑と不信をおこした共通の原因であり、この疑惑と不信のために、諸人民の不一致があまりにも、しばしば戦争となった。ここに終わりを告げた恐るべき大戦争は、人間の尊厳・平等・相互の尊重という民主主義の原理を否認し、これらの原理の代わりに、無知と偏見を通じて、人間と人種の不平等という教義をひろめることによって可能にされた戦争であった。・・・・」とある。理念的には理解できても、国家、民族、人種、宗教、思想の違いなどの対立から紛争、戦争に至ったケースは枚挙に暇がない。また、国境や地域の境界をめぐっての紛争、植民地化などの侵略的行為による鉱物資源開発などの利権をめぐっての労働力の確保に派生した奴隷問題など数多い。

「負の遺産」は、世界遺産条約、それに、世界遺産条約履行の為の作業指針(通称：オペレーショナル・ガイドラインズ)の中で定義されているわけではない。また、戦争遺跡など、いわゆる「負の遺産」を世界遺産にすることについては異論も多々あるが、人類が二度と繰り返してはならない「顕著な普遍的価値」をもつ代表的な史跡やモニュメントを保存していくことも、人類史上、大変重要なことである。

このような人類の「負の遺産」は、その歴史的事実が風化し、忘却されることのないよう、「世界記憶遺産」(Memory of the World)としても、その記録を保存していく必要がある。

<出所>「世界遺産ガイド-人類の負の遺産と復興の遺産編-」(シンクタンクせとうち総合研究機構)

アウシュヴィッツ・ビルケナウのナチス・ドイツ強制・絶滅
収容所（1940-1945）（ポーランド）
1979年登録　登録基準（vi）
（写真）ビルケナウ

広島の平和記念碑（原爆ドーム）（日本）
1996年登録
登録基準（vi）

ヴァロンゴ埠頭の考古学遺跡（ブラジル）
2017年登録
登録基準（vi）

文化遺産　人類の復興の遺産

人類の「復興の遺産」と言っても過言ではない世界遺産もある。1693年の大地震によって町が全壊したが、驚異的な復興を遂げたイタリアのシチリア島南東部の「ノート渓谷の後期バロック都市群」、第二次世界大戦で破壊され廃虚と化したが、再建され復興したフランスの「オーギュスト・ペレによって再建された都市ル・アーヴル」、ナチス・ドイツによって壊滅的な被害を被り破壊されたが、市民のたゆまぬ努力で中世の街並みが復元されたポーランドの「ワルシャワの歴史地区」、1667年の大地震、1991年の内戦などで、度々被害を被ったが、これらの苦難を見事に克服し復興したクロアチアの「ドブロヴニクの旧市街」、ボスニア・ヘルツェゴヴィナ紛争で破壊されたが、国際協力によって回復し再建されたボスニア・ヘルツェゴヴィナの「モスタル旧市街の古橋地域」などである。

世界遺産に見る「復興の遺産」は、自然災害から復興した遺産、戦争災害から復興した遺産に集約できる。自然災害や人為災害によって、壊滅的、悲劇的な被害にあったものでも、地域社会(コミュニティ)の長年の地道な努力によって、回復、復興し、世界遺産に登録されているものもあり、こうした事例は、私たちに勇気を与えてくれる。

「復興の遺産」は、世界遺産条約、それに、世界遺産条約履行の為の作業指針(通称：オペレーショナル・ガイドラインズ)の中で定義されているわけではない。人類が二度と繰り返してはならない「顕著な普遍的価値」をもつ代表的な史跡やモニュメントを保存していくことも、人類史上、大変重要なことである。

このような人類の「復興の遺産」は、その歴史的事実が風化し、忘却されることのないよう、「世界の記憶」(Memory of the World)としても、その記録を保存していく必要がある。

ドブロヴニクの旧市街（クロアチア）
1979年登録／1994年登録
登録基準 (i) (iii) (iv)

<出所>「世界遺産ガイド–人類の負の遺産と復興の遺産編–」（シンクタンクせとうち総合研究機構）
「世界記憶遺産データ・ブック」（シンクタンクせとうち総合研究機構）

ワルシャワの歴史地区（ポーランド）
1980年登録　登録基準（ii）（vi）

オーギュスト・ペレによって再建された都市ル・アーヴル
（フランス）
2005年登録　登録基準（ii）（iv）

モスタル旧市街の古橋地域
（ボスニア・ヘルツェゴヴィナ）
2005年登録
登録基準（vi）

文化遺産関係の登録パターン

〔文化遺産関係の登録基準〕

(i) 人類の創造的天才の傑作を表現するもの。　**→人類の創造的天才の傑作**

(ii) ある期間を通じて、または、ある文化圏において、建築、技術、記念碑的芸術、町並み計画、景観デザインの発展に関し、人類の価値の重要な交流を示すもの。　**→人類の価値の重要な交流を示すもの**

(iii) 現存する、または、消滅した文化的伝統、または、文明の、唯一の、または、少なくとも稀な証拠となるもの。**→文化的伝統、文明の稀な証拠**

(iv) 人類の歴史上重要な時代を例証する、ある形式の建造物、建築物群、技術の集積、または、景観の顕著な例。**→歴史上、重要な時代を例証する優れた例**

(v) 特に、回復困難な変化の影響下で損傷されやすい状態にある場合における、ある文化(または、複数の文化)或は、環境と人間との相互作用を代表する伝統的集落、または、土地利用の顕著な例。**→存続が危ぶまれている伝統的集落、土地利用の際立つ例**

(vi) 顕著な普遍的な意義を有する出来事、現存する伝統、思想、信仰、または、芸術的、文学的作品と、直接に、または、明白に関連するもの。**→普遍的出来事、伝統、思想、信仰、芸術、文学的作品と関連するもの**

(1) 登録基準 (i)
- ●タージ・マハル (インド)
- ●プレア・ヴィヒア寺院 (カンボジア)
- ●シドニーのオペラ・ハウス (オーストラリア)

(2) 登録基準 (i) (ii)
- ●レオナルド・ダ・ヴィンチ画「最後の晩餐」があるサンタマリア・デレ・グラツィエ教会とドメニコ派修道院 (イタリア)
- ●ヴィチェンツァの市街とベネトのパッラーディオのヴィラ (イタリア)
- ●アミアン大聖堂 (フランス)
- ●ナウムブルク大聖堂 (ドイツ)
- ●ヴィスカヤ橋 (スペイン)
- ●ストックレー邸 (ベルギー)
- ●バターリャの修道院 (ポルトガル)
- ●リートフェルト・シュレーダー邸 (オランダ)
- ●リガの歴史地区 (ラトヴィア)
- ●ルイス・バラガン邸と仕事場 (メキシコ)

(3) 登録基準 (i) (ii) (iii)
- ●ラリベラの岩の教会 (エチオピア)
- ●レプティス・マグナの考古学遺跡 (リビア) ★
- ●ラホールの城塞とシャリマール庭園 (パキスタン)
- ●北京の頤和園 (中国)
- ●北京の天壇 (中国)
- ●大足石刻 (中国)
- ●龍門石窟 (中国)
- ●カステル・デル・モンテ (イタリア)
- ●ヴィッラ・ロマーナ・デル・カザーレ (イタリア)
- ●ティヴォリのヴィッラ・アドリアーナ (イタリア)
- ●ストーンヘンジ、エーヴベリーと関連する遺跡群 (英国)
- ●バッセのアポロ・エピクリオス神殿 (ギリシャ)
- ●ヒルデスハイムの聖マリア大聖堂と聖ミヒャエル教会 (ドイツ)
- ●ウルネスのスターヴ教会 (ノルウェー)
- ●ウシュマル古代都市 (メキシコ)
- ●チチェン・イッツァ古代都市 (メキシコ)

(4) 登録基準 (i) (ii) (iii) (iv)
- ●パサルガディ (イラン)
- ●カーブース墓廟 (イラン)
- ●ゴレスタン宮殿 (イラン)
- ●スーサ (イラン)
- ●チョーラ朝の現存する大寺院群 (インド)
- ●アンコール (カンボジア)
- ●北京と瀋陽の明・清王朝の皇宮 (中国)
- ●雲崗石窟 (中国)
- ●高句麗古墳群 (北朝鮮)
- ●イスタンブールの歴史地区 (トルコ)
- ●ハットシャ：ヒッタイト王国の首都 (トルコ)
- ●アグリジェントの考古学地域 (イタリア)
- ●モデナの大聖堂、市民の塔、グランデ広場 (イタリア)
- ●ラヴェンナの初期キリスト教記念物 (イタリア)
- ●カゼルタの18世紀王宮と公園、ヴァンヴィテリの水道橋とサン・レウチョ邸宅 (イタリア)
- ●新石器時代の遺跡の宝庫オークニー (英国)
- ●キエフの聖ソフィア大聖堂と修道院群、キエフ・ペチェルスカヤ大修道院 (ウクライナ)
- ●コルドバの歴史地区 (スペイン)
- ●古都トレド (スペイン)
- ●ラス・メドゥラス (スペイン)
- ●ランメルスベルグ鉱山、古都ゴスラーとハルツ地方北部の水利管理システム (ドイツ)
- ●コトルの自然・文化-歴史地域 (モンテネグロ)
- ●オアハカの歴史地区とモンテ・アルバンの考古学遺跡 (メキシコ)
- ●パレンケ古代都市と国立公園 (メキシコ)
- ●グアダラハラのオスピシオ・カバニャス (メキシコ)

(5) 登録基準 (i) (ii) (iii) (iv) (v)
- ●蘇州の古典庭園 (中国)

●文化遺産　◎複合遺産　★危機遺産

●古代高句麗王国の首都群と古墳群（中国）

(6) 登録基準 (i) (ii) (iii) (iv) (v) (vi)
●莫高窟（中国）
◎泰山（中国）
●ヴェネツィアとその潟（イタリア）

(7) 登録基準 (i) (ii) (iii) (iv) (vi)
●ナパタ地方のゲベル・バーカルと遺跡群（スーダン）
●古代都市ダマスカス（シリア）★
●バーミヤン盆地の文化的景観と考古学遺跡（アフガニスタン）★
●タクテ・ソレイマン（イラン）
●ペルシャの庭園（イラン）
●サーンチーの仏教遺跡（インド）
●ブッダ・ガヤのマハボディ寺院の建造物群（インド）
●万里の長城（中国）
●明・清皇室の陵墓群（中国）
●ローマの歴史地区、教皇領とサンパオロ・フォーリ・レ・ムーラ大聖堂（イタリア／ヴァチカン）
●フィレンツェの歴史地区（イタリア）
●アッシジの聖フランチェスコのバシリカとその他の遺跡群（イタリア）
●ティヴォリのヴィッラ・デステ（イタリア）
●アテネのアクロポリス（ギリシャ）
●エピダウロスのアスクレピオスの聖地（ギリシャ）
●オリンピアの考古学遺跡（ギリシャ）
●デルフィの考古学遺跡（ギリシャ）
●ミケーネとティリンスの考古学遺跡（ギリシャ）
●ブルサとジュマルクズック：オスマン帝国発祥の地（トルコ）
●ペルガモンとその重層的な文化的景観（トルコ）
●テオティワカン古代都市（メキシコ）
◎カンペチェ州、カラクムルの古代マヤ都市と熱帯林保護区（メキシコ）

(8) 登録基準 (i) (ii) (iii) (v)
該当物件なし

(9) 登録基準 (i) (ii) (iii) (v) (vi)
●カイルアン（チュニジア）

(10) 登録基準 (i) (ii) (iii) (vi)
●アジャンター石窟群（インド）
●マハーバリプラムの建造物群（インド）
●セビリア大聖堂、アルカサル、インディアス古文書館（スペイン）

(11) 登録基準 (i) (ii) (iv)
●パルミラの遺跡（シリア）★
●アルダビールのシェイフ・サフィール・ディーン聖殿の建築物群（イラン）
●ギョベクリ・テペ（トルコ）
●サマルカンド-文明の十字路（ウズベキスタン）
●シエナの歴史地区（イタリア）
●ピエンツァ市街の歴史地区（イタリア）
●ウエストミンスター・パレスとウエストミンスター寺院（含む聖マーガレット教会）（英国）
●バース市街（英国）
●ポントカサステ水路橋と運河（英国）
●キンデルダイク-エルスハウトの風車群（オランダ）
●Ir.D.F.ウォーダヘマール(D.F.ウォーダ蒸気揚水ポンプ場)（オランダ）
●ドローフマカライ・デ・ベームステル(ベームスター干拓地)（オランダ）
●アムステルダムのシンゲル運河の内側にある17世紀の環状運河地域（オランダ）
●テッサロニキの初期キリスト教とビザンチン様式の建造物群（ギリシャ）
●アントニ・ガウディの作品群（スペイン）
●オヴィエドとアストゥリアス王国の記念物（スペイン）
●古都サラマンカ（スペイン）
●バルセロナのカタルーニャ音楽堂とサン・パウ病院（スペイン）
●レドニツェとヴァルチツェの文化的景観（チェコ）
●ケルンの大聖堂（ドイツ）
●ポツダムとベルリンの公園と宮殿（ドイツ）
●アヴィニョンの歴史地区：法王庁宮殿、司教建造物群とアヴィニョンの橋（フランス）
●サラン・レ・バンの大製塩所からアルケスナンの王立製塩所までの開放式平釜製塩（フランス）
●シャルトル大聖堂（フランス）
●パリのセーヌ河岸（フランス）
●シュリー・シュル・ロワールとシャロンヌの間のロワール渓谷（フランス）
●ヴォーバンの要塞群（フランス）
●ヴロツワフの百年祭記念館（ポーランド）
●ブリュッセルの建築家ヴィクトール・オルタの主な邸宅建築（ベルギー）
●シベニクの聖ヤコブ大聖堂（クロアチア）
●ウラディミルとスズダリの白壁建築群（ロシア連邦）
●キリグア遺跡公園と遺跡（グアテマラ）
●メキシコ国立自治大学(UNAM)の中央大学都市キャンパス（メキシコ）
●テンブレケ神父の水道橋の水利システム（メキシコ）
●パンプーリャ湖の近代建築群（ブラジル）

(12) 登録基準 (i) (ii) (iv) (v)
●マラケシュのメディナ（モロッコ）
●サヴォイア王家王宮（イタリア）
●ノート渓谷（シチリア島南東部）の後期バロック都市群（イタリア）
◎メテオラ（ギリシャ）

(13) 登録基準 (i) (ii) (iv) (v) (vi)
◎アトス山（ギリシャ）

(14) 登録基準 (i) (ii) (iv) (vi)
●法隆寺地域の仏教建造物（日本）
●厳島神社（日本）
●アイアンブリッジ峡谷（英国）
●グリニッジ海事（英国）
●ジョドレル・バンク天文台（英国）
●ピサのドゥオモ広場（イタリア）
●ヴァチカン・シティー（ヴァチカン）
●ミディ運河（フランス）
●アーヘン大聖堂（ドイツ）
●ストゥデニカ修道院（セルビア）
●モスクワのクレムリンと赤の広場（ロシア連邦）
●サンクトペテルブルクの歴史地区と記念物群（ロシア連邦）
●古都グアナファトと近隣の鉱山群（メキシコ）

(15) 登録基準 (i) (ii) (v)
●シューシュタルの歴史的水利施設（イラン）

(16) 登録基準 (i) (ii) (v) (vi)
該当物件なし

(17) 登録基準 (i) (ii) (vi)

●文化遺産　◎複合遺産　★危機遺産

- ●ボロブドール寺院遺跡群（インドネシア）
- ●武当山の古建築群（中国）
- ●パハルプールの仏教寺院遺跡（バングラデシュ）
- ●カンタベリー大聖堂、聖オーガスチン修道院、聖マーチン教会（英国）
- ●サンティアゴ・デ・コンポステーラ（旧市街）（スペイン）
- ●マドリッドのエル・エスコリアル修道院と旧王室（スペイン）
- ●ヴェルサイユ宮殿と庭園（フランス）
- ●ランスのノートル・ダム大聖堂、サンレミ旧修道院、トー宮殿（フランス）
- ●ル・コルビュジエの建築作品ー近代化運動への顕著な貢献（フランス／アルゼンチン／ベルギー／ドイツ／インド／日本／スイス）

（18）登録基準（i）（iii）
- ●セネガンビアの環状列石群（ガンビア／セネガル）
- ◎マロティ-ドラケンスバーグ公園（南アフリカ／レソト）
- ◎タッシリ・ナジェール（アルジェリア）
- ●サウジアラビアのハーイル地方の岩絵（サウジアラビア）
- ●エレファンタ石窟群（インド）
- ●カジュラホの建造物群（インド）
- ●古都スコータイと周辺の歴史地区（タイ）
- ●アイガイの考古学遺跡（現在名 ヴェルギナ）（ギリシャ）
- ●アルタミラ洞窟とスペイン北部の旧石器時代の洞窟芸術（スペイン）
- ●ヴィースの巡礼教会（ドイツ）
- ●サン・サヴァン・シュル・ガルタンプ修道院付属教会（フランス）
- ●ヴェゼール渓谷の先史時代の遺跡群と装飾洞窟群（フランス）
- ●アルデシュ県のショーヴェ・ポンダルク洞窟として知られるポンダルク装飾洞窟（フランス）
- ●コア渓谷とシエガ・ヴェルデの先史時代の岩壁画（ポルトガル／スペイン）
- ●スベシュタリのトラキア人墓地（ブルガリア）
- ●マダラの騎士像（ブルガリア）
- ●スタリ・ラスとソポチャニ（セルビア）
- ●サン・フランシスコ山地の岩絵（メキシコ）
- ●オウロ・プレートの歴史都市（ブラジル）
- ●チャン・チャン遺跡地域（ペルー）★
- ◎マチュ・ピチュの歴史保護区（ペルー）

（19）登録基準（i）（iii）（iv）
- ●アムラ城塞（ヨルダン）
- ●ペトラ（ヨルダン）
- ●コジャ・アフメド・ヤサウィ廟（カザフスタン）
- ●ハンピの建造物群（インド）
- ●ネムルト・ダウ（トルコ）
- ●ベンド・オブ・ボインのブルーナ・ボーニャ考古学遺跡群（アイルランド）
- ●サン・ジミニャーノの歴史地区（イタリア）
- ●バルーミニのス・ヌラージ（イタリア）
- ●チェルヴェテリとタルクィニアのエトルリア墳墓群（イタリア）
- ●グウィネズ地方のエドワード1世ゆかりの城郭と市壁（英国）
- ●セゴビアの旧市街とローマ水道（スペイン）
- ●アンテケラのドルメン遺跡（スペイン）
- ●グラナダのアルハンブラ、ヘネラリーフェ、アルバイシン（スペイン）
- ●ポン・デュ・ガール（ローマ水道）（フランス）
- ●モンスのスピエンヌの新石器時代の燧石採掘坑（ベルギー）
- ●ターヌムの岩石刻画（スウェーデン）
- ●タルノフスキェ・グルィの鉛・銀・亜鉛鉱山とその地下水管理システム（ポーランド）
- ●カザンラクのトラキヤ人墓地（ブルガリア）
- ◎オフリッド地域の自然・文化遺産（マケドニア）
- ●ドブロヴニクの旧市街（クロアチア）
- ◎ティカル国立公園（グアテマラ）
- ●ナスカとパルパの地上絵（ペルー）

（20）登録基準（i）（iii）（iv）（v）
該当物件なし

（21）登録基準（i）（iii）（iv）（v）（vi）
該当物件なし

（22）登録基準（i）（iii）（iv）（vi）
- ●カスビのブガンダ王族の墓（ウガンダ）★
- ●聖キャサリン地域（エジプト）
- ●秦の始皇帝陵（中国）
- ●大運河（中国）
- ●ナン・マトール：東ミクロネシアの祭祀センター（ミクロネシア）★
- ●トリーアのローマ遺跡、聖ペテロ大聖堂、聖母教会（ドイツ）

（23）登録基準（i）（iii）（v）
- ◎ギョレメ国立公園とカッパドキアの岩窟群（トルコ）
- ●ラパ・ヌイ国立公園（チリ）

（24）登録基準（i）（iii）（v）（vi）
該当物件なし

（25）登録基準（i）（iii）（vi）
- ●ツォディロ（ボツワナ）
- ●グレート・ジンバブエ遺跡（ジンバブエ）
- ●アブ・シンベルからフィラエまでのヌビア遺跡群（エジプト）
- ●古代テーベとネクロポリス（エジプト）
- ●メンフィスとそのネクロポリス／ギザからダハシュールまでのピラミッド地帯（エジト）
- ●古代都市ボスラ（シリア）★
- ●ペルセポリス（イラン）
- ●エローラ石窟群（インド）
- ●コナーラクの太陽神寺院（インド）
- ●古代都市ポロンナルワ（スリランカ）
- ●モン・サン・ミッシェルとその湾（フランス）

（26）登録基準（i）（iv）
- ●姫路城（日本）
- ●アクスム（エチオピア）
- ●ティヤ（エチオピア）
- ●バールベク（レバノン）
- ●グジャラート州のパタンにあるラニ・キ・ヴァヴ（王妃の階段井戸）（インド）
- ●プランバナン寺院遺跡群（インドネシア）
- ●石窟庵と仏国寺（韓国）
- ●ディヴリイの大モスクと病院（トルコ）
- ●セリミエ・モスクとその社会的複合施設（トルコ）
- ●ファウンティンズ修道院跡を含むスタッドリー王立公園（英国）
- ●フォース橋（英国）
- ●ダフニの修道院、オシオス・ルカス修道院とヒオス島のネアモニ修道院（ギリシャ）
- ●ヴァレンシアのロンハ・デ・ラ・セダ（スペイン）
- ●ポブレット修道院（スペイン）
- ●アルコバサの修道院（ポルトガル）
- ●ナンシーのスタニスラス広場、カリエール広場、

●文化遺産　◎複合遺産　★危機遺産

アリャーンス広場（フランス）
- ●ブールジュ大聖堂（フランス）
- ●シェーンブルン宮殿と庭園群（オーストリア）
- ●ヴュルツブルクの司教館、庭園と広場（ドイツ）
- ●ムスカウ公園 / ムザコフスキー公園（ドイツ／ポーランド）
- ●バイロイトの辺境伯オペラ・ハウス（ドイツ）
- ●テルチの歴史地区（チェコ）
- ●オロモウツの聖三位一体の塔（チェコ）
- ●モルダヴィアの教会群（ルーマニア）
- ●フェラポントフ修道院の建築物群（ロシア連邦）
- ●リドー運河（カナダ）
- ●パナマのカリブ海沿岸のポルトベロ-サン・ロレンソ要塞群（パナマ）★
- ●カラカスの大学都市（ヴェネズエラ）
- ●アレキパ市の歴史地区（ペルー）
- ●ブラジリア（ブラジル）
- ●コンゴーニャスのボン・ゼズス聖域（ブラジル）

（27）登録基準 (i) (iv) (v)
- ●キジ島の木造建築（ロシア連邦）

（28）登録基準 (i) (iv) (v) (vi)

該当物件なし

（29）登録基準 (i) (iv) (vi)
- ●日光の社寺（日本）
- ●ウム・エル・ラサス（カストロン・メファー）（ヨルダン）
- ●曲阜の孔子邸、孔子廟、孔子林（中国）
- ●ラサのポタラ宮の歴史的遺産群（中国）
- ●ノボディチ修道院の建築物群（ロシア連邦）
- ●シャーロッツビルのモンティセロとヴァージニア大学（アメリカ合衆国）

（30）登録基準 (i) (v)

該当物件なし

（31）登録基準 (i) (v) (vi)
- ●カイロの歴史地区（エジプト）
- ●イスファハンのイマーム広場（イラン）

（32）登録基準 (i) (vi)
- ●ダンブッラの黄金寺院（スリランカ）
- ◎カカドゥ国立公園（オーストラリア）
- ●ヴェズレーの教会と丘（フランス）
- ●トマルのキリスト教修道院（ポルトガル）
- ●ヴァレッタの市街（マルタ）
- ●自由の女神像（アメリカ合衆国）

（33）登録基準 (ii)
- ●イスファハンの金曜モスク（イラン）
- ◎黄山（中国）
- ●王立展示館とカールトン庭園（オーストラリア）
- ●シュパイアー大聖堂（ドイツ）
- ●ホレズ修道院（ルーマニア）
- ●ゲガルド修道院とアザト峡谷の上流（アルメニア）
- ●コローメンスコエの主昇天教会（ロシア連邦）
- ●プスコフ派建築の聖堂群（ロシア連邦）
- ●サン・アントニオ・ミッションズ（アメリカ合衆国）
- ●フランク・ロイド・ライトの20世紀の建築（アメリカ合衆国）
- ●セウェルの鉱山都市（チリ）

（34）登録基準 (ii) (iii)
- ●「神宿る島」宗像・沖ノ島と関連遺産群（日本）
- ●ゴンダール地方のファジル・ゲビ（エチオピア）
- ●アガデスの歴史地区（ニジェール）
- ●ドゥッガ／トゥッガ（チュニジア）
- ●アル・ヒジュルの考古学遺跡（マダイン・サーレハ）（サウジアラビア）
- ●古代都市カルハット（オマーン）
- ●ビソトゥーン（イラン）
- ●サラズムの原始の都市遺跡（タジキスタン）
- ●「古都メルブ」州立歴史文化公園（トルクメニスタン）
- ●クフナ・ウルゲンチ（トルクメニスタン）
- ●ニサのパルティア時代の要塞群（トルクメニスタン）
- ●ラジャスタン地方の丘陵城塞群（インド）
- ●土司遺跡群（中国）
- ●開城の史跡群（北朝鮮）
- ●百済の歴史地区群（韓国）
- ●水原の華城（韓国）
- ●慶州の歴史地域（韓国）
- ●モヘンジョダロの考古学遺跡（パキスタン）
- ●聖地ミーソン（ヴェトナム）
- ●ベイト・シェアリムのネクロポリス、ユダヤ人の再興を示す象徴（イスラエル）
- ●クサントス-レトーン（トルコ）
- ●サモス島のピタゴリオンとヘラ神殿（ギリシャ）
- ●パドヴァの植物園（オルト・ボタニコ）（イタリア）
- ●マントヴァとサッビオネータ（イタリア）
- ●タラコの考古学遺跡群（スペイン）
- ●エッセンの関税同盟炭坑の産業遺産（ドイツ）
- ●トルシェビチのユダヤ人街と聖プロコピウス大聖堂（チェコ）
- ●イワノヴォ岩壁修道院（ブルガリア）
- ●ボヤナ教会（ブルガリア）
- ●エチミアジンの聖堂と教会群およびスヴァルトノツの考古学遺跡（アルメニア）
- ●ケレタロ州のシエラ・ゴルダにあるフランシスコ会伝道施設（メキシコ）
- ●チロエ島の教会群（チリ）
- ●サマイパタの砦（ボリヴィア）

（35）登録基準 (ii) (iii) (iv)
- ●アワッシュ川下流域（エチオピア）
- ●アスキアの墓（マリ）★
- ●ティムガット（アルジェリア）
- ●サーマッラの考古学都市（イラク）★
- ●バーレーン要塞-古代の港湾とディルムン文明の首都-（バーレーン）
- ●ソルタニーイェ（イラン）
- ●タブリーズの歴史的なバザールの建造物群（イラン）
- ●シャフリ・ソフタ（イラン）
- ●ジャムのミナレットと考古学遺跡（アフガニスタン）★
- ●ファテープル・シクリ（インド）
- ●昌徳宮（韓国）
- ●古代都市シギリヤ（スリランカ）
- ●ムラカとジョージタウン、マラッカ海峡の歴史都市群（マレーシア）
- ●ピュー王朝の古代都市群（ミャンマー）
- ●平遥古城（中国）
- ●開平の望楼と村落群（中国）
- ●オルホン渓谷の文化的景観（モンゴル）
- ●アニの考古学遺跡（トルコ）
- ●ローマ帝国の国境界線（英国／ドイツ）

●文化遺産　◎複合遺産　★危機遺産

- 王立植物園キュー・ガーデン（英国）
- リヴァプール-海商都市（英国）★
- コンウォールと西デヴォンの鉱山景観（英国）
- レーゲンスブルク旧市街とシュタットアンホフ（ドイツ）
- コルヴァイ修道院聖堂とカロリング朝のベストベルク（ドイツ）

◎イビサの生物多様性と文化（スペイン）
- ギマランイスの歴史地区（ポルトガル）
- フランドル地方のベギン会院（ベルギー）
- ミストラの考古学遺跡（ギリシャ）
- トロードス地方の壁画教会群（キプロス）
- ヒロキティア（キプロス）
- ディオクレティアヌス宮殿などのスプリット史跡群（クロアチア）
- ポレッチの歴史地区のエウフラシウス聖堂建築物（クロアチア）
- コソヴォの中世の記念物群（セルビア）★
- マルボルクのチュートン騎士団の城（ポーランド）
- エルツ山地の鉱山地域（チェコ・ドイツ）
- オラシュティエ山脈のダキア人の要塞（ルーマニア）
- ブコヴィナ・ダルマチア府主教の邸宅（ウクライナ）
- カザン要塞の歴史的建築物群（ロシア連邦）
- アンティグア・グアテマラ（グアテマラ）
- ブリッジタウンの歴史地区とその駐屯地（バルバドス）
- ハンバーストーンとサンタ・ラウラの硝石工場群（チリ）

（36）登録基準（ii）（iii）（iv）（v）
- ハラール・ジュゴール、要塞歴史都市（エチオピア）
- マプングプウェの文化的景観（南アフリカ）
- メロエ島の考古学遺跡群（スーダン）
- バムとその文化的景観（イラン）
- メキシコシティーの歴史地区とソチミルコ（メキシコ）

（37）登録基準（ii）（iii）（iv）（v）（vi）
- フェラーラ：ルネサンスの都市とポー・デルタ（イタリア）

（38）登録基準（ii）（iii）（iv）（vi）
- 古都奈良の文化財（日本）
- 紀伊山地の霊場と参詣道（日本）
- ヴォルビリスの考古学遺跡（モロッコ）
- ハトラ（イラク）
- 盧山国立公園（中国）
- 澳門の歴史地区（中国）
- 殷墟（中国）
- 五台山（中国）
- 上都遺跡（中国）
- 聖書ゆかりの遺跡の丘-メギド、ハツォール、ベール・シェバ（イスラエル）
- アフロディシャス遺跡（トルコ）
- デロス（ギリシャ）
- シラクーサとパンタリアの岩の墓（イタリア）
- プランタン・モレトゥスの住宅、作業場、博物館（ベルギー）
- カパック・ニャン、アンデス山脈の道路網（コロンビア／エクアドル／ボリヴィア／ペルー／チリ／アルゼンチン）

（39）登録基準（ii）（iii）（v）
- 石見銀山遺跡とその文化的景観（日本）
- ムザブの渓谷（アルジェリア）
- チュニスのメディナ（チュニジア）
- アクルの旧市街（イスラエル）
- ファールス地域のサーサーン朝の考古学景観（イラン）
- スタリ・グラド平原（クロアチア）
- ファールンの大銅山の採鉱地域（スウェーデン）

（40）登録基準（ii）（iii）（v）（vi）
- バリ州の文化的景観：トリ・ヒタ・カラナの哲学を現すスバック・システム（インドネシア）
- シルクロード：長安・天山回廊の道路網（中国／カザフスタン／キルギス）

（41）登録基準（ii）（iii）（vi）
- 琉球王国のグスク及び関連遺産群（日本）
- シダーデ・ヴェリャ、リベイラ・グランデの歴史地区（カーボヴェルデ）
- オスン・オショグボの聖なる森（ナイジェリア）
- ザンジバル島のストーン・タウン（タンザニア）
- カルタゴの考古学遺跡（チュニジア）
- キレーネの考古学遺跡（リビア）★
- エルサレム旧市街と城壁（ヨルダン推薦物件）★
- イランのアルメニア修道院建築物群（イラン）
- レッド・フォートの建築物群（インド）
- 聖地アヌラダプラ（スリランカ）
- ハノイのタンロン皇城の中心区域（ヴェトナム）
- サンボー・プレイ・クック寺院地帯、古代イーシャナプラの考古学遺跡（カンボジア）
- 杭州西湖の文化的景観（中国）
- イタリアのロンゴバルド族　権力の場所（568～774年）（イタリア）
- トロイの考古学遺跡（トルコ）
- スペ渓谷のカラルの聖都（ペルー）

（42）登録基準（ii）（iv）
- 古都京都の文化財（京都市、宇治市、大津市）（日本）
- 富岡製糸場と絹産業遺産群（日本）
- 明治日本の産業革命遺産：製鉄・製鋼、造船、石炭産業（日本）
- アスマラ：アフリカのモダニスト都市（エリトリア）
- サン・ルイ島（セネガル）
- エッサウィラ（旧モガドール）のメディナ（モロッコ）
- マサガン（アル ジャディーダ）のポルトガル街区（モロッコ）
- ラバト、現代首都と歴史都市：分担する遺産（モロッコ）
- シュバリエ城とサラ・ディーン城塞（シリア）★
- デリーのフマユーン廟（インド）
- インドの山岳鉄道群（インド）
- チャトラパティ・シヴァージー駅（旧ヴィクトリア・ターミナス駅）（インド）
- ムンバイのヴィクトリア様式とアール・デコ様式の建造物群（インド）
- ロータス要塞（パキスタン）
- 胡（ホー）朝の城塞（ヴェトナム）
- フィリピンのバロック様式の教会群（フィリピン）
- ヴィガンの歴史都市（フィリピン）
- サワルントのオンビリン炭鉱遺産（インドネシア）
- シンガポール植物園（シンガポール）
- 承徳の避暑山荘と外八廟（中国）
- 鼓浪嶼（コロンス島）：歴史的万国租界（中国）
- 南漢山城（韓国）
- レヴカの歴史的な港町（フィジー）
- テル・アヴィヴのホワイト・シティ-近代運動（イスラエル）
- エディンバラの旧市街と新市街（英国）
- ブレナム宮殿（英国）
- ロンドン塔（英国）
- ダウエント渓谷の工場群（英国）
- ソルテア（英国）
- ナポリの歴史地区（イタリア）
- ウルビーノの歴史地区（イタリア）

●文化遺産　◎複合遺産　★危機遺産

- ヴェローナの市街（イタリア）
- ピエモント州とロンバルディア州の聖山群（イタリア）
- ジェノバ；新道とロッリの館群（イタリア）
- パレルモのアラブ・ノルマン様式の建造物群とチェファル大聖堂とモンレアーレ大聖堂（イタリア）
- レーティッシュ鉄道アルブラ線とベルニナ線の景観群（スイス／イタリア）
- ザンクト・ガレン修道院（スイス）
- スコースキュアコゴーデン（スウェーデン）
- カールスクルーナの軍港（スウェーデン）
- ヴァルベルイのグリムトン無線通信所（スウェーデン）
- サン・クリストバル・デ・ラ・ラグーナ（スペイン）
- ボイ渓谷のカタルーニャ・ロマネスク教会群（スペイン）
- アランフエスの文化的景観（スペイン）
- ウベダとバエサのルネサンス様式の記念物群（スペイン）
- 水銀の遺産、アルマデン鉱山とイドリャ鉱山（スペイン／スロヴェニア）
- クトナ・ホラ　聖バーバラ教会とセドリックの聖母マリア聖堂を含む歴史地区（チェコ）
- ホラソヴィツェの歴史的集落（チェコ）
- クロメルジーシュの庭園と城（チェコ）
- リトミシュル城（チェコ）
- ブルノのトゥーゲントハット邸（チェコ）
- ロスキレ大聖堂（デンマーク）
- シェラン島北部のパル・フォルス式狩猟の景観（デンマーク）
- リューカン・ノトデン産業遺産地（ノルウェー）
- ブリュールのアウグストスブルク城とファルケンルスト城（ドイツ）
- フェルクリンゲン製鉄所（ドイツ）
- バンベルクの町（ドイツ）
- マウルブロンの修道院群（ドイツ）
- ベルリンのムゼウムスインゼル（美術館島）（ドイツ）
- デッサウ-ヴェルリッツの庭園王国（ドイツ）
- シュトラールズントとヴィスマルの歴史地区（ドイツ）
- ベルリンのモダニズムの集合住宅（ドイツ）
- アルフェルトのファグス工場（ドイツ）
- アウクスブルクの水管理システム（ドイツ）
- チャタルヒュユクの新石器時代の遺跡（トルコ）
- ブリュッセルのグラン・プラス（ベルギー）
- ベルギーとフランスの鐘楼群（ベルギー／フランス）
- トゥルネーのノートル・ダム大聖堂（ベルギー）
- ワロン地方の主要な鉱山遺跡群（ベルギー）
- センメリング鉄道（オーストリア）
- グラーツの市街歴史地区とエッゲンベルク城（オーストリア）
- ワッハウの文化的景観（オーストリア）
- ファン・ネレ工場（オランダ）
- ドナウ川の河岸、ブダ王宮の丘とアンドラーシ通りを含むブダペスト（ハンガリー）
- アルル、ローマおよびロマネスク様式のモニュメント（フランス）
- ストラスブールの旧市街と新市街（フランス）
- カルカソンヌの歴史城塞都市（フランス）
- リヨンの歴史地区（フランス）
- 中世の交易都市プロヴァン（フランス）
- オーギュスト・ペレによって再建されたル・アーヴル（フランス）
- ボルドー、月の港（フランス）
- カルヴァリア ゼブジドフスカ：マニエリズム建築と公園景観それに巡礼公園（ポーランド）
- トルンの中世都市（ポーランド）
- エヴォラの歴史地区（ポルトガル）
- トロギールの歴史都市（クロアチア）
- ヴィシェグラードのメフメット・パシャ・ソコロヴィッチ橋（ボスニア・ヘルツェゴビナ）
- ターリンの歴史地区（旧市街）（エストニア）
- ヴィリニュスの歴史地区（リトアニア）
- ミール城の建築物群（ベラルーシ）
- ハフパットとサナヒンの修道院（アルメニア）
- セルギエフ・ポサドにあるトロイツェ・セルギー大修道院の建造物群（ロシア連邦）
- ヤロスラヴル市の歴史地区（ロシア連邦）
- スヴィヤズスク島の被昇天大聖堂と修道院（ロシア連邦）
- ポポカテペトル山腹の16世紀初頭の修道院群（メキシコ）
- サカテカスの歴史地区（メキシコ）
- ケレタロの歴史的建造物地域（メキシコ）
- プエブラの歴史地区（メキシコ）
- カンペチェの歴史的要塞都市（メキシコ）
- トラコタルパンの歴史的建造物地域（メキシコ）
- サン・ミゲルの保護都市とアトトニルコのナザレのイエス聖域（メキシコ）
- カミノ・レアル・デ・ティエラ・アデントロ（メキシコ）
- シェンフェゴスの都市の歴史地区（キューバ）
- アンティグア海軍造船所と関連考古学遺跡群（アンティグア・バーブーダ）
- レオン大聖堂（ニカラグア）
- キト市街（エクアドル）
- パラマリボ市街の歴史地区（スリナム）
- オリンダの歴史地区（ブラジル）
- ディアマンティナの歴史地区（ブラジル）
- ゴイヤスの歴史地区（ブラジル）
- サン・クリストヴァンの町のサンフランシスコ広場（ブラジル）
- コルドバのイエズス会地区と領地（アルゼンチン）
- フライ・ベントスの文化的・産業景観（ウルグアイ）

（43）登録基準（ii）（iv）（v）

- トンブクトゥー（マリ）★
- テトゥアン（旧ティタウィン）のメディナ（モロッコ）
- ルアン・プラバンの町（ラオス）
- 麗江古城（中国）
- サフランボルの市街（トルコ）
- ポルトヴェーネレ、チンクエ・テッレと諸島（パルマリア、ティーノ、ティネット）（イタリア）
- アマルフィターナ海岸（イタリア）
- アムステルダムの防塞（オランダ）
- キュラソー島の港町ウィレムスタト市内の歴史地区（オランダ領アンティル）
- ライン川上中流域の渓谷（ドイツ）
- ロードスの中世都市（ギリシャ）
- ルーレオのガンメルスタードの教会の町（スウェーデン）
- トラムンタナ山地の文化的景観（スペイン）
- シントラの文化的景観（ポルトガル）
- サンタ・アナ・デ・ロス・リオス・クエンカの歴史地区（エクアドル）
- ウマワカの渓谷（アルゼンチン）

（44）登録基準（ii）（iv）（v）（vi）

- テキーラ（地方）のリュウゼツランの景観と古代産業設備備（メキシコ）

（45）登録基準（ii）（iv）（vi）

- ラムの旧市街（ケニア）
- ザビドの歴史都市（イエメン）★
- ヘブロン/アル・ハリールの旧市街（パレスチナ）★
- 歴史都市ジェッダ、メッカへの門（サウジアラビア）
- ブハラの歴史地区（ウズベキスタン）

●文化遺産　◎複合遺産　★危機遺産

- ゴアの教会と修道院（インド）
- ラージャスターン州のジャイプル市街（インド）
- 青城山と都江堰の灌漑施設（中国）
- トスカーナ地方のメディチ家の館群と庭園群（イタリア）
- ニュー・ラナーク（英国）
- ダラム城と大聖堂（英国）
- ザルツブルク市街の歴史地区（オーストリア）
- ウィーンの歴史地区（オーストリア）★
- サンティアゴ・デ・コンポステーラの巡礼道（スペイン）
- ブルゴス大聖堂　（スペイン）
- 聖ミリャン・ジュソ修道院とスソ修道院　（スペイン）
- アルカラ・デ・エナレスの大学との歴史地区（スペイン）
- コインブラ大学-アルタとソフィア（ポルトガル）
- サンティアゴ・デ・コンポステーラへの巡礼道（フランス側）（フランス）
- ノール・パ・ド・カレ地方の鉱山地帯（フランス）
- ブルージュの歴史地区（ベルギー）
- ワイマール、デッサウ、ベルナウにあるバウハウスおよび関連遺産群（ドイツ）
- プラハの歴史地区（チェコ）
- ネスヴィシェにあるラジヴィル家の建築、住居、文化の遺産群（ベラルーシ）
- シュトルーヴェの測地弧（ノルウェー／フィンランド／スウェーデン／エストニア／ラトヴィア／リトアニア／ベラルーシ／モルドヴァ／ウクライナ／ロシア連邦）
- ノヴゴロドと周辺の歴史的建造群（ロシア連邦）
- モレリアの歴史地区（メキシコ）
- サント・ドミンゴの植民都市（ドミニカ共和国）
- パナマ・ヴィエホの考古学遺跡とパナマの歴史地区（パナマ）
- ポトシ市街（ボリヴィア）★

（46）登録基準（ii）（v）

- モンバサのジーザス要塞（ケニア）
- アルジェのカスバ（アルジェリア）
- フェズのメディナ（モロッコ）
- アフマダーバードの歴史都市（インド）
- 古都ホイアン（ヴェトナム）
- クエンカの歴史的要塞都市（スペイン）
- エルチェの椰子園（スペイン）
- リヴィフの歴史地区（ウクライナ）
- タウリカ・ケルソネソスの古代都市とそのホラ（ウクライナ）
- ハン宮殿のあるシャキ歴史地区（アゼルバイジャン）

（47）登録基準（ii）（v）（vi）

- イングランドの湖水地方（英国）

（48）登録基準（ii）（vi）

- 平泉-仏国土（浄土）を表す建築・庭園及び考古学的遺跡群（日本）
- フォンテーヌブロー宮殿と庭園（フランス）
- ワルシャワの歴史地区（ポーランド）
- ボルガルの歴史・考古遺産群（ロシア連邦）

（49）登録基準（iii）

- キルワ・キシワーニとソンゴ・ムナラの遺跡（タンザニア）
- ロロペニの遺跡群（ブルキナファソ）

◎エネディ山地の自然と文化的景観（チャド）

- ベニ・ハンマド要塞（アルジェリア）
- ケルクアンの古代カルタゴの町とネクロポリス（チュニジア）
- 真珠採り、島の経済の証し（バーレーン）
- サブラタの考古学遺跡（リビア）★
- タドラート・アカクスの岩絵（リビア）★
- タムガリの考古学的景観とペトログラフ（カザフスタン）
- タッタ、マクリの丘の歴史的記念物群（パキスタン）
- アグラ城塞（インド）
- アユタヤの歴史都市（タイ）
- バン・チェーン遺跡（タイ）
- シェンクワン県のジャール平原巨大石壺群（ラオス）
- 高敞、和順、江華の支石墓群（韓国）
- 山寺（サンサ）、韓国の仏教山岳僧院（韓国）
- 韓国の書院（ソウォン）（韓国）
- 長崎と天草地方の潜伏キリシタン関連遺産（日本）
- モンゴル・アルタイ山脈の岩壁画群（モンゴル）

◎ウィランドラ湖群地域（オーストラリア）

- ゴーハムの洞窟遺跡群（英国領）
- ブトリント（アルバニア）
- サンマリノの歴史地区とティターノ山（サンマリノ）
- ベルンの旧市街（スイス）
- ミュスタイアの聖ヨハン大聖堂（スイス）
- イベリア半島の地中海沿岸の岩壁画（スペイン）
- ヘラクレスの塔（スペイン）
- シュヴァーベン・ジュラにおける洞窟群と氷河時代の芸術（ドイツ）
- イェリング墳丘、ルーン文字石碑と教会（デンマーク）
- アルタの岩画（ノルウェー）
- ブリッゲン（ノルウェー）
- ハル・サフリエニの地下墳墓（マルタ）
- ゴブスタンの岩石画の文化的景観（アゼルバイジャン）
- ライティング・オン・ストーン／アイシナイピ（カナダ）
- チャコ文化（アメリカ合衆国）
- メサ・ヴェルデ国立公園（アメリカ合衆国）
- ポヴァティ・ポイントの記念碑的な土塁群（アメリカ合衆国）
- スカン・グアイ（カナダ）
- ピントゥーラス川のラス・マーノス洞窟（アルゼンチン）
- ディキス地方の石球のあるプレ・コロンビア期の首長制集落群（コスタリカ）
- サン・アグスティン遺跡公園（コロンビア）
- ティエラデントロ国立遺跡公園（コロンビア）

◎チリビケテ国立公園－ジャガーの生息地（コロンビア）

- セラ・ダ・カピバラ国立公園（ブラジル）
- チャビン（考古学遺跡）（ペルー）

◎リオ・アビセオ国立公園（ペルー）

- 海港都市バルパライソの歴史地区（チリ）
- オアハカの中央渓谷のヤグールとミトラの先史時代の洞窟群（メキシコ）

（50）登録基準（iii）（iv）

- ンバンザ・コンゴ、かつてのコンゴ王国の首都の面影（アンゴラ）
- オモ川下流域（エチオピア）
- グラン・バッサムの歴史都市（コートジボワール）
- カミ遺跡国立記念物（ジンバブエ）
- アボメイの王宮群（ベナン）
- ジェンネの旧市街（マリ）★

◎ロペ・オカンダの生態系と残存する文化的景観（ガボン）

- ジェミラ（アルジェリア）
- ティパサ（アルジェリア）
- バット、アルフトゥムとアルアインの考古学遺跡（オマーン）
- フランキンセンスの地（オマーン）
- アッシュル（カルア・シルカ）（イラク）★
- 古代都市アレッポ（シリア）★
- アンジャル（レバノン）
- カディーシャ渓谷（聖なる谷）と神の杉の森（ホルシュ・アルゼ・ラップ）（レバノン）

●文化遺産　◎複合遺産　★危機遺産

●ディルムンの墳墓群（バーレン）
●チョーガ・ザンビル（イラン）
●ペルシャのカナート（イラン）
●シャフリサーブスの歴史地区（ウズベキスタン）★
●パッタダカルの建造物群（インド）
●ジャイプールのジャンタル・マンタル（インド）
●フエの建造物群（ヴェトナム）
●レンゴン渓谷の考古遺産（マレーシア）
●良渚古城遺跡(中国)
●百舌鳥・古市古墳群:古代日本の墳墓群（日本）
●ククの初期農業遺跡（パプアニューギニア）
◎ヒエラポリス・パムッカレ（トルコ）
●フィリッピの考古学遺跡（ギリシャ）
●スケリッグ・マイケル（アイルランド）
●ペストゥムとヴェリアの考古学遺跡とパドゥーラの僧院があるチレント・ディアーノ渓谷国立公園（イタリア）
●16～17世紀のヴェネツィアの防衛施設群:スタート・ダ・テーラ-西スタート・ダ・マール（イタリア／クロアチア／モンテネグロ）
●ブレナヴォンの産業景観（英国）
●ルヴィエールとルルー（エノー州）にあるサントル運河の4つの閘門と周辺環境（ベルギー）
●クリスチャンフィールド、モラヴィア教会の入植地（デンマーク）
●ビルカとホーブゴーデン（スウェーデン）
●サンマルラハデンマキの青銅器時代の埋葬地（フィンランド）
●サン・テミリオン管轄区（フランス）
●アヴィラの旧市街と塁壁外の教会群（スペイン）
●カセレスの旧市街（スペイン）
●メリダの考古学遺跡群（スペイン）
●カリフ都市メディナ・アサーラ（スペイン）
●ザルツカンマーグート地方のハルシュタットとダッハシュタインの文化的景観（オーストリア）
●バルデヨフ市街保全地区（スロヴァキア）
●カルパチア山脈地域のスロヴァキア側の木造教会群（スロヴァキア）
●ロルシュの修道院とアルテンミュンスター（ドイツ）
●ヴィルヘルムスヘーエ公園（ドイツ）
●ヘーゼビューとダーネヴィアケの考古学的景観（ドイツ）
●ペーチュ(ソピアネ)の初期キリスト教徒の墓地（ハンガリー）
●古代都市ネセバル（ブルガリア）
●クシェミオンキの先史時代の縞状燧石採掘地域(ポーランド)
●マウォポルスカ南部の木造教会群（ポーランド）
●ポーランドとウクライナのカルパチア地方の木造教会群（ポーランド／ウクライナ）
●ガムジグラード・ロムリアナ、ガレリウス宮殿（セルビア）
●ベラトとギロカストラの歴史地区群（アルバニア）
●ムツヘータの歴史的建造物群（ジョージア）
●ケルナヴェ考古学遺跡（ケルナヴェ文化保護区）（リトアニア）
●デルベントの城塞、古代都市、要塞建造物群（ロシア連邦）
●レッド・ベイのバスク人の捕鯨基地（カナダ）
●カホキア土塁州立史跡（アメリカ合衆国）
●エル・タヒン古代都市（メキシコ）
●カサス・グランデスのパキメの考古学地域（メキシコ）
●ソチカルコの考古学遺跡ゾーン（メキシコ）
●キューバ南東部の最初のコーヒー農園の考古学的景観（キューバ）
●ホヤ・デ・セレンの考古学遺跡（エルサルバドル）
●レオン・ヴィエホの遺跡（ニカラグア）
●ブリムストンヒル要塞国立公園(セントキッツ・ネイヴィース)
●クスコ市街（ペルー）
●ティアワナコ：ティアワナコ文化の政治・宗教の中心地（ボリヴィア）

（51）登録基準（iii）（iv）（v）
●ティムリカ・オヒンガ考古学遺跡（ケニア）
●サルーム・デルタ（セネガル）
●スースのメディナ（チュニジア）
●ウァダン、シンゲッティ、ティシット、ウァラタのカザール古代都市（モーリタニア）
●アハサー・オアシス、進化する文化的景観（サウジアラビア）
●アル・ズバラ考古学遺跡（カタール）
●アル・アインの文化遺跡群（ハフィート、ヒリ、ビダー・ビント・サウドとオアシス地域群）（アラブ首長国連邦）
●シバーム城塞都市（イエメン）
●シリア北部の古村群（シリア）★
●イチャン・カラ（ウズベキスタン）
●フィリピンのコルディリェラ山脈の棚田群（フィリピン）
●韓国の歴史村: 河回と良洞（韓国）
●安徽省南部の古民居群-西逓村と宏村（中国）
●福建土楼（中国）
●アルベロベッロのトゥルッリ（イタリア）
●ポンペイ、ヘルクラネウム、トッレ・アヌンツィアータの考古学地域（イタリア）
●マテーラの岩穴住居と岩窟教会群の公園（イタリア）
●ラヴォーのブドウの段々畑（スイス）
●ローロスの鉱山都市と周辺環境（ノルウェー）
◎ピレネー地方- ペルデュー山（フランス／スペイン）
●ワインの産地アルト・ドウロ地域（ポルトガル）
●サン・ルイスの歴史地区（ブラジル）

（52）登録基準（iii）（iv）（v）（vi）
●チャンパネル・パヴァガドゥ考古学公園（インド）

（53）登録基準（iii）（iv）（vi）
●アンボヒマンガの王丘（マダガスカル）
●ブルキナファソの古代製鉄遺跡群（ブルキナファソ）
●ビブロス（レバノン）
●朝鮮王朝の陵墓群（韓国）
●カトマンズ渓谷（ネパール）
●チャムパサックの文化的景観の中にあるワット・プーおよび関連古代集落群（ラオス）
◎タスマニア原生地域（オーストラリア）
●マサダ（イスラエル）
●エフェソス遺跡（トルコ）
●バガン（ミャンマー）
●アクイレリアの考古学地域とバシリカ総主教聖堂（イタリア）
●パトモス島の聖ヨハネ修道院のあるの歴史地区（ホラ）と聖ヨハネ黙示録の洞窟（ギリシャ）
●シャンパーニュ地方の丘陵群、家屋群、貯蔵庫群（フランス）
●タプタプアテア（フランス領ポリネシア）
●ライヒェナウ修道院島（ドイツ）
●ブレーメンのマルクト広場にある市庁舎とローランド像（ドイツ）
●ヤヴォルとシフィドニツァの平和教会（ポーランド）
●ブルキナファソの古代製鉄遺跡群（ブルキナファソ）

（54）登録基準（iii）（v）
●コンソ族の文化的景観（エチオピア）
●トワイフェルフォンテイン（ナミビア）
◎イラク南部の湿原：生物多様性の安全地帯とメソポタミア

●文化遺産　◎複合遺産　★危機遺産

都市群の残存景観（イラク）
◎ワディ・ラム保護区（ヨルダン）
●ヤズドの歴史都市（イラン）
●ビムベトカの岩窟群（インド）
●紅河ハニ族の棚田群の文化的景観（中国）
●バジ・ビムの文化的景観（オーストラリア）
◎ロックアイランドの南部の干潟（パラオ）
●香料の道 － ネゲヴの砂漠都市群（イスラエル）
●カルメル山の人類進化の遺跡群：ナハル・メアロット洞窟とワディ・エル・ムガラ洞窟群（イスラエル）
●ピエモンテの葡萄畑の景観：ランゲ・ロエロ・モンフェッラート（イタリア）
◎セント・キルダ（英国）
●コース地方とセヴェンヌ地方の地中海農業や牧畜の文化的景観（フランス）
●ブルゴーニュ地方のブドウ畑の気候風土（フランス）
●アルプス山脈周辺の先史時代の杭上住居群（オーストリア／フランス／ドイツ／イタリア／スロヴェニア／スイス）
●グラン・カナリア島の文化的景観のリスコ・カイド洞窟と聖山群（スペイン）
●アタプエルカの考古学遺跡（スペイン）
●ピコ島の葡萄園文化の景観（ポルトガル）
◎ラップ人地域（スウェーデン）
●スホクランドとその周辺（オランダ）
●シギショアラの歴史地区（ルーマニア）
●トカイ・ワイン地方の歴史的・文化的景観（ハンガリー）

（55）登録基準（iii）（v）（vi）
●神聖なミジケンダ族のカヤ森林群（ケニア）
●バサリ地方：バサリ族、フラ族、それにベディク族の文化的景観群（セネガル）
●スクルの文化的景観（ナイジェリア）
●マトボ丘陵（ジンバブエ）
●ロイマタ酋長の領地（ヴァヌアツ）

（56）登録基準（iii）（vi）
●クンタ・キンテ島と関連遺跡群（ガンビア）
●コンドアの岩画遺跡群（タンザニア）
●チョンゴニの岩画地域（マラウイ）
●ロベン島（南アフリカ）
●南アフリカの人類化石遺跡群（南アフリカ）
●ル・モーンの文化的景観（モーリシャス）
●ティール（レバノン）
●ヨルダン川の対岸の洗礼の地、ベタニア（アル・マグタス）（ヨルダン）
●バビロン（イラク）
◎カンチェンジュンガ国立公園（インド）
●サンギラン初期人類遺跡（インドネシア）
●スライマン・トォーの聖山（キルギス）
●周口店の北京原人遺跡（中国）
◎武夷山（中国）
●「天地の中心」にある登封の史跡群（中国）
●左江の花山岩画の文化的景観（中国）
●富士山-信仰の対象と芸術の源泉（日本）
●釈迦生誕地ルンビニー（ネパール）
●タキシラ（パキスタン）
●ハイファと西ガリラヤのバハイ教の聖地（イスラエル）
●シンクヴェトリル国立公園（アイスランド）
●ヴァルカモニカの岩石画（イタリア）
●パフォス（キプロス）
●オランジュのローマ劇場とその周辺ならびに凱旋門（フランス）

●クラシカル・ワイマール（ドイツ）
●ヴァルトブルク城（ドイツ）
●リスボンのジェロニモス修道院とベレンの塔（ポルトガル）
●ステチェツィの中世の墓碑群（ボスニア・ヘルツェゴヴィナ／クロアチア／モンテネグロ／セルビア）
◎ピマチオウィン・アキ（カナダ）
◎パパハナウモクアケア（アメリカ合衆国）
◎ブルー・ジョン・クロウ山脈（ジャマイカ）

（57）登録基準（iv）
◎ンゴロンゴロ保全地域（タンザニア）
●エルビルの城塞（イラク）
●アブ・ミナ（エジプト）★
●古都メクネス（モロッコ）
●バフラ城塞（オマーン）
●デリーのクトゥブ・ミナールと周辺の遺跡群（インド）
●宗廟（韓国）
●ゴールの旧市街と城塞（スリランカ）
●タクティ・バヒーの仏教遺跡と近隣のサハリ・バハロルの都市遺跡（パキスタン）
●バゲラートのモスク都市（バングラデシュ）
●ディヤルバクル城壁とエヴセルガーデンの文化的景観（トルコ）
●コルフの旧市街（ギリシア）
●マルタの巨石神殿群（マルタ）
●バミューダの古都セント・ジョージと関連要塞群（英国）
●アラゴン地方のムデハル様式建築（スペイン）
●ルーゴのローマ時代の城壁（スペイン）
●マフラの王家の建物 － 宮殿、バシリカ、修道院、セルク庭園、狩猟公園（タパダ）（ポルトガル）
●ブラガのボン・ジェズス・ド・モンテの聖域（ポルトガル）
●ポルトの歴史地区、ルイス1世橋とセラ・ピラール修道院（ポルトガル）
●エルヴァスの国境防護の町とその要塞群（ポルトガル）
●フォントネーのシトー会修道院（フランス）
●イヴレーア、20世紀の工業都市（イタリア）
●市場町ベリンゾーナの3つの城、防壁、土塁（スイス）
●ラ・ショー・ド・フォン／ル・ロックル、時計づくりの計画都市（スイス）
●クヴェートリンブルクの教会と城郭と旧市街（ドイツ）
●ハンザ同盟の都市リューベック（ドイツ）
●シュパイヘルシュダッドとチリハウスのあるコントールハウス地区（ドイツ）
●ルクセンブルク市街、その古い町並みと要塞都市の遺構（ルクセンブルク）
●クロンボー城（デンマーク）
●エンゲルスベルグの製鉄所（スウェーデン）
●ドロットニングホルムの王領地（スウェーデン）
●ヴェルラ製材製紙工場（フィンランド）
●スオメンリンナ要塞（フィンランド）
●ペタヤヴェシの古い教会（フィンランド）
●ヴィエリチカとボフニャの王立塩坑群（ポーランド）
●クラクフの歴史地区（ポーランド）
●ザモシチの旧市街（ポーランド）
●レヴォチャ、スピシュスキー・ヒラットと周辺の文化財（スロヴァキア）
●ゼレナホラ地方のネポムクの巡礼教会（チェコ）
●チェルキー・クルムロフの歴史地区（チェコ）
●トランシルヴァニア地方にある要塞教会のある村（ルーマニア）
●マラムレシュの木造教会（ルーマニア）
●ゲラチ修道院（ジョージア）
●シルヴァンシャーの宮殿と乙女の塔がある城塞都市バクー（アゼルバイジャン）

●文化遺産　◎複合遺産　★危機遺産

- ●ソロベツキー諸島の文化・歴史的遺跡群（ロシア連邦）
- ●タオス・プエブロ（アメリカ合衆国）
- ●グアラニー人のイエズス会伝道所：サン・イグナシオ・ミニ、ノエストラ・セニョーラ・デ・レ・ロレート、サンタ・マリア・マジョール（アルゼンチン）、サン・ミゲル・ミソオエス遺跡（ブラジル）（アルゼンチン／ブラジル）
- ●コロニア・デル・サクラメントの歴史地区（ウルグアイ）
- ●ヴィニャーレス渓谷（キューバ）
- ●ラ・サンティシマ・トリニダード・デ・パラナ、ヘスス・デ・タバランゲのイエズス会伝道所（パラグアイ）
- ●リマの歴史地区（ペルー）
- ●スクレの歴史都市（ボリヴィア）

（58）登録基準（iv）（v）
- ●白川郷・五箇山の合掌造り集落（日本）
- ●リヒターズベルドの文化的な植物景観（南アフリカ）
- ●アイット-ベン-ハドゥの集落（モロッコ）
- ●オリーブとワインの地パレスチナ-エルサレム南部のバティール村の文化的景観（パレスチナ）★
- ●クレスピ・ダッダ（イタリア）
- ●アッパー・スヴァネチ（ジョージア）
- ●ハンザ同盟の都市ヴィスビー（スウェーデン）
- ●エーランド島南部の農業景観（スウェーデン）
- ●クラドルビ・ナト・ラベムの儀礼用馬車馬の繁殖・訓練の景観（チェコ）
- ●ヴルコリニェツ（スロヴァキア）
- ●バンスカー・シュティアヴニッツアの町の歴史地区と周辺の技術的な遺跡（スロヴァキア）
- ●ホルトバージ国立公園-プスタ（ハンガリー）
- ●ラウマ旧市街（フィンランド）
- ●アルビの司教都市（フランス）
- ●古都ルーネンバーグ（カナダ）
- ●オールド・ハバナとその要塞システム（キューバ）
- ●サンティアゴ・デ・クーバのサン・ペドロ・ロカ要塞（キューバ）
- ●トリニダードとインヘニオス渓谷（キューバ）
- ●カマグエイの歴史地区（キューバ）
- ●サンタ・クルーズ・デ・モンポスの歴史地区（コロンビア）
- ●コロとその港（ヴェネズエラ）★
- ●チキトスのイエズス会伝道施設（ボリヴィア）

（59）登録基準（iv）（v）（vi）
- ●サナアの旧市街（イエメン）★
- ●ディライーヤのツライフ地区（サウジアラビア）

（60）登録基準（iv）（vi）
- ●モザンビーク島（モザンビーク）
- ●エル・ジェムの円形劇場（チュニジア）
- ●イエスの生誕地：ベツレヘムの聖誕教会と巡礼の道（パレスチナ）
- ●ビハール州ナーランダにあるナーランダ・マハーヴィハーラ（ナーランダ大学）の考古学遺跡（インド）
- ●聖地キャンディ（スリランカ）
- ●グレート・ブルカン・カルドゥン山とその周辺の神聖な景観（モンゴル）
- ●八萬大蔵経のある伽倻山海印寺（韓国）
- ◎楽山大仏風景名勝区を含む峨眉山風景名勝区（中国）
- ●オーストラリアの囚人遺跡群（オーストラリア）
- ●ビキニ環礁核実験地（マーシャル諸島）
- ●オルチャ渓谷（イタリア）
- ●サンタ・マリア・デ・グアダルーペの王立修道院（スペイン）
- ●アイスレーベンおよびヴィッテンベルクにあるルター記念碑（ドイツ）
- ●アソーレス諸島のアングラ・ド・エロイズモの町の中心地区（ポルトガル）
- ●パンノンハルマの至福千年修道院とその自然環境（ハンガリー）
- ●オールド・ケベックの歴史地区（カナダ）
- ●カルタヘナの港、要塞、建造物群（コロンビア）
- ●シタデル、サン・スーシー、ラミエール国立歴史公園（ハイチ）
- ●サルヴァドール・デ・バイアの歴史地区（ブラジル）
- ●コパンのマヤ遺跡（ホンジュラス）

（61）登録基準（v）
- ●アシャンティの伝統建築物（ガーナ）
- ◎バンディアガラの絶壁（ドゴン族の集落）（マリ）
- ●ガダミースの旧市街（リビア）★
- ●オマーンのアフラジ灌漑施設（オマーン）
- ●マドリュウ・ペラフィタ・クラロー渓谷（アンドラ）
- ●メイマンドの文化的景観（イラン）
- ◎チャンアン景観遺産群（ヴェトナム）
- ●ユダヤ低地にあるマレシャとベトグヴリンの洞窟群：洞窟の大地の小宇宙（イスラエル）
- ●コネリアーノとヴァルドッビアーデネのプロセッコ丘陵群（イタリア）
- ●クヤータ・グリーンランド：氷帽周縁部でのノース人とイヌイットの農業（デンマーク）
- ●アシヴィスイットーニピサット、氷と海に覆われたイヌイットの狩猟場（デンマーク）
- ●ヘルシングランド地方の装飾農家群（スウェーデン）
- ●ヴェガオヤン-ヴェガ群島（ノルウェー）
- ●ホッローケーの古村と周辺環境（ハンガリー）
- ●フェルトゥー・ノイジィードラーゼーの文化的景観（オーストリア／ハンガリー）
- ●クルシュ砂州（リトアニア／ロシア連邦）
- ◎パラチとイーリャ・グランデー文化と生物多様性（ブラジル）

（62）登録基準（v）（vi）
- ●バタムマリバ族の地　コウタマコウ（トーゴ）
- ●コーマニの文化的景観（南アフリカ）
- ◎ウルル-カタ・ジュタ国立公園（オーストラリア）
- ●グラン・プレの景観（カナダ）
- ●コロンビアのコーヒーの文化的景観（コロンビア）

（63）登録基準（vi）
- ●広島の平和記念碑（原爆ドーム）（日本）
- ●ヴォルタ、アクラ、中部、西部各州の砦と城塞（ガーナ）
- ●ゴレ島（セネガル）
- ●アアプラヴァシ・ガート（モーリシャス）
- ◎トンガリロ国立公園（ニュージーランド）
- ●リラ修道院（ブルガリア）
- ●アウシュヴィッツ・ビルケナウのナチス・ドイツ強制・絶滅収容所（1940-1945）（ポーランド）
- ●モスタル旧市街の古橋地域（ボスニア・ヘルツェゴヴィナ）
- ●独立記念館（アメリカ合衆国）
- ●プエルト・リコのラ・フォルタレサとサン・ファンの国立歴史地区（アメリカ合衆国）
- ●ヘッド・スマッシュト・イン・バッファロー・ジャンプ（カナダ）
- ●ランゾー・メドーズ国立史跡（カナダ）
- ●リオ・デ・ジャネイロ：山と海との間のカリオカの景観群（ブラジル）
- ●ヴァロンゴ埠頭の考古学遺跡（ブラジル）

●文化遺産　◎複合遺産　★危機遺産

文化遺産　年代順・地域別の文化構造

<table>
<tr><td colspan="2">人類の進化初期</td></tr>
<tr><td rowspan="15">中近東、北アフリカ</td><td>メソポタミア</td></tr>
<tr><td>エジプト</td></tr>
<tr><td>古代アナトリア</td></tr>
<tr><td>地中海のフェニキア文明と古代北アフリカ</td></tr>
<tr><td>オリエントの王国</td></tr>
<tr><td>古代イラン</td></tr>
<tr><td>ペルシャ帝国</td></tr>
<tr><td>アレキサンダー大王の帝国、ギリシャ文明期</td></tr>
<tr><td>ローマ帝国</td></tr>
<tr><td>ビザンチン帝国</td></tr>
<tr><td>アラビアと関連国家</td></tr>
<tr><td>中近東のカリフとエジプト</td></tr>
<tr><td>マグレブ</td></tr>
<tr><td>セルジュク帝国（1038～1279年）</td></tr>
<tr><td>オスマン帝国（1300～1922年）</td></tr>
<tr><td rowspan="12">ヨーロッパ</td><td>エーゲ文明、ミノア文明、ミケーネ文明</td></tr>
<tr><td>ギリシャ都市国家と古代ギリシャ</td></tr>
<tr><td>アレキサンダー大王の帝国、ギリシャ文明期</td></tr>
<tr><td>初期非古典ヨーロッパ</td></tr>
<tr><td>ローマとローマ帝国</td></tr>
<tr><td>ビザンチン帝国（紀元4世紀～1453年）</td></tr>
<tr><td>東中世ヨーロッパ</td></tr>
<tr><td>南中世ヨーロッパ</td></tr>
<tr><td>西、北中世ヨーロッパ</td></tr>
<tr><td>15～16世紀（ルネッサンス、宗教論争）</td></tr>
<tr><td>17～18世紀（絶対主義、理性の時代）</td></tr>
<tr><td>フランス革命から第一次世界大戦までのヨーロッパ</td></tr>
<tr><td rowspan="4">アジア</td><td>インド亜大陸</td></tr>
<tr><td>南東アジア</td></tr>
<tr><td>東アジア（極東）</td></tr>
<tr><td>中央アジア</td></tr>
<tr><td rowspan="5">太平洋とオーストラレーシア</td><td>オーストラリア</td></tr>
<tr><td>ニュージーランド</td></tr>
<tr><td>メラネシア</td></tr>
<tr><td>ミクロネシア</td></tr>
<tr><td>ポリネシア</td></tr>
<tr><td rowspan="5">サハラ砂漠以南のアフリカ諸国</td><td>西アフリカ</td></tr>
<tr><td>スーダンとエチオピア</td></tr>
<tr><td>東アフリカとマダガスカル</td></tr>
<tr><td>中央アフリカ</td></tr>
<tr><td>南部アフリカ</td></tr>
<tr><td rowspan="4">アメリカ大陸全体</td><td>北アメリカ</td></tr>
<tr><td>メソアメリカ</td></tr>
<tr><td>カリブ海</td></tr>
<tr><td>南アメリカ</td></tr>
<tr><td colspan="2">北極圏と南極圏</td></tr>
<tr><td colspan="2">現代世界</td></tr>
</table>

＜出所＞ ICOMOSの資料“ The World Heritage List : Filling the Gaps-an action plan for the future”などを基に作成

文化遺産　人と物との関係の構造

社会の表現	対話とコミュニケーション
	文化、政治
	知識の開発
創造の表現	遺跡
	建造物群
	モニュメント
精神的な対話	古代と土着の信仰システム
	ヒンズー教と関連宗教
	仏教
	儒教、道教、神道等
	ユダヤ教
	キリスト教
	イスラム教
天然資源の利用	農業と食糧生産
	採掘と採石
	製造のシステム
人々の移動	移住、遊牧
	輸送の経路と仕組み
技術の進展	

＜出所＞ ICOMOSの資料“ The World Heritage List : Filling the Gaps-an action plan for the future”などを基に作成

※ 世界遺産、世界無形文化遺産、世界記憶遺産の違い

	世界遺産	世界無形文化遺産	世界の記憶
準拠	世界の文化遺産および自然遺産の保護に関する条約 （略称 ： 世界遺産条約）	無形文化遺産の保護に関する条約 （略称：無形文化遺産保護条約）	メモリー・オブ・ザ・ワールド・プログラム（略称：MOW） ＊条約ではない
採択・開始	1972年	2003年	1992年
目的	かけがえのない遺産をあらゆる脅威や危険から守る為に、その重要性を広く世界に呼びかけ、保護・保全の為の国際協力を推進する。	グローバル化により失われつつある多様な文化を守るため、無形文化遺産尊重の意識を向上させ、その保護に関する国際協力を促進する。	人類の歴史的な文書や記録など、忘却してはならない貴重な記録遺産を登録し、最新のデジタル技術などで保存し、広く公開する。
対象	有形の不動産 （文化遺産、自然遺産）	文化の表現形態 ・口承及び表現 ・芸能 ・社会的慣習、儀式及び祭礼行事 ・自然及び万物に関する知識及び慣習 ・伝統工芸技術	・文書類（手稿、写本、書籍等） ・非文書類（映画、音楽、地図等） ・視聴覚類（映画、写真、ディスク等） ・その他　記念碑、碑文など
登録申請	各締約国（193か国） 2020年3月現在	各締約国（178か国） 2020年3月現在	国、地方自治体、団体、個人など
審議機関	世界遺産委員会 （委員国21か国）	無形文化遺産委員会 （委員国24か国）	ユネスコ事務局長 ↑ 国際諮問委員会
審査評価機関	NGOの専門機関 （ICOMOS, ICCROM, IUCN） 現地調査と書類審査	無形文化遺産委員会の評価機関 6つの専門機関と6人の専門家で構成	国際諮問委員会の補助機関　登録分科会 専門機関 （IFLA, ICA, ICAAA, ICOM などのNGO）
リスト	世界遺産リスト　（1121件）	人類の無形文化遺産の代表的なリスト （略称：代表リスト）（464件）	世界の記憶リスト （427件）
登録基準	必要条件 ：10の基準のうち、1つ以上を完全に満たすこと。 顕著な普遍的価値	必要条件 ： 5つの基準を全て満たすこと。 コミュニティへの社会的な役割と文化的な意味	必要条件：5つの基準のうち、1つ以上の世界的な重要性を満たすこと。 世界史上重要な文書や記録
危機リスト	危機にさらされている世界遺産リスト （略称：危機遺産リスト） （53件）	緊急に保護する必要がある無形文化遺産のリスト （略称：緊急保護リスト）（64件）	－
基金	世界遺産基金	無形文化遺産保護基金	世界の記憶基金
事務局	ユネスコ世界遺産センター	ユネスコ文化局無形遺産課	ユネスコ情報・コミュニケーション局 知識社会部ユニバーサルアクセス・保存課
指針	オペレーショナル・ガイドラインズ （世界遺産条約履行の為の作業指針）	オペレーショナル・ディレクティブス （無形文化遺産保護条約履行の為の運用指示書）	ジェネラル・ガイドラインズ （記録遺産保護の為の一般指針）
日本の窓口	外務省、文化庁文化資源活用課 環境省、林野庁	外務省、文化庁文化資源活用課	文部科学省 日本ユネスコ国内委員会

	世 界 遺 産	世界無形文化遺産	世界の記憶
代表例	<自然遺産> ○ キリマンジャロ国立公園（タンザニア） ○ グレート・バリア・リーフ（オーストラリア） ○ グランド・キャニオン国立公園（米国） ○ ガラパゴス諸島（エクアドル） <文化遺産> ● アンコール（カンボジア） ● タージ・マハル（インド） ● 万里の長城（中国） ● モン・サン・ミッシェルとその湾（フランス） ● ローマの歴史地区（イタリア・ヴァチカン） <複合遺産> ◎ 黄山（中国） ◎トンガリロ国立公園（ニュージーランド） ◎ マチュ・ピチュの歴史保護区（ペルー） など	▣ジャマ・エル・フナ広場の文化的空間（モロッコ） ▣ベドウィン族の文化空間（ヨルダン） ▣ヨガ（インド） ▣カンボジアの王家の舞踊（カンボジア） ▣ヴェトナムの宮廷音楽、ニャー・ニャック（ヴェトナム） ▣イフガオ族のフドフド詠歌（フィリピン） ▣端午節（中国） ▣江陵端午祭（カンルンタノジュ）（韓国） ▣コルドバのパティオ祭り（スペイン） ▣フランスの美食（フランス） ▣ドゥブロヴニクの守護神聖ブレイズの祝祭（クロアチア） など	◎アンネ・フランクの日記（オランダ） ◎ゲーテ・シラー資料館のゲーテの直筆の文学作品（ドイツ） ◎ブラームスの作品集（オーストリア） ◎朝鮮王朝実録（韓国） ◎人間と市民の権利の宣言（1789～1791年）（フランス） ◎解放闘争の生々しいアーカイヴ・コレクション（南アフリカ） ◎エレノア・ルーズベルト文書プロジェクトの常設展（米国） ◎ヴァスコ・ダ・ガマのインドへの最初の航海史1497～1499年（ポルトガル） など
日本関係	（23件） <自然遺産> ○ 白神山地 ○ 屋久島 ○ 知床 ○ 小笠原諸島 <文化遺産> ● 法隆寺地域の仏教建造物 ● 姫路城 ● 古都京都の文化財（京都市 宇治市 大津市） ● 白川郷・五箇山の合掌造り集落 ● 広島の平和記念碑（原爆ドーム） ● 厳島神社 ● 古都奈良の文化財 ● 日光の社寺 ● 琉球王国のグスク及び関連遺産群 ● 紀伊山地の霊場と参詣道 ● 石見銀山遺跡とその文化的景観 ● 平泉ー仏国土（浄土）を表す建築・庭園及び考古学的遺跡群ー ● 富士山ー信仰の対象と芸術の源泉 ● 富岡製糸場と絹産業遺産群 ● 明治日本の産業革命遺産ー製鉄・製鋼、造船、石炭産業 ● ル・コルビュジエの建築作品ー近代化運動への顕著な貢献 ●「神宿る島」宗像・沖ノ島と関連遺産群 ●長崎と天草地方の潜伏キリシタン関連遺産 ●百舌鳥・古市古墳群	（21件） ▣能楽 ▣人形浄瑠璃文楽 ▣歌舞伎 ▣秋保の田植踊（宮城県） ▣チャッキラコ（神奈川県） ▣題目立（奈良県） ▣大日堂舞楽（秋田県） ▣雅楽 ▣早池峰神楽（岩手県） ▣ ▣小千谷縮・越後上布ー新潟県魚沼地方の麻織物の製造技術（新潟県） ▣奥能登のあえのこと（石川県） ▣アイヌ古式舞踊（北海道） ▣組踊、伝統的な沖縄の歌劇（沖縄県） ▣結城紬、絹織物の生産技術（茨城県、栃木県） ▣壬生の花田植、広島県壬生の田植の儀式（広島県） ▣佐陀神能、島根県佐太神社の神楽（島根県） ▣那智の田楽那智の火祭りで演じられる宗教的な民俗芸能（和歌山県） ▣和食；日本人の伝統的な食文化ー正月を例としてー ▣和紙；日本の手漉和紙技術（島根県、岐阜県、埼玉県） ▣日本の山・鉾・屋台行事（青森県、埼玉県、京都府など18府県33件） ▣**来訪神：仮面・仮装の神々**（秋田県など8県10件）	（7件） ◎山本作兵衛コレクション <所蔵機関>田川市石炭・歴史博物館 福岡県立大学附属研究所（福岡県田川市） ◎慶長遣欧使節関係資料（スペインとの共同登録） <所蔵機関>仙台市博物館（仙台市） ◎御堂関白記：藤原道長の自筆日記 <所蔵機関>公益財団法人陽明文庫（京都市右京区） ◎東寺百合文書 <所蔵機関>京都府立総合資料館（京都市左京区） ◎舞鶴への生還ー1946～1953シベリア抑留等日本人の本国への引き揚げの記録 <所蔵機関>舞鶴引揚記念館（京都府舞鶴市） ◎上野三碑（こうずけさんぴ） <所蔵機関>高崎市 ◎朝鮮通信使に関する記録 17～19世紀の日韓間の平和構築と文化交流の歴史（韓国との共同登録） <所蔵機関>東京国立博物館、長崎県立対馬歴史民俗資料館、日光東照宮など
今後の候補	○奄美大島、徳之島、沖縄島北部及び西表島 →2020年登録審議予定	▣**伝統建築工匠の技：木造建造物を受け継ぐための伝統技術** →2020年登録審議予定	◎杉原リストー1940年、杉原千畝が避難民救済のため人道主義・博愛精神に基づき大量発給した日本通過ビザ発給の記録 →2017年第13回国際諮問委員会にて登録審査の結果 不登録

世界遺産リストに登録されている文化遺産

鼓浪嶼（コロンス島）：歴史的万国租界（中国）
2017年世界遺産登録

〈アフリカ〉

28か国（58物件 ●53 ◎5）

アンゴラ共和国（1物件 ●1）

●ンバンザ・コンゴ、かつてのコンゴ王国の首都の面影
（Mbanza Kongo, Vestiges of the Capital of the former Kingdom of Kongo）
文化遺産（登録基準(iii)(iv)）　2017年

ウガンダ共和国（1物件 ●1）

●カスビのブガンダ王族の墓
（Tombs of Buganda Kings at Kasubi）
文化遺産（登録基準(i)(iii)(iv)(vi)）　2001年
★【危機遺産】2010年

エチオピア連邦民主共和国（8物件 ●8）

●ラリベラの岩の教会（Rock-Hewn Churches, Lalibela）
文化遺産（登録基準(i)(ii)(iii)）　1978年

●ゴンダール地方のファジル・ゲビ
（Fasil Ghebbi, Gondar Region）
文化遺産（登録基準(ii)(iii)）　1979年

●アクスム（Aksum）
文化遺産（登録基準(i)(iv)）　1980年

●アワッシュ川下流域（Lower Valley of the Awash）
文化遺産（登録基準(ii)(iii)(iv)）　1980年

●オモ川下流域（Lower Valley of the Omo）
文化遺産（登録基準(iii)(iv)）　1980年

●ティヤ（Tiya）
文化遺産（登録基準(i)(iv)）　1980年

●ハラール・ジュゴール、要塞歴史都市
（Harar Jugol, the Fortified Historic Town）
文化遺産（登録基準(ii)(iii)(iv)(v)）　2006年

●コンソ族の文化的景観（Konso Cultural Landscape）
文化遺産（登録基準(iii)(v)）　2011年

エリトリア国（1物件 ●1）

●アスマラ：アフリカのモダニスト都市
（Asmara: a Modernist City of Africa）
文化遺産（登録基準(ii)(iv)）　2017年

ガーナ共和国（2物件 ●2）

●ヴォルタ、アクラ、中部、西部各州の砦と城塞
（Forts and Castles ,Volta Greater Accra, Central and Western Regions）
文化遺産（登録基準(vi)）　1979年

●アシャンティの伝統建築物
（Ashante Traditional Buildings）
文化遺産（登録基準(v)）　1980年

カーボ・ヴェルデ共和国（1物件 ●1）

●シダーデ・ヴェリャ、リベイラ・グランデの歴史地区
（Cidade Velha Historic Centre of Ribeira Grande）
文化遺産（登録基準(ii)(iii)(vi)）　2009年

ガボン共和国（1物件 ◎1）

◎ロペ・オカンダの生態系と残存する文化的景観
（Ecosystem and Relict Cultural Landscape of Lopé-Okanda）
複合遺産（登録基準(iii)(iv)(ix)(x)）　2007年

ガンビア共和国（2物件 ●2）

●クンタ・キンテ島と関連遺跡群
（Kunta Kinteh Island and Related Sites）
文化遺産（登録基準(iii)(vi)）　2003年

●セネガンビアの環状列石群
（Stone Circles of Senegambia）
文化遺産（登録基準(i)(iii)）　2006年
セネガル／ガンビア

ケニア共和国（4物件 ●4）

●ラムの旧市街（Lamu Old Town）
文化遺産（登録基準(ii)(iv)(vi)）　2001年

●神聖なミジケンダ族のカヤ森林群
（Sacred Mijikenda Kaya Forests）
文化遺産（登録基準(iii)(v)(vi)）　2008年

●モンバサのジーザス要塞（Fort Jesus, Mombasa）
文化遺産（登録基準(ii)(v)）　2011年

●ティムリカ・オヒンガの考古学遺跡
（Thimlich Ohinga Archaeological Site, Kenya）
文化遺産　登録基準（(iii)（iv）（v)）　2018年

コートジボワール共和国（1物件 ●1）

●グラン・バッサムの歴史都市
（Historic town of Grand-Bassam）
文化遺産（登録基準(iii)(iv)）　2012年

ジンバブエ共和国（3物件 ●3）

●グレート・ジンバブエ遺跡
（Great Zimbabwe National Monument）
文化遺産（登録基準(i)(iii)(vi)）　1986年

●カミ遺跡国立記念物
（Khami Ruins National Monument）
文化遺産（登録基準(iii)(iv)）　1986年

●マトボ丘陵（Matobo Hills）
文化遺産（登録基準(iii)(v)(vi)）　2003年

セネガル共和国（5物件 ●5）

●ゴレ島（Island of Goree）
文化遺産（登録基準(vi)）　1978年

●サン・ルイ島（Island of Saint-Louis）
文化遺産（登録基準(ii)(iv)）　2000年／2007年

●セネガンビアの環状列石群

● 文化遺産　◎ 複合遺産　★ 危機遺産

(Stone Circles of Senegambia)
文化遺産（登録基準(i)(iii)）　2006年
（セネガル／ガンビア）→ガンビア

●サルーム・デルタ (Saloum Delta)
文化遺産（登録基準(iii)(iv)(v)）　2011年

●バサリ地方：バサリ族、フラ族、それにベディク族の文化的景観群
(Bassari Country: Bassari, Fula and Bedik Cultural Landscapes)
文化遺産（登録基準(iii)(v)(vi)）　2012年

タンザニア連合共和国（4物件　●3　◎1）

◎ンゴロンゴロ保全地域 (Ngorongoro Conservation Area)
複合遺産（登録基準(iv)(vi)(viii)(ix)(x)）
1979年／2010年

●キルワ・キシワーニとソンゴ・ムナラの遺跡
(Ruins of Kilwa Kisiwani and Ruins of Songo Mnara)
文化遺産（登録基準(iii)）　1981年

●ザンジバル島のストーン・タウン
(Stone Town of Zanzibar)
文化遺産（登録基準(ii)(iii)(vi)）　2000年

●コンドアの岩画遺跡群 (Kondoa Rock-Art Sites)
文化遺産（登録基準(iii)(vi)）　2006年

チャド共和国（1物件　◎1）

◎エネディ山地の自然と文化的景観
(Ennedi Massif : Natural and Cultural Landscape)
複合遺産（登録基準(iii)(vii)(ix)）　2016年

トーゴ共和国（1物件　●1）

●バタムマリバ族の地 コウタマコウ
(Koutammakou, the Land of the Batammariba)
文化遺産（登録基準(v)(vi)）　2004年

ナイジェリア連邦共和国（2物件　●2）

●スクルの文化的景観 (Sukur Cultural Landscape)
文化遺産（登録基準(iii)(v)(vi)）　1999年

●オスン・オショグボの聖なる森
(Osun-Osogbo Sacred Grove)
文化遺産（登録基準(ii)(iii)(vi)）　2005年

ナミビア共和国（1物件　●1）

●トワイフェルフォンテイン (Twyfelfontein or /Ui-//aes)
文化遺産（登録基準(iii)(v)）　2007年

ニジェール共和国（1物件　●1）

●アガデスの歴史地区 (Historic Centre of Agadez)
文化遺産（登録基準(ii)(iii)）　2013年

ブルキナファソ（2物件　●2）

●ロロペニの遺跡群 (Ruins of Loropeni)
文化遺産（登録基準(iii)）　2009年

●ブルキナファソの古代製鉄遺跡群
(Ancient ferrous metallurgy sites)
文化遺産(登録基準 (iii)(iv)(vi))　2019年

ベナン共和国（1物件　●1）

●アボメイの王宮群 (Royal Palaces of Abomey)
文化遺産（登録基準(iii)(iv)）　1985年／2007年

ボツワナ共和国（1物件　●1）

●ツォディロ (Tsodilo)
文化遺産（登録基準(i)(iii)(vi)）　2001年

マダガスカル共和国（1物件　●1）

●アンボヒマンガの王丘
(Royal Hill of Ambohimanga)
文化遺産（登録基準(iii)(iv)(vi)）　2001年

マラウイ共和国（1物件　●1）

●チョンゴニの岩画地域 (Chongoni Rock-Art Area)
文化遺産（登録基準(iii)(vi)）　2006年

マリ共和国（4物件　●3　◎1）

●ジェンネの旧市街 (Old Towns of Djenne)
文化遺産（登録基準(iii)(iv)）　1988年
★【危機遺産】2016年

●トンブクトゥー (Timbuktu)
文化遺産（登録基準(ii)(iv)(v)）　1988年
★【危機遺産】2012年

◎バンディアガラの絶壁（ドゴン族の集落）
(Cliff of Bandiagara (Land of the Dogons))
複合遺産（登録基準(v)(vii)）　1989年

●アスキアの墓 (Tomb of Askia)
文化遺産（登録基準(ii)(iii)(iv)）　2004年
★【危機遺産】2012年

南アフリカ共和国（6物件　●5　◎1）

●南アフリカの人類化石遺跡群
(Fossil Hominid Sites of South Africa)
文化遺産（登録基準(iii)(vi)）　1999年／2005年

●ロベン島 (Robben Island)
文化遺産（登録基準(iii)(vi)）　1999年

◎マロティ-ドラケンスバーグ公園
(Maloti-Drakensberg Park)
複合遺産（登録基準(i)(iii)(vii)(x)）
2000年／2013年　南アフリカ／レソト

●マプングブウェの文化的景観
(Mapungubwe Cultural Landscape)
文化遺産（登録基準(ii)(iii)(iv)(v)）　2003年

●リヒターズベルドの文化的な植物景観

● 文化遺産　◎ 複合遺産　★ 危機遺産

(Richtersveld Cultural and Botanical Landscape)
文化遺産（登録基準(iv)(v)）　2007年

●コーマニの文化的景観
(Khomani Cultural Landscape)
文化遺産（登録基準(v)(vi)）　2017年

モザンビーク共和国（1物件　● 1）

●モザンビーク島（Island of Mozambique）
文化遺産（登録基準(iv)(vi)）　1991年

モーリシャス共和国（2物件　● 2）

●アアプラヴァシ・ガート（Aapravasi Ghat）
文化遺産（登録基準(vi)）　2006年

●ル・モーンの文化的景観
(Le Morne Cultural Landscape)
文化遺産（登録基準(iii)(vi)）　2008年

レソト王国（1物件　◎ 1）

◎マロティ-ドラケンスバーグ公園（Maloti-Drakensberg Park）
複合遺産（登録基準(i)(iii)(vii)(x)）
南アフリカ／レソト
2000年／2013年

〈アラブ諸国〉
19の国と地域（81物件　● 78　◎ 3）

アラブ首長国連邦（1物件　● 1）

●アル・アインの文化遺跡群（ハフィート、ヒリ、ビダー・ビント・サウド、オアシス地域群）
(Cultural Sites of Al Ain (Hafit, Hili, Bidaa Bint Saud and Oases Areas))
文化遺産（登録基準(iii)(iv)(vi)）　2011年

アルジェリア民主人民共和国
（7物件　● 6　◎ 1）

●ベニ・ハンマド要塞（Al Qal'a of Beni Hammad）
文化遺産（登録基準(iii)）　1980年

◎タッシリ・ナジェール（Tassili n'Ajjer）
複合遺産（登録基準(i)(iii)(vii)(viii)）　1982年

●ムザブの渓谷（M'Zab Valley）
文化遺産（登録基準(ii)(iii)(v)）　1982年

●ジェミラ（Diemila）
文化遺産（登録基準(iii)(iv)）　1982年

●ティパサ（Tipasa）
文化遺産（登録基準(iii)(iv)）　1982年

●ティムガッド（Timgad）
文化遺産（登録基準(ii)(iii)(iv)）　1982年

●アルジェのカスバ（Kasbah of Algiers）
文化遺産（登録基準(ii)(v)）　1992年

イエメン共和国（3物件　● 3）

●シバーム城塞都市（Old Walled City of Shibam）
文化遺産（登録基準(iii)(iv)(v)）　1982年
★【危機遺産】2015年

●サナアの旧市街（Old City of Sana'a）
文化遺産（登録基準(iv)(v)(vi)）　1986年
★【危機遺産】2015年

●ザビドの歴史都市（Historic Town of Zabid）
文化遺産（登録基準(ii)(iv)(vi)）　1993年
★【危機遺産】2000年

イラク共和国（6物件　● 5　◎ 1）

●ハトラ（Hatra）
文化遺産（登録基準(ii)(iii)(iv)(vi)）　1985年
★【危機遺産】2015年

●アッシュル（カルア・シルカ）(Ashur (Qal'at Sherqat))
文化遺産（登録基準(iii)(iv)）　2003年
★【危機遺産】2003年

●サーマッラの考古学都市（Samarra Archaeological City）
文化遺産（登録基準(ii)(iii)(iv)）　2007年
★【危機遺産】2007年

●エルビルの城塞（Erbil Citadel）
文化遺産（登録基準(iv)）　2014年

◎イラク南部の湿原：生物多様性の安全地帯とメソポタミア都市群の残存景観
(The Ahwar of Southern Iraq: Refuge of Biodiversity and the Relict Landscape of the Mesopotamian Cities)
複合遺産（登録基準(iii)(v)(ix)(x)）　2016年

●バビロン（Babylon）
文化遺産（登録基準 (iii)(vi)）　2019年

エジプト・アラブ共和国（6物件　● 6）

●アブ・ミナ（Abu Mena）
文化遺産（登録基準(iv)）　1979年
★【危機遺産】 2001年

●古代テーベとネクロポリス
(Ancient Thebes with its Necropolis)
文化遺産（登録基準(i)(iii)(vi)）　1979年

●カイロの歴史地区（Historic Cairo）
文化遺産（登録基準(i)(v)(vi)）　1979年

●メンフィスとそのネクロポリス／ギザからダハシュールまでのピラミッド地帯
(Memphis and its Necropolis–the Pyramid Fields from Giza to Dahshur)
文化遺産（登録基準(i)(iii)(vi)）　1979年

●アブ・シンベルからフィラエまでのヌビア遺跡群
(Nubian Monuments from Abu Simbel to Philae)
文化遺産（登録基準(i)(iii)(vi)）　1979年

●聖キャサリン地域（Saint Catherine Area）
文化遺産（登録基準(i)(iii)(iv)(vi)）　2002年

● 文化遺産　◎ 複合遺産　★ 危機遺産

オマーン国（5物件 ● 5）

●バフラ城塞（Bahla Fort）

●バット、アル・フトゥムとアル・アインの考古学遺跡
（Archaeological Sites of Bat, Al-Khutm and Al-Ayn）
文化遺産（登録基準（iii）（iv））　1988年

●フランキンセンスの地（Land of Frankincense）
文化遺産（登録基準（iii）（iv））　2000年

●オマーンのアフラジ灌漑施設
（*Aflaj* Irrigation System of Oman）
文化遺産（登録基準（v））　2006年

●古代都市カルハット（Ancient City of Qalhat）
文化遺産　登録基準（（ii）（iii））　2018年

カタール国（1物件 ● 1）

●アル・ズバラ考古学遺跡（Al Zubarah Archaeological Site）
文化遺産（登録基準（iii）（iv）（v））　2013年

サウジアラビア王国（5物件 ● 5）

●アル・ヒジュルの考古学遺跡（マダイン・サーレハ）（Al_Hijr Archaeological Site（Madain Salih））
文化遺産（登録基準（ii）（iii））　2008年

●ディライーヤのツライフ地区
（At-Turaif District in ad-Dir'iyah）
文化遺産（登録基準（iv）（v）（vi））　2010年

●歴史都市ジェッダ、メッカへの門
（Historic Jeddah, the Gate to Makkah）
文化遺産（登録基準（ii）（iv）（vi））　2014年

●サウジアラビアのハーイル地方の岩絵
（Rock Art in the Hail Region of Saudi Arabia）
文化遺産（登録基準（i）（iii））　2015年

●アハサー・オアシス、進化する文化的景観
（Al-Ahsa Oasis, an evolving Cultural Landscape）
文化遺産　登録基準（（iii）（iv）（v））　2018年

シリア・アラブ共和国（6物件 ● 6）

●古代都市ダマスカス（Ancient City of Damascus）
文化遺産（登録基準（i）（ii）（iii）（iv）（vi））1979年
★【危機遺産】 2013年

●古代都市ボスラ（Ancient City of Bosra）
文化遺産（登録基準（i）（iii）（vi））　1980年
★【危機遺産】 2013年

●パルミラの遺跡（Site of Palmyra）
文化遺産（登録基準（i）（ii）（iv））1980年
★【危機遺産】 2013年

●古代都市アレッポ（Ancient City of Aleppo）
文化遺産（登録基準（iii）（iv））　1986年
★【危機遺産】 2013年

●シュバリエ城とサラ・ディーン城塞
（Crac des Chevaliers and Qal'at Salah El-Din）
文化遺産（登録基準（ii）（iv））　2006年
★【危機遺産】 2013年

●シリア北部の古村群
（Ancient Villages of Northern Syria）
文化遺産（登録基準（iii）（iv）（v））　2011年
★【危機遺産】 2013年

スーダン共和国（2物件 ●2）

●ナパタ地方のゲベル・バーカルと遺跡群
（Gebel Barkal and the Sites of the Napatan Region）
文化遺産（登録基準（i）（ii）（iii）（iv）（vi））　2003年

●メロエ島の考古学遺跡群
（Archaeological Sites of the Island of Meroe）
文化遺産（登録基準（ii）（iii）（iv）（v））　2011年

チュニジア共和国（7物件 ● 7）

●エル・ジェムの円形劇場（Amphitheatre of El Jem）
文化遺産（登録基準（iv）（vi））
1979年／2010年

●カルタゴの考古学遺跡
（Archaeological Site of Carthage）
文化遺産（登録基準（ii）（iii）（vi））　1979年

●チュニスのメディナ（Medina of Tunis）
文化遺産（登録基準（ii）（iii）（v））　1979年／2010年

●ケルクアンの古代カルタゴの町とネクロポリス
（Punic Town of Kerkuane and its Necropolis）
文化遺産（登録基準（iii））　1985年／1986年

●カイルアン（Kairouan）
文化遺産（登録基準（i）（ii）（iii）（v）（vi））
1988年／2010年

●スースのメディナ（Medina of Sousse）
文化遺産（登録基準（iii）（iv）（v））　1988年／2010年

●ドゥッガ／トゥッガ（Dougga / Thugga）
文化遺産（登録基準（ii）（iii））　1997年

バーレーン王国（2物件 ● 2）

●バーレーン要塞ー古代の港湾とディルムン文明の首都ー
（Qal'at al-Bahrain-Ancient Harbour and Capital of Dilmun）
文化遺産（登録基準（ii）（iii）（iv））　2005年

●真珠採り、島の経済の証し
（Pearling, Testimony of an Island Economy）
文化遺産（登録基準（iii））　2012年

●ディルムンの墳墓群
（Dilmun Burial Mounds）
文化遺産（登録基準（iii）（iv））　2019年

パレスチナ（3物件 ● 3）

●イエスの生誕地：ベツレヘムの聖誕教会と巡礼の道
（Birthplace of Jesus: Church of the Nativity and the Pilgrimage Route, Bethlehem）
文化遺産（登録基準（iv）（vi））　2012年

● 文化遺産　◎ 複合遺産　★ 危機遺産

世界遺産リストに登録されている文化遺産

●オリーブとワインの地パレスチナ-エルサレム南部の
バティール村の文化的景観
（Palestine: Land of Olives and Vines - Cultural Landscape of
Southern Jerusalem, Battir）
文化遺産（登録基準(iv)(v)）　2014年
★【危機遺産】2014年

●ヘブロン/アル・ハリルの旧市街
（Hebron/Al-Khalil Old Town）
文化遺産（登録基準(ii)(iv)(vi)）　2017年
★【危機遺産】2017年

モーリタニア・イスラム共和国
（1物件　● 1）

●ウァダン、シンゲッティ、ティシット、ウァラタのカザール古代都市
（Ancient *Ksour* of Ouadane, Chinguetti, Tichitt and Oualata）
文化遺産（登録基準(iii)(iv)(v)）　1996年

モロッコ王国
（9物件　● 9）

●フェズのメディナ（Medina of Fez）
文化遺産（登録基準(ii)(v)）　1981年

●マラケシュのメディナ（Medina of Marrakesh）
文化遺産（登録基準(i)(ii)(iv)(v)）　1985年

●アイット-ベン-ハドゥの集落
（Ksar of Ait-Ben-Haddou）
文化遺産（登録基準(iv)(v)）　1987年

●古都メクネス（Historic City of Meknes）
文化遺産（登録基準(iv)）　1996年

●ヴォルビリスの考古学遺跡
（Archaeological Site of Volubilis）
文化遺産（登録基準(ii)(iii)(iv)(vi)）
1997年／2008年

●テトゥアン（旧ティタウィン）のメディナ
（Medina of Tétouan（formerly known as Titawin））
文化遺産（登録基準(ii)(iv)(v)）　1997年

●エッサウィラ（旧モガドール）のメディナ
（Medina of Essaouira（formerly Mogador））
文化遺産（登録基準(ii)(iv)）　2001年

●マサガン（アル・ジャディーダ）のポルトガル街区
（Portuguese City of Mazagan（El Jadida））
文化遺産（登録基準(ii)(iv)）　2004年

●ラバト、現代首都と歴史都市：分担する遺産
（Rabat, modern capital and historic city: a shared heritage）
文化遺産（登録基準(ii)(iv)）　2012年

ヨルダン・ハシミテ王国
（5物件　● 4　◎1）

●ペトラ（Petra）
文化遺産（登録基準(i)(iii)(iv)）　1985年

●アムラ城塞（Quseir Amra）
文化遺産（登録基準(i)(iii)(iv)）　1985年

●ウム・エル・ラサス <カストロン・メファー>
（Um er-Rasas（Kastron Mefa'a））
文化遺産（登録基準(i)(iv)(vi)）　2004年

◎ワディ・ラム保護区（Wadi Rum Protected Area）
複合遺産（登録基準(iii)(v)(vii)）　2011年

●ヨルダン川の対岸の洗礼の地、ベタニア（アル・マグタス）
（Baptism Site "Bethany Beyond the Jordan" (Al-Maghtas)）
文化遺産（登録基準(iii)(vi)）　2015年

エルサレム
（ヨルダン推薦物件）（1物件　● 1）

●エルサレムの旧市街とその城壁
（Old City of Jerusalem and its Walls）
文化遺産（登録基準(ii)(iii)(vi)）　1981年
ヨルダン推薦物件
★【危機遺産】　1982年

リビア
（5物件　● 5）

●キレーネの考古学遺跡（Archaeological Site of Cyrene）
文化遺産（登録基準(ii)(iii)(vi)）　1982年
★【危機遺産】2016年

●レプティス・マグナの考古学遺跡
（Archaeological Site of Leptis Magna）
文化遺産（登録基準(i)(ii)(iii)）　1982年
★【危機遺産】2016年

●サブラタの考古学遺跡
（Archaeological Site of Sabratha）
文化遺産（登録基準(iii)）　1982年
★【危機遺産】2016年

●タドラート・アカクスの岩絵
（Rock Art Sites of Tadrart Acacus）
文化遺産（登録基準(iii)）　1985年
★【危機遺産】2016年

●ガダミースの旧市街（Old Town of Ghadames）
文化遺産（登録基準(v)）　1986年
★【危機遺産】2016年

レバノン共和国
（5物件　● 5）

●アンジャル（Anjar）
文化遺産（登録基準(iii)(iv)）　1984年

●バールベク（Baalbek）
文化遺産（登録基準(i)(iv)）　1984年

●ビブロス（Byblos）
文化遺産（登録基準(iii)(iv)(vi)）　1984年

●ティール（Tyre）
文化遺産（登録基準(iii)(vi)）　1984年

●カディーシャ渓谷（聖なる谷）と神の杉の森（ホルシュ・アルゼ・ラップ）
（Ouadi Qadisha（the Holy Valley）and the Forest of the Cedars of God（Horsh Arz el-Rab））
文化遺産（登録基準(iii)(iv)）　1998年

● 文化遺産　◎ 複合遺産　★ 危機遺産

〈アジア〉
26か国（186物件 ●180 ◎6）

アフガニスタン・イスラム国（2物件 ● 2）

●ジャムのミナレットと考古学遺跡
（Minaret and Archaeological Remains of Jam）
文化遺産（登録基準(ii)(iii)(iv)） 2002年
★【危機遺産】 2002年

●バーミヤン盆地の文化的景観と考古学遺跡
（Cultural Landscape and Archaeological Remains of the Bamiyan Valley）
文化遺産（登録基準(i)(ii)(iii)(iv)(vi)） 2003年
★【危機遺産】 2003年

イラン・イスラム共和国（22物件 ●22）

●イスファハンのイマーム広場
（Meidan Emam, Esfahan）
文化遺産（登録基準(i)(v)(vi)） 1979年

●ペルセポリス（Persepolis）
文化遺産（登録基準(i)(iii)(vi)） 1979年

●チョーガ・ザンビル（Tchogha Zanbil）
文化遺産（登録基準(iii)(iv)） 1979年

●タクテ・ソレイマン（Takht-e Soleyman）
文化遺産（登録基準(i)(ii)(iii)(iv)(vi)） 2003年

●パサルガディ（Pasargadae）
文化遺産（登録基準(i)(ii)(iii)(iv)） 2004年

●バムとその文化的景観
（Bam and its Cultural Landscape）
文化遺産（登録基準(ii)(iii)(iv)(v)） 2004年

●ソルタニーイェ（Soltaniyeh）
文化遺産（登録基準(ii)(iii)(iv)） 2004年

●ビソトゥーン（Bisotun）
文化遺産（登録基準(ii)(iii)） 2006年

●イランのアルメニア正教の修道院建築物群
（Armenian Monastic Ensembles of Iran）
文化遺産（登録基準(ii)(iii)(vi)） 2008年

●シューシュタルの歴史的水利施設
（Shushtar Historical Hydraulic System）
文化遺産（登録基準(i)(ii)(v)） 2009年

●アルダビールのシェイフ・サフィール・ディーン聖殿の建築物群
（Sheikh Safi al-din Khānegāh and Shrine Ensemble in Ardabil）
文化遺産（登録基準(i)(ii)(iv)） 2010年

●タブリーズの歴史的なバザールの建造物群
（Tabriz Historical Bazaar Complex）
文化遺産（登録基準(ii)(iii)(iv)） 2010年

●ペルシャの庭園（The Persian Garden）
文化遺産（登録基準(i)(ii)(iii)(iv)(vi)） 2011年

●イスファハンの金曜モスク（Masjed-e Jāmé of Isfahan）
文化遺産（登録基準(ii)） 2012年

●カーブース墓廟（Gonbad-e Qābus）
文化遺産（登録基準(i)(ii)(iii)(iv)） 2012年

●ゴレスタン宮殿（Golestan Palace）
文化遺産（登録基準(i)(ii)(iii)(iv)） 2013年

●シャフリ・ソフタ（Sharhr-I Sokhta）
文化遺産（登録基準(ii)(iii)(iv)） 2014年

●スーサ（Susa）
文化遺産（登録基準(i)(ii)(iii)(iv)） 2015年

●メイマンドの文化的景観
（Cultural Landscape of Maymand）
文化遺産（登録基準(v)） 2015年

●ペルシャのカナート（The Persian Qanat）
文化遺産（登録基準(iii)(iv)） 2016年

●ヤズドの歴史都市（Historic City of Yazd）
文化遺産（登録基準(iii)(v)） 2017年

●ファールス地域のサーサーン朝の考古学景観
（Sassanid Archaeological Landscape of Fars Region）
文化遺産 登録基準（(ii)(iii)(v)） 2018年

インド（31物件 ● 30 ◎ 1）

●アジャンター石窟群（Ajanta Caves）
文化遺産（登録基準(i)(ii)(iii)(vi)） 1983年

●エローラ石窟群（Ellora Caves）
文化遺産（登録基準(i)(iii)(vi)） 1983年

●アグラ城塞（Agra Fort）
文化遺産（登録基準(iii)） 1983年

●タージ・マハル（Taj Mahal）
文化遺産（登録基準(i)） 1983年

●コナーラクの太陽神寺院（Sun Temple, Konarak）
文化遺産（登録基準(i)(iii)(vi)） 1984年

●マハーバリプラムの建造物群
（Group of Monuments at Mahabalipuram）
文化遺産（登録基準(i)(ii)(iii)(vi)） 1984年

●ゴアの教会と修道院
（Churches and Convents of Goa）
文化遺産（登録基準(ii)(iv)(vi)） 1986年

●カジュラホの建造物群
（Khajuraho Group of Monuments）
文化遺産（登録基準(i)(iii)） 1986年

●ハンピの建造物群（Group of Monuments at Hampi）
文化遺産（登録基準(i)(iii)(iv)） 1986年

●ファテープル・シクリ（Fatehpur Sikri）
文化遺産（登録基準(ii)(iii)(iv)） 1986年

●パッタダカルの建造物群
（Group of Monuments at Pattadakal）
文化遺産（登録基準(iii)(iv)） 1987年

●エレファンタ石窟群（Elephanta Caves）

世界遺産リストに登録されている文化遺産

● 文化遺産 ◎ 複合遺産 ★ 危機遺産

文化遺産（登録基準(i)(iii)）　1987年

●チョーラ朝の現存する大寺院群
（Great Living Chola Temples）
文化遺産（登録基準(i)(ii)(iii)(iv)）
1987年／2004年

●サーンチーの仏教遺跡
（Buddhist Monuments at Sanchi）
文化遺産（登録基準(i)(ii)(iii)(iv)(vi)）　1989年

●デリーのフマユーン廟（Humayun's Tomb, Delhi）
文化遺産（登録基準(ii)(iv)）　1993年

●デリーのクトゥブ・ミナールと周辺の遺跡群
（Qutb Minar and its Monuments, Delhi）
文化遺産（登録基準(iv)）　1993年

●インドの山岳鉄道群（Mountain Railways of India）
文化遺産（登録基準(ii)(iv)）
1999年／2005年／2008年

●ブッダ・ガヤのマハーボディ寺院の建造物群
（Mahabodhi Temple Complex at Bodh Gaya）
文化遺産（登録基準(i)(ii)(iii)(iv)(vi)）2002年

●ビムベトカの岩窟群（Rock Shelters of Bhimbetka）
文化遺産（登録基準(iii)(v)）　2003年

●チャンパネル・パヴァガドゥ考古学公園
（Champaner-Pavagadh Archaeological Park）
文化遺産（登録基準(iii)(iv)(v)(vi)）　2004年

●チャトラパティ・シヴァジ・ターミナス駅＜旧ヴィクトリア・ターミナス駅＞
（Chhatrapati Shivaji Terminus（formerly Victoria Terminus））
文化遺産（登録基準(ii)(iv)）　2004年

●レッド・フォートの建築物群（Red Fort Complex）
文化遺産（登録基準(ii)(iii)(vi)）　2007年

●ジャイプールのジャンタル・マンタル
（The Jantar Mantar, Jaipur）
文化遺産（登録基準(iii)(iv)）　2010年

●ラジャスタン地方の丘陵城塞群
（Hill Forts of Rajasthan）
文化遺産（登録基準(ii)(iii)）　2013年

●グジャラート州のパタンにあるラニ・キ・ヴァヴ（王妃の階段井戸）
（Rani-ki-Vav (the Queen's Stepwell) at Patan, Gujarat）
文化遺産（登録基準(i)(iv)）　2014年

●ビハール州ナーランダにあるナーランダ・マハーヴィハーラ（ナーランダ大学）の考古学遺跡
（Archaeological Site of Nalanda *Mahavihara*（Nalanda University）at Nalanda, Biharr）
文化遺産（登録基準(iv)(vi)）　2016年

◎カンチェンジュンガ国立公園
（Khangchendzonga National Park）
複合遺産（登録基準(iii)(vii)(x)）　2016年

●ル・コルビュジエの建築作品－近代化運動への顕著な貢献
（The Architectural Work of Le Corbusier, an Outstanding Contribution to the Modern Movement）
文化遺産（登録基準(i)(ii)(vi)）　2016年
（フランス／スイス／ベルギー／ドイツ／インド／日本／アルゼンチン）→フランス

●アフマダーバードの歴史都市
（Historic City of Ahmadabad）
文化遺産（登録基準(ii)(v)）　2017年

●ムンバイのヴィクトリア様式とアール・デコ様式の建造物群
（Victorian and Art Deco Ensemble of Mumbai）
文化遺産　登録基準（(ii)(iv)）　2018年

●ラージャスターン州のジャイプル市街
（Jaipur City, Rajasthan）
文化遺産（登録基準(ii)(iv)(vi)）　2019年

インドネシア共和国（5物件　●5）

●ボロブドール寺院遺跡群
（Borobudur Temple Compounds）
文化遺産（登録基準(i)(ii)(vi)）　1991年

●プランバナン寺院遺跡群
（Prambanan Temple Compounds）
文化遺産（登録基準(i)(iv)）　1991年

●サンギラン初期人類遺跡（Sangiran Early Man Site）
文化遺産（登録基準(iii)(vi)）　1996年

●バリ州の文化的景観：トリ・ヒタ・カラナの哲学を表現したスバック・システム
（Cultural Landscape of Bali Province：the *Subak* System as a Manifestation of the *Tri Hita Karana* Philosophy）
文化遺産（登録基準(ii)(iii)(v)(vi)）　2012年

●サワルントのオンビリン炭鉱遺産
（Ombilin Coal Mining Heritage of Sawahlunto）
文化遺産（登録基準 (ii)(iv)）　2019年

ヴェトナム社会主義共和国
（6物件　●5　◎1）

●フエの建築物群（Complex of Hué Monuments）
文化遺産（登録基準(iii)(iv)）　1993年

●古都ホイアン（Hoi An Ancient Town）
文化遺産（登録基準(ii)(v)）　1999年

●聖地ミーソン（My Son Sanctuary）
文化遺産（登録基準(ii)(iii)）　1999年

●ハノイのタンロン皇城の中心区域
（Central Sector of the Imperial Citadel of Thang Long - Hanoi）
文化遺産（登録基準(ii)(iii)(vi)）　2010年

●胡（ホー）朝の城塞（Citadel of the Ho Dynasty）
文化遺産（登録基準(ii)(iv)）　2011年

◎チャンアン景観遺産群
（Trang An Landscape Complex）
複合遺産（登録基準(v)(vii)(viii)）　2014年

ウズベキスタン共和国（4物件　●4）

● 文化遺産　◎ 複合遺産　★ 危機遺産

●イチャン・カラ（Itchan Kala）
文化遺産（登録基準(iii)(iv)(v)）　1990年

●ブハラの歴史地区（Historic Centre of Bukhara）
文化遺産（登録基準(ii)(iv)(vi)）　1993年

●シャフリサーブスの歴史地区
（Historic Centre of Shakhrisyabz）
文化遺産（登録基準(iii)(iv)）　2000年
★【危機遺産】 2016年

●サマルカンド-文明の十字路
（Samarkand- Crossroad of Cultures）
文化遺産（登録基準(i)(ii)(iv)）　2001年

○西天山（Western Tien-Shan）
自然遺産（登録基準(x)）　2016年
（カザフスタン／キルギス／ウズベキスタン）
→カザフスタン

カザフスタン共和国（3物件　● 3）

●コジャ・アフメド・ヤサウィ廟
（Mausoleum of Khoja Ahmed Yasawi）
文化遺産（登録基準(i)(iii)(iv)）　2003年

●タムガリの考古学的景観とペトログラフ
（Petroglyphs within the Archaeological Landscape of Tamgaly）
文化遺産（登録基準(iii)）　2004年

●シルクロード：長安・天山回廊の道路網
（Silk Roads: the Routes Network of Tianshan Corridor）
文化遺産（登録基準(ii)(iii)(v)(vi)）　2014年
カザフスタン／キルギス／中国

カンボジア王国（3物件　● 3）

●アンコール（Angkor）
文化遺産（登録基準(i)(ii)(iii)(iv)）　1992年

●プレア・ヴィヒア寺院（Temple of Preah Vihear）
文化遺産（登録基準(i)）　2008年

●サンボー・プレイ・クック寺院地帯、古代イーシャナプラの考古学遺跡
（Temple Zone of Sambor Prei Kuk, Archaeological Site of Ancient Ishanapura）
文化遺産（登録基準(ii)(iii)(vi)）　2017年

キルギス共和国（2物件　● 2）

●スライマン・トォーの聖山
（Sulamain-Too Sacred Mountain）
文化遺産（登録基準(iii)(vi)）　2009年

●シルクロード：長安・天山回廊の道路網
（Silk Roads: the Routes Network of Tian-shan Corridor）
文化遺産（登録基準(ii)(iii)(v)(vi)）　2014年
（カザフスタン／キルギス／中国）
→カザフスタン

○西天山（Western Tien-Shan）
自然遺産（登録基準(x)）　2016年
（カザフスタン／キルギス／ウズベキスタン）
→カザフスタン

シンガポール共和国（1物件　● 1）

●シンガポール植物園（Singapore Botanic Gardens）
文化遺産（登録基準(ii)(iv)）　2015年

スリランカ民主社会主義共和国
（8物件　○ 2　● 6）

●聖地アヌラダプラ（Sacred City of Anuradhapura）
文化遺産（登録基準(ii)(iii)(vi)）1982年

●古代都市ポロンナルワ
（Ancient City of Polonnaruwa）
文化遺産（登録基準(i)(iii)(vi)）　1982年

●古代都市シギリヤ（Ancient City of Sigiriya）
文化遺産（登録基準(ii)(iii)(iv)）　1982年

●聖地キャンディ（Sacred City of Kandy）
文化遺産（登録基準(iv)(vi)）　1988年

●ゴールの旧市街と城塞
（Old Town of Galle and its Fortifications）
文化遺産（登録基準(iv)）　1988年

●ランギリ・ダンブッラの石窟寺院
（Rangiri Dambulla Cave Temple）
文化遺産（登録基準(i)(vi)）　1991年

タイ王国（3物件　●3）

●古都スコータイと周辺の歴史地区
（Historic Town of Sukhothai and Associated Historic Towns）
文化遺産（登録基準(i)(iii)）　1991年

●アユタヤの歴史都市（Historic City of Ayutthaya）
文化遺産（登録基準(iii)）　1991年

●バン・チェーン遺跡
（Ban Chiang Archaeological Site）
文化遺産（登録基準(iii)）　1992年

大韓民国（13物件　●13）

●八萬大蔵経のある伽倻山海印寺
（Haeinsa Temple Janggyeong Panjeon, the Depositories for the *Tripitaka Koreana* Woodblocks）
文化遺産（登録基準(iv)(vi)）　1995年

●宗廟（Jongmyo Shrine）
文化遺産（登録基準(iv)）　1995年

●石窟庵と仏国寺
（Seokguram Grotto and Bulguksa Temple）
文化遺産（登録基準(i)(iv)）　1995年

●昌徳宮（Changdeokgung Palace Complex）
文化遺産（登録基準(ii)(iii)(iv)）　1997年

●水原の華城（Hwaseong Fortress）
文化遺産（登録基準(ii)(iii)）　1997年

●高敞、和順、江華の支石墓群
（Gochang, Hwasun, and Ganghwa Dolmen Sites）
文化遺産（登録基準(iii)）　2000年

● 文化遺産　◎ 複合遺産　★ 危機遺産

●**慶州の歴史地域**（Gyeongju Historic Areas）
文化遺産（登録基準(ii)(iii)）　2000年

●**朝鮮王朝の陵墓群**
（Royal Tombs of the Joseon Dynasty）
文化遺産（登録基準(iii)(iv)(vi)）　2009年

●**韓国の歴史村：河回と良洞**
（Historic Villages of Korea: Hahoe and Yangdong）
文化遺産（登録基準(iii)(iv)）　2010年

●**南漢山城**（Namhansanseong）
文化遺産（登録基準(ii)(iv)）　2014年

●**百済の歴史地区群**（Baekje Historic Areas）
文化遺産（登録基準(ii)(iii)）　2015年

●**山寺（サンサ）、韓国の仏教山岳寺院群**
（Sansa, Buddhist Mountain Monasteries in Korea）
文化遺産（登録基準（iii)）　2018年

●**韓国の書院**
（Seowon, Korean Neo-Confucian Academies）
文化遺産（登録基準（iii)(iv)）　2019年

タジキスタン共和国（1物件　● 1）

●**サラズムの原始の都市遺跡**
（Proto-urban site of Sarazm）
文化遺産（登録基準(ii)(iii)）　2010年

中華人民共和国（41物件　● 37　◎ 4）

◎**泰山**（Mount Taishan）
複合遺産（登録基準(i)(ii)(iii)(iv)(v)(vi)(vii)）
1987年

●**万里の長城**（The Great Wall）
文化遺産（登録基準(i)(ii)(iii)(iv)(vi)）　1987年

●**北京と瀋陽の明・清王朝の皇宮**
（Imperial Palaces of the Ming and Qing Dynasties in Beijing and Shenyang）
文化遺産（登録基準(i)(ii)(iii)(iv)）　1987年／2004年

●**莫高窟**（Mogao Caves）
文化遺産（登録基準(i)(ii)(iii)(iv)(v)(vi)）
1987年

●**秦の始皇帝陵**（Mausoleum of the First Qin Emperor）
文化遺産（登録基準(i)(iii)(iv)(vi)）　1987年

●**周口店の北京原人遺跡**
（Peking Man Site at Zhoukoudian）
文化遺産（登録基準(iii)(vi)）　1987年

◎**黄山**（Mount Huangshan）
複合遺産（登録基準(ii)(vii)(x)）　1990年

●**承徳の避暑山荘と外八廟**
（Mountain Resort and its Outlying Temples, Chengde）
文化遺産（登録基準(ii)(iv)）　1994年

●**曲阜の孔子邸、孔子廟、孔子林**
（Temple and Cemetery of Confucius, and the Kong Family Mansion in Qufu）
文化遺産（登録基準(i)(iv)(vi)）　1994年

●**武当山の古建築群**
（Ancient Building Complex in the Wudang Mountains）
文化遺産（登録基準(i)(ii)(vi)）　1994年

●**ラサのポタラ宮の歴史的遺産群**
（Historic Ensemble of the Potala Palace, Lhasa）
文化遺産（登録基準(i)(iv)(vi)）
1994年／2000年／2001年

●**廬山国立公園**（Lushan National Park）
文化遺産（登録基準(ii)(iii)(iv)(vi)）　1996年

◎**楽山大仏風景名勝区を含む峨眉山風景名勝区**
（Mount Emei Scenic Area, including Leshan Giant Buddha Scenic Area）
複合遺産（登録基準(iv)(vi)(x)）　1996年

●**麗江古城**（Old Town of Lijiang）
文化遺産（登録基準(ii)(iv)(v)）　1997年

●**平遥古城**（Ancient City of Ping Yao）
文化遺産（登録基準(ii)(iii)(iv)）　1997年

●**蘇州の古典庭園**（Classical Gardens of Suzhou）
文化遺産（登録基準(i)(ii)(iii)(iv)(v)）
1997年／2000年

●**北京の頤和園**
（Summer Palace, an Imperial Garden in Beijing）
文化遺産（登録基準(i)(ii)(iii)）　1998年

●**北京の天壇**
（Temple of Heaven:an Imperial Sacrificial Altar in Beijing）
文化遺産（登録基準(i)(ii)(iii)）　1998年

◎**武夷山**（Mount Wuyi）
複合遺産（登録基準(iii)(vi)(vii)(x)）　1999年

●**大足石刻**（Dazu Rock Carvings）
文化遺産（登録基準(i)(ii)(iii)）　1999年

●**青城山と都江堰の灌漑施設**
（Mount Qincheng and the Dujiangyan Irrigation System）
文化遺産（登録基準(ii)(iv)(vi)）　2000年

●**安徽省南部の古民居群-西逓村と宏村**
（Ancient Villages in Southern Anhui - Xidi and Hongcun）
文化遺産（登録基準(iii)(iv)(v)）　2000年

●**龍門石窟**（Longmen Grottoes）
文化遺産（登録基準(i)(ii)(iii)）　2000年

●**明・清王朝の陵墓群**
（Imperial Tombs of the Ming and Qing Dynasties）
文化遺産（登録基準(i)(ii)(iii)(iv)(vi)）
2000年／2003年／2004年

●**雲岡石窟**（Yungang Grottoes）
文化遺産（登録基準(i)(ii)(iii)(iv)）　2001年

○**雲南保護地域の三江併流**
（Three Parallel Rivers of Yunnan Protected Areas）
自然遺産（登録基準(vii)(viii)(ix)(x)）
2003年／2010年

●**古代高句麗王国の首都群と古墳群**
（Capital Cities and Tombs of the Ancient Koguryo Kingdom）

世界遺産リストに登録されている文化遺産

● 文化遺産　◎ 複合遺産　★ 危機遺産

文化遺産（登録基準（i）(ii)(iii)(iv)(v)）　2004年

●**澳門の歴史地区**（Historic Centre of Macao）
文化遺産（登録基準（ii）(iii)(iv)(vi)）　2005年

●**殷墟**（Yin Xu）
文化遺産（登録基準（ii）(iii)(iv)(vi)）　2006年

●**開平の望楼と村落群**（Kaiping Diaolou and Villages）
文化遺産（登録基準（ii）(iii)(iv)）　2007年

●**福建土楼**（Fujian *Tulou*）
文化遺産（登録基準（iii）(iv)(v)）　2008年

●**五台山**（Mount Wutai）
文化遺産（登録基準（ii）(iii)(iv)(vi)）　2009年

○**中国丹霞**（China Danxia）
自然遺産（登録基準（vii）(viii)）　2010年

●**「天地の中心」にある登封の史跡群**
（Historic Monuments of Dengfeng in "The Centre of Heaven and Earth"）
文化遺産（登録基準（iii）(vi)）　2010年

●**杭州西湖の文化的景観**
（West Lake Cultural Landscape of Hangzhou）
文化遺産（登録基準（ii）(iii)(vi)）　2011年

●**上都遺跡**（Site of Xanadu）
文化遺産（登録基準（ii）(iii)(iv)(vi)）　2012年

○**新疆天山**（Xinjiang Tianshan）
自然遺産（登録基準（vii）(ix)）　2013年

●**紅河ハニ族の棚田群の文化的景観**
（Cultural Landscape of Honghe Hani Rice Terraces）
文化遺産（登録基準（iii）(v)）　2013年

●**大運河**（The Grand Canal）
文化遺産（登録基準（i）(iii)(iv)(vi)）
2014年

●**シルクロード：長安・天山回廊の道路網**
（Silk Roads: the Routes Network of Tian-shan Corridor）
文化遺産（登録基準（ii）(iii)(v)(vi)）　2014年
（カザフスタン／キルギス／中国）

●**土司遺跡群**（Tusi Sites）
文化遺産（登録基準（ii）(iii)）
2015年

●**左江の花山岩画の文化的景観**
（Zuojiang Huashan Rock Art Cultural Landscape）
文化遺産（登録基準（iii）(vi)）　2016年

●**鼓浪嶼（コロンス島）：歴史的万国租界**
（Kulangsu: a Historic International Settlement）
文化遺産（登録基準（ii）(iv)）　2017年

●**良渚古城遺跡**
（Archaeological Ruins of Liangzhu City）
文化遺産（登録基準　(iii)(iv)）　2019年

朝鮮民主主義人民共和国（北朝鮮）
（2物件　● 2）

●**高句麗古墳群**（Complex of Koguryo Tombs）
文化遺産（登録基準（i）(ii)(iii)(iv)）　2004年

●**開城の史跡群**
（Historic Monuments and Sites in Kaesong）
文化遺産（登録基準（ii）(iii)）　2013年

トルクメニスタン（3物件　● 3）

●**「古都メルブ」州立歴史文化公園**
（State Historical and Cultural Park "Ancient Merv"）
文化遺産（登録基準（ii）(iii)）　1999年

●**クフナ・ウルゲンチ**（Kunya-Urgench）
文化遺産（登録基準（ii）(iii)）　2005年

●**ニサのパルティア時代の要塞群**
（Parthian Fortresses of Nisa）
文化遺産（登録基準（ii）(iii)）　2007年

日本（19物件　● 19）

●**法隆寺地域の仏教建造物**
（Buddhist Monuments in the Horyu-ji Area）
文化遺産（登録基準（i）(ii)(iv)(vi)）　1993年

●**姫路城**（Himeji-jo）
文化遺産（登録基準（i）(iv)）　1993年

●**古都京都の文化財（京都市　宇治市　大津市）**
（Historic Monuments of Ancient Kyoto (Kyoto, Uji and Otsu Cities)）
文化遺産（登録基準（ii）(iv)）　1994年

●**白川郷・五箇山の合掌造り集落**
（Historic Villages of Shirakawa-go and Gokayama）
文化遺産（登録基準（iv）(v)）　1995年

●**広島の平和記念碑（原爆ドーム）**
（Hiroshima Peace Memorial (Genbaku Dome)）
文化遺産（登録基準（vi)）　1996年

●**厳島神社**（Itsukushima Shinto Shrine）
文化遺産（登録基準（i）(ii)(iv)(vi)）　1996年

●**古都奈良の文化財**（Historic Monuments of Ancient Nara）
文化遺産（登録基準（ii）(iii)(iv)(vi)）　1998年

●**日光の社寺**（Shrines and Temples of Nikko）
文化遺産（登録基準（i）(iv)(vi)）　1999年

●**琉球王国のグスク及び関連遺産群**
（Gusuku Sites and Related Properties of the Kingdom of Ryukyu）
文化遺産（登録基準（ii）(iii)(vi)）　2000年

●**紀伊山地の霊場と参詣道**
（Sacred Sites and Pilgrimage Routes in the Kii Mountain Range）
文化遺産（登録基準（ii）(iii)(iv)(vi)）
2004年／2016年

●**石見銀山遺跡とその文化的景観**
（Iwami Ginzan Silver Mine and its Cultural Landscape）
文化遺産（登録基準（ii）(iii)(v)）　2007年／2010年

●**平泉ー仏国土（浄土）を表す建築・庭園及び考古学的遺跡群**
（Hiraizumi−Temples, Gardens and Archaeological Sites Representing the Buddhist Pure Land）
文化遺産（登録基準（ii）(vi)）　2011年

●**富士山ー信仰の対象と芸術の源泉**
（Fujisan, sacred place and source of artistic inspiration）

世界遺産リストに登録されている文化遺産

● 文化遺産　◎ 複合遺産　★ 危機遺産

文化遺産（登録基準（iii）(vi)）　2013年

●富岡製糸場と絹産業遺産群
（Tomioka Silk Mill and Related Sites）
文化遺産（登録基準（ii）(iv)）　2014年

●明治日本の産業革命遺産：製鉄・製鋼、造船、石炭産業
（Sites of Japan's Meiji Industrial Revolution: Iron and Steel, Shipbuilding and Coal Mining）
文化遺産（登録基準（ii）(iv)）　2015年

●ル・コルビュジエの建築作品ー近代化運動への顕著な貢献
（The Architectural Work of Le Corbusier, an Outstanding Contribution to the Modern Movement）
文化遺産（登録基準（i）(ii)(vi)）　2016年
（フランス／スイス／ベルギー／ドイツ／インド／日本／アルゼンチン）→フランス

●『神宿る島』宗像・沖ノ島と関連遺産群
（Sacred Island of Okinoshima and Associated Sites in the Munakata Region）
文化遺産（登録基準（ii）(iii)）　2017年

●長崎と天草地方の潜伏キリシタン関連遺産
（Hidden Christian Sites in the Nagasaki Region）
文化遺産　登録基準（(iii)　2018年

●百舌鳥・古市古墳群：古代日本の墳墓群
（Mozu-Furuichi Kofun Group: Mounded Tombs of Ancient Japan）
文化遺産（登録基準（iii）(iv)）　2019年

ネパール連邦民主共和国（2物件　● 2）

●カトマンズ渓谷（Kathmandu Valley）
文化遺産（登録基準（iii）(iv)(vi)）　1979年／2006年

●釈迦生誕地ルンビニー
（Lumbini, the Birthplace of the Lord Buddha）
文化遺産（登録基準（iii）(vi)）　1997年

パキスタン・イスラム共和国（6物件　● 6）

●モヘンジョダロの考古学遺跡
（Archaeological Ruins at Moenjodaro）
文化遺産（登録基準（ii）(iii)）　1980年

●タキシラ（Taxila）
文化遺産（登録基準（iii）(vi)）　1980年

●タクティ・バヒーの仏教遺跡と近隣のサハリ・バハロルの都市遺跡
（Buddhist Ruins at Takht-i-Bahi and Neighboring City Remains at Sahr-i-Bahlol）
文化遺産（登録基準（iv)）　1980年

●タッタ、マクリの丘の歴史的記念物群
（Historical Monuments at Makli, Thatta）
文化遺産（登録基準（iii)）　1981年

●ラホールの城塞とシャリマール庭園
（Fort and Shalamar Gardens in Lahore）
文化遺産（登録基準（i）(ii)(iii)）　1981年

●ロータス要塞（Rohtas Fort）
文化遺産（登録基準（ii）(iv)）　1997年

バングラデシュ人民共和国（2物件　● 2）

●バゲラートのモスク都市
（Historic Mosque City of Bagerhat）
文化遺産（登録基準（iv)）　1985年

●パハルプールの仏教寺院遺跡
（Ruins of the Buddhist Vihara at Paharpur）
文化遺産（登録基準（i）(ii)(vi)）　1985年

フィリピン共和国（3物件　● 3）

●フィリピンのバロック様式の教会群
（Baroque Churches of the Philippines）
文化遺産（登録基準（ii）(iv)）　1993年

●フィリピンのコルディリェラ山脈の棚田群
（Rice Terraces of the Philippine Cordilleras）
文化遺産（登録基準（iii）(iv)(v)）　1995年

●ヴィガンの歴史都市（Historic City of Vigan）
文化遺産（登録基準（ii）(iv)）　1999年

マレーシア（2物件　● 2）

●ムラカとジョージタウン、マラッカ海峡の歴史都市群
（Melaka and George Town, Historic Cities of the Straits of Malacca）
文化遺産（登録基準（ii）(iii)(iv)）　2008年

●レンゴン渓谷の考古遺産
（Archaelogical Heritage of the Lenggong Valley）
文化遺産（登録基準（iii）(iv)）　2012年

ミャンマー連邦共和国（2物件　● 2）

●ピュー王朝の古代都市群（Pyu Ancient Cities）
文化遺産（登録基準（ii）(iii)(iv)）　2014年

●バガン（Bagan）
文化遺産（登録基準（iii）(iv)(vi)）　2019年

モンゴル国（3物件　● 3）

●オルホン渓谷の文化的景観
（Orkhon Valley Cultural Landscape）
文化遺産（登録基準（ii）(iii)(iv)）　2004年

●モンゴル・アルタイ山脈の岩壁画群
（Petroglyphic Complexes of the Mongolian Altai）
文化遺産（登録基準（iii)）　2011年

●グレート・ブルカン・カルドゥン山と周辺の聖なる景観
（Great Burkhan Khaldun Mountain and its surrounding sacred landscape）
文化遺産（登録基準（iv）(vi)）　2015年

ラオス人民民主共和国（3物件　● 3）

●ルアン・プラバンの町（Town of Luang Prabang）
文化遺産（登録基準（ii）(iv)(v)）　1995年

●チャムパサックのワット・プーと関連古代集落群の文化的景観
（Vat Phou and Associated Ancient Settlements within the Champasak Cultural Landscape）
文化遺産（登録基準（iii）(iv)(vi)）　2001年

●シェンクワン県のジャール平原巨大石壺群
（Megalithic Jar Sites in Xiengkhuang - Plain of Jars）
文化遺産（登録基準（iii)）　2019年

〈太平洋〉 8か国（15物件 ●9 ◎6）

ヴァヌアツ共和国（1物件 ●1）

●**ロイマタ酋長の領地**（Chief Roi Mata's Domain）
文化遺産（登録基準(iii)(v)(vi)） 2008年

オーストラリア連邦（7物件 ●3 ◎4）

◎**カカドゥ国立公園**（Kakadu National Park）
複合遺産（登録基準(i)(vi)(vii)(ix)(x)）
1981年／1987年／1992年

◎**ウィランドラ湖群地域**（Willandra Lakes Region）
複合遺産（登録基準(iii)(viii)） 1981年

◎**タスマニア原生地域**（Tasmanian Wilderness）
複合遺産（登録基準(iii)(iv)(vi)(vii)(viii)(ix)(x)）
1982年／1989年／2010年

◎**ウルル－カタ・ジュタ国立公園**
（Uluru-Kata Tjuta National Park）
複合遺産（登録基準(v)(vi)(vii)(viii)）
1987年／1994年

●**王立展示館とカールトン庭園**
（Royal Exhibition Building and Carlton Gardens）
王立展示館とカールトン庭園は、ヴィクトリア州のメ
文化遺産（登録基準(ii)） 2004年／2010年

●**シドニーのオペラ・ハウス**（Sydney Opera House）
文化遺産（登録基準(i)） 2007年

●**オーストラリアの囚人遺跡群**
（Australian Convict Sites）
文化遺産（登録基準(iv)(vi)） 2010年

●**バジ・ビムの文化的景観**
（Budj Bim Cultural Landscape）
文化遺産（登録基準 (iii)(v)） 2019年

ニュージーランド（1物件 ◎1）

◎**トンガリロ国立公園**（Tongariro National Park）
複合遺産（登録基準(vi)(vii)(viii)）
1990年／1993年

パプア・ニューギニア独立国（1物件 ●1）

●**ククの初期農業遺跡**
（Kuk Early Agricultural Site）
文化遺産（登録基準(iii)(iv)） 2008年

パラオ共和国（1物件 ◎1）

◎**ロックアイランドの南部の干潟**
（Rock Islands Southern Lagoon）
複合遺産（登録基準(iii)(v)(vii)(ix)(x)） 2012年

フィジー共和国（1物件 ●1）

●**レヴカの歴史的な港町**（Levuka Historical Port Town）
文化遺産（登録基準(ii)(iv)） 2013年

マーシャル諸島共和国（1物件 ●1）

●**ビキニ環礁核実験地**（Bikini Atoll Nuclear Test Site）
文化遺産（登録基準(iv)(vi)） 2010年

ミクロネシア連邦（1物件 ●1）

●**ナン・マドール：東ミクロネシアの祭祀センター**
（Nan Madol: Ceremonial Center of the Eastern Micronesia）
文化遺産（登録基準(i)(iii)(iv)(vi)） 2016年
★【危機遺産】 2016年

世界遺産リストに登録されている文化遺産

バジ・ビムの文化的景観（オーストラリア）
2019年世界遺産登録

● 文化遺産 ◎ 複合遺産 ★ 危機遺産

〈ヨーロッパ〉
48か国　441物件（文化432　複合9）

アイスランド共和国（1物件　● 1）

●シンクヴェトリル国立公園
（Tingvellir National Park）
文化遺産（登録基準(ⅰⅱ)(ⅵ)）　2004年

アイルランド（2物件　● 2）

●ベンド・オブ・ボインのブルー・ナ・ボーニャ考古学遺跡群
（Brú na Bóinne-Archaeological Ensemble of the Bend of the Boyne）
文化遺産（登録基準(ⅰ)(ⅲ)(ⅳ)）　1993年

●スケリッグ・マイケル（Sceilg Mhichil）
文化遺産（登録基準(ⅲ)(ⅳ)）　1996年

アゼルバイジャン共和国（3物件　● 3）

●シルヴァンシャーの宮殿と乙女の塔がある城塞都市バクー
（Walled City of Baku with the Shirvanshah's Palace and Maiden Tower）
文化遺産（登録基準(ⅳ)）　2000年

●ゴブスタンの岩石画の文化的景観
（Gobustan Rock Art Cultural Landscape）
文化遺産（登録基準(ⅲ)）　2007年

●ハン宮殿のあるシャキ歴史地区
（Historic Centre of Sheki with the Khan's Palace）
文化遺産(登録基準(ⅱ)(ⅲ)(ⅳ)(ⅴ)）　2019年

アルバニア共和国（2物件　● 2）

●ブトリント（Butrint）
文化遺産（登録基準(ⅲ)）　1992年／1999年

●ベラトとギロカストラの歴史地区群
（Historic Centres of Berat and Gjirokastra）
文化遺産（登録基準(ⅲ)(ⅳ)）2005年／2008年

◎オフリッド地域の自然・文化遺産　*New*
（Natural and Cultural Heritage of the Ohrid region）
複合遺産（登録基準（ⅰ）（ⅲ）（ⅳ）（ⅶ））
1979年／1980年／2009年／2019年
アルバニア／北マケドニア

アルメニア共和国（3物件　● 3）

●ハフパットとサナヒンの修道院
（Monasteries of Haghpat and Sanahin）
文化遺産（登録基準(ⅱ)(ⅳ)）　1996年／2000年

●ゲガルト修道院とアザト峡谷の上流
（Monastery of Geghard and the Upper Azat Valley）
文化遺産（登録基準(ⅱ)）　2000年

●エチミアジンの聖堂と教会群およびスヴァルトノッツの考古学遺跡
（Cathedral and Churches of Echmiatsin and the Archaeological Site of Zvartnots）
文化遺産（登録基準(ⅱ)(ⅲ)）　2000年

アンドラ公国（1物件　● 1）

●マドリュウ・ペラフィタ・クラロー渓谷
（Madriu-Perafita-Claror Valley）
文化遺産（登録基準(ⅴ)）　2004年／2006年

イスラエル国（9物件　● 9）

●マサダ（Masada）
文化遺産（登録基準(ⅲ)(ⅳ)(ⅵ)）　2001年

●アクルの旧市街（Old City of Acre）
文化遺産（登録基準(ⅱ)(ⅲ)(ⅴ)）　2001年

●テル・アヴィヴのホワイト・シティ－近代運動
（White City of Tel-Aviv - the Modern Movement）
文化遺産（登録基準(ⅱ)(ⅳ)）　2003年

●聖書ゆかりの遺跡の丘－メギド、ハツォール、ベール・シェバ
（Biblical Tels - Megiddo, Hazor, Beer Sheba）
文化遺産（登録基準(ⅱ)(ⅲ)(ⅳ)(ⅵ)）2005年

●香料の道 － ネゲヴの砂漠都市群
（Incense Route - Desert Cities in the Negev）
文化遺産（登録基準(ⅲ)(ⅴ)）　2005年

●ハイファと西ガリラヤのバハイ教の聖地
（Bahá' i Holy Places in Haifa and the Western Galilee）
文化遺産（登録基準(ⅲ)(ⅵ)）
2008年

●カルメル山の人類進化の遺跡群：ナハル・メアロット洞窟とワディ・エル・ムガラ洞窟
（Sites of Human Evolution at Mount Carmel : The Nahal Me'arot/Wadi el-Mughara Caves）
文化遺産（登録基準(ⅲ)(ⅴ)）　2012年

●ユダヤ低地にあるマレシャとベトグヴリンの洞窟群：洞窟の大地の小宇宙
（Caves of Maresha and Bet-Guvrin in the Judean Lowlands as a Microcosm of the Land of the Caves）
文化遺産（登録基準(ⅴ)）　2014年

●ベイト・シェアリムのネクロポリス、ユダヤ人の再興を示す象徴
（Necropolis of Bet She'arim: A Landmark of Jewish Renewal）
文化遺産(登録基準(ⅱ)(ⅲ)）　2015年

イタリア共和国（50物件　● 50）

●ヴァルカモニカの岩石画
（Roch Drawings in Valcamonica）
文化遺産（登録基準(ⅲ)(ⅵ)）　1979年

●レオナルド・ダ・ヴィンチ画「最後の晩餐」があるサンタ・マリア・デレ・グラツィエ教会とドメニコ派修道院
（Church and Dominican Convent of Santa Maria delle Grazie with "The Last Supper" by Leonardo da Vinci）
文化遺産（登録基準(ⅰ)(ⅱ)）　1980年

● 文化遺産　◎ 複合遺産　★ 危機遺産

●ローマの歴史地区、教皇領とサンパオロ・フォーリ・レ・ムーラ大聖堂
(Historic Centre of Rome, the Properties of the Holy See in that City Enjoying Extraterritorial Rights and San Paolo Fuori le Mura)
文化遺産(登録基準(i)(ii)(iii)(iv)(vi))
1980年/1990年　イタリア/ヴァチカン

●フィレンツェの歴史地区 (Historic Centre of Florence)
文化遺産(登録基準(i)(ii)(iii)(iv)(vi))　1982年

●ヴェネツィアとその潟 (Venice and its Lagoon)
文化遺産(登録基準(i)(ii)(iii)(iv)(v)(vi))
1987年

●ピサのドゥオモ広場 (Piazza del Duomo, Pisa)
文化遺産(登録基準(i)(ii)(iv)(vi))
1987年/2007年

●サン・ジミニャーノの歴史地区
(Historic Centre of San Gimignano)
文化遺産(登録基準(i)(iii)(iv))　1990年

●マテーラの岩穴住居と岩窟教会群の公園
(The Sassi and the Park of the Rupestrian Churches of Matera)
文化遺産(登録基準(iii)(iv)(v))　1993年

●ヴィチェンツァの市街とベネトのパッラーディオのヴィラ
(City of Vicenza and the Palladian Villas of the Veneto)
文化遺産(登録基準(i)(ii))
1994年/1996年

●シエナの歴史地区 (Historic Centre of Siena) 文化遺産(登録基準(i)(ii)(iv))　1995年

●ナポリの歴史地区 (Historic Centre of Naples)
文化遺産(登録基準(ii)(iv))　1995年

●クレスピ・ダッダ (Crespi d'Adda)
文化遺産(登録基準(iv)(v))　1995年

●フェラーラ:ルネッサンス都市とポー・デルタ
(Ferrara, City of the Renaissance and its Po Delta)
文化遺産(登録基準(ii)(iii)(iv)(v)(vi))
1995年/1999年

●カステル・デル・モンテ (Castel del Monte)
文化遺産(登録基準(i)(ii)(iii))　1996年

●アルベロベッロのトゥルッリ
(The *Trulli* of Alberobello)
文化遺産(登録基準(iii)(iv)(v))　1996年

●ラヴェンナの初期キリスト教記念物
(Early Christian Monuments of Ravenna)
文化遺産(登録基準(i)(ii)(iii)(iv))　1996年

●ピエンツァ市街の歴史地区
(Historic Centre of the City of Pienza)
文化遺産(登録基準(i)(ii)(iv))　1996年

●カゼルタの18世紀王宮と公園、ヴァンヴィテリの水道橋とサン・レウチョ邸宅
(18th-Century Royal Palace at Caserta with the Park, the Aqueduct of Vanvitelli, and the San Leucio Complex)
文化遺産(登録基準(i)(ii)(iii)(iv))　1997年

●サヴォイア王家王宮
(Residences of the Royal House of Savoy)
文化遺産(登録基準(i)(ii)(iv)(v))　1997年/2010年

●パドヴァの植物園(オルト・ボタニコ)
(Botanical Garden (Orto Botanico), Padua)
文化遺産(登録基準(ii)(iii))　1997年

●ポルトヴェーネレ、チンクエ・テッレと諸島(パルマリア、ティーノ、ティネット)
(Portovenere, Cinque Terre, and the Islands (Palmaria, Tino and Tinetto))
文化遺産(登録基準(ii)(iv)(v))　1997年

●モデナの大聖堂、市民の塔、グランデ広場
(Cathedral, Torre Civica and Piazza Grande, Modena)
文化遺産(登録基準(i)(ii)(iii)(iv))　1997年

●ポンペイ、ヘルクラネウム、トッレ・アヌンツィアータの考古学地域
(Archaeological Areas of Pompei, Herculaneum, and Torre Annunziata)
文化遺産(登録基準(iii)(iv)(v))　1997年

●アマルフィターナ海岸 (Costiera Amalfitana)
文化遺産(登録基準(ii)(iv)(v))　1997年

●アグリジェントの考古学地域
(Archaeological Area of Agrigento)
文化遺産(登録基準(i)(ii)(iii)(iv))　1997年

●ヴィッラ・ロマーナ・デル・カザーレ
(Villa Romana del Casale)
文化遺産(登録基準(i)(ii)(iii))　1997年

●バルーミニのス・ヌラージ
(Su Nuraxi di Barumini)
文化遺産(登録基準(i)(iii)(iv))　1997年

●アクイレリアの考古学地域とバシリカ総主教聖堂
(Archaeological Area and the Patriarchal Basilica of Aquileia)
文化遺産(登録基準(iii)(iv)(vi))　1998年

●ウルビーノの歴史地区 (Historic Centre of Urbino)
文化遺産(登録基準(ii)(iv))　1998年

●ペストゥムとヴェリアの考古学遺跡とパドゥーラの僧院があるチレント・ディアーナ渓谷国立公園
(Cilento and Vallo di Diano National Park with the Archeological sites of Paestum and Velia, and the Certosa di Padula)
文化遺産(登録基準(iii)(iv))　1998年

●ティヴォリのヴィッラ・アドリアーナ
(Villa Adriana (Tivoli))
文化遺産(登録基準(i)(ii)(iii))　1999年

●ヴェローナの市街 (City of Verona)
文化遺産(登録基準(ii)(iv))　2000年

●アッシジの聖フランチェスコのバシリカとその他の遺跡群
(Assisi, the Basilica of San Francesco and Other Franciscan Sites)
文化遺産(登録基準(i)(ii)(iii)(iv)(vi))　2000年

●ティヴォリのヴィッラ・デステ (Villa d'Este,Tivoli)
文化遺産(登録基準(i)(ii)(iii)(iv)(vi))　2001年

世界遺産リストに登録されている文化遺産

● 文化遺産　◎ 複合遺産　★ 危機遺産

●ノート渓谷(シチリア島南東部)の後期バロック都市群
(Late Baroque Towns of the Val di Noto (South-Eastern Sicily))
文化遺産(登録基準(i)(ii)(iv)(v)) 2002年

●ピエモント州とロンバルディア州の聖山群
(*Sacri Monti* of Piedmont and Lombardy)
文化遺産(登録基準(ii)(iv)) 2003年

●チェルヴェテリとタルクィニアのエトルリア墳墓群
(Etruscan Necropolises of Cerveteri and Tarquinia)
文化遺産(登録基準(i)(iii)(iv)) 2004年

●オルチャ渓谷 (Val d'Orcia)
文化遺産(登録基準(iv)(vi)) 2004年

●シラクーサとパンタリカの岩の墓
(Syracuse and the Rocky Necropolis of Pantalica)
文化遺産(登録基準(ii)(iii)(iv)(vi)) 2005年

●ジェノバ:新道とロッリの館群
(Genoa: *Le Strade Nuove* and the system of the *Palazzi dei Rolli*)
文化遺産(登録基準(ii)(iv)) 2006年

●マントヴァとサッビオネータ
(Mantua and Sabbioneta)
文化遺産(登録基準(ii)(iii)) 2008年

●レーティッシュ鉄道アルブラ線とベルニナ線の景観群
(Rhaetian Railway in the Albula / Bernina Landscapes)
文化遺産(登録基準(ii)(iv)) 2008年
スイス/イタリア

●アルプス山脈周辺の先史時代の杭上住居群
(Prehistoric Pile dwellings around the Alps)
文化遺産(登録基準(iii)(v)) 2011年
(オーストリア/フランス/ドイツ/イタリア/スロヴェニア/スイス) →スイス

●イタリアのロンゴバルド族 権力の場所(568~774年)
(Longobards in Italy. Places of the power (568-774 A.D.))
文化遺産(登録基準(ii)(iii)(vi)) 2011年

●トスカーナ地方のメディチ家の館群と庭園群
(Medici Villas and Gardens in Tuscany)
文化遺産(登録基準(ii)(iv)(vi)) 2013年

●ピエモンテの葡萄畑の景観:ランゲ・ロエロ・モンフェッラート
(Vineyard Landscape of Piedmont: Langhe-Roero and Monferrato)
文化遺産(登録基準(ii)(iv)) 2014年

●パレルモのアラブ・ノルマン様式の建造物群とチェファル大聖堂とモンレアーレ大聖堂
(Arab-Norman Palermo and the Cathedral Churches of Cefalu and Monreale)
文化遺産(登録基準(ii)(iv)) 2015年

●16~17世紀のヴェネツィアの防衛施設群:スタート・ダ・テーラ - 西スタート・ダ・マール
(Venetian Works of Defence between the 16th and 17th Centuries: *Stato da Terra* – Western *Stato da Mar*)
文化遺産(登録基準(iii)(iv)) 2017年
イタリア/クロアチア/モンテネグロ

●イヴレーア、20世紀の工業都市
(Ivrea, industrial city of the 20th century)
文化遺産(登録基準(iv)) 2018年

●コネリアーノとヴァルドッビアーデネのプロセッコの丘陵群
(The Prosecco Hills of Conegliano and Valdobbiadene)
文化遺産(登録基準((v)) 2019年

ヴァチカン市国 (2物件 ● 2)

●ローマの歴史地区、教皇領とサンパオロ・フォーリ・レ・ムーラ大聖堂
(Historic Centre of Rome, the Properties of the Holy See in that City Enjoying Extraterritorical Rights and San Paolo Fuori le Mura)
文化遺産(登録基準(i)(ii)(iii)(iv)(vi))
1980年/1990年 (イタリア/ヴァチカン)

●ヴァチカン・シティー (Vatican City)
文化遺産(登録基準(i)(ii)(iv)(vi)) 1984年

ウクライナ (6物件 ● 6)

●キエフの聖ソフィア大聖堂と修道院群、キエフ・ペチェルスカヤ大修道院
(Kyiv:Saint-Sophia Cathedral and Related Monastic Buildings, Kiev-Pechersk Lavra)
文化遺産(登録基準(i)(ii)(iii)(iv)) 1990年

●リヴィフの歴史地区
(L'viv-the Ensemble of the Historic Centre)
文化遺産(登録基準(ii)(v)) 1998年/2008年

●シュトルーヴェの測地弧 (Struve Geodetic Arc)
文化遺産(登録基準(ii)(iv)(vi)) 2005年
(ノルウェー/スウェーデン/フィンランド/ロシア/エストニア/ラトヴィア/リトアニア/ベラルーシ/モルドヴァ/ウクライナ)

●ブコヴィナ・ダルマチア府主教の邸宅
(Residence of Bukovinian and Dalmatian Metropolitans)
文化遺産(登録基準(ii)(iii)(iv)) 2011年

●ポーランドとウクライナのカルパチア地方の木造教会群
(Wooden Tserkvas of the Carpathian Region in Poland and Ukraine)
文化遺産(登録基準(iii)(iv)) 2013年
ポーランド/ウクライナ

●タウリカ・ケルソネソスの古代都市とそのホラ
(Ancient City of Tauric Chersonese and its Chora)
文化遺産(登録基準(ii)(v)) 2013年

英国(グレートブリテンおよび北部アイルランド連合王国)
(28物件 ● 27 ◎ 1)

●ダラム城と大聖堂 (Durham Castle and Cathedral)
文化遺産(登録基準(ii)(iv)(vi)) 1986年/2008年

●アイアンブリッジ峡谷 (Ironbridge Gorge)
文化遺産(登録基準(i)(ii)(iv)(vi)) 1986年

●ファウンティンズ修道院跡を含むスタッドリー王立公園
(Studley Royal Park including the Ruins of Fountains Abbey)
文化遺産(登録基準(i)(iv)) 1986年

● 文化遺産 ◎ 複合遺産 ★ 危機遺産

●ストーンヘンジ、エーヴベリーと関連する遺跡群
(Stonehenge, Avebury and Associated Sites)
文化遺産（登録基準(i)(ii)(iii)） 1986年／2008年

●グウィネズ地方のエドワード1世ゆかりの城郭と市壁
(Castles and Town Walls of King Edward in Gwynedd)
文化遺産（登録基準(i)(iii)(iv)） 1986年

◎セント・キルダ（St Kilda）
複合遺産（登録基準(iii)(v)(vii)(ix)(x)）
1986年／2004年／2005年

●ブレナム宮殿（Blenheim Palace）
文化遺産（登録基準(ii)(iv)） 1987年

●バース市街（City of Bath）
文化遺産（登録基準(i)(ii)(iv)） 1987年

●ローマ帝国の国境界線（Frontiers of the Roman Empire）
文化遺産（登録基準(ii)(iii)(iv)）
1987年／2005年／2008年 英国／ドイツ

●ウエストミンスター・パレスとウエストミンスター寺院（含む聖マーガレット教会）
(Palace of Westminster and Westminster Abbey including Saint Margaret's Church)
文化遺産（登録基準(i)(ii)(iv)）
1987年／2008年

●ロンドン塔（Tower of London）
文化遺産（登録基準(ii)(iv)） 1988年

●カンタベリー大聖堂、聖オーガスティン修道院、聖マーチン教会
(Canterbury Cathedral, St. Augustine's Abbey and St. Martin's Church)
文化遺産（登録基準(i)(ii)(vi)） 1988年

●エディンバラの旧市街と新市街
(Old and New Towns of Edinburgh)
文化遺産（登録基準(ii)(iv)） 1995年

●グリニッジ海事（Maritime Greenwich）
文化遺産（登録基準(i)(ii)(iv)(vi)） 1997年

●新石器時代の遺跡の宝庫オークニー
(Heart of Neolithic Orkney)
文化遺産（登録基準(i)(ii)(iii)(iv)） 1999年

●バミューダの古都セント・ジョージと関連要塞群
(Historic Town of St.George and Related Fortifications, Bermuda)
文化遺産（登録基準(iv)） 2000年

●ブレナヴォンの産業景観
(Blaenavon Industrial Landscape)
文化遺産（登録基準(iii)(iv)） 2000年

●ニュー・ラナーク（New Lanark）
文化遺産（登録基準(ii)(iv)(vi)） 2001年

●ソルテア（Saltaire）
文化遺産（登録基準(ii)(iv)） 2001年

●ダウエント渓谷の工場群（Derwent Valley Mills）
文化遺産（登録基準(ii)(iv)） 2001年

●王立植物園キュー・ガーデン
(Royal Botanic Gardens, Kew)
文化遺産（登録基準(ii)(iii)(iv)） 2003年

●リヴァプールー海商都市
(Liverpool-Maritime Mercantile City)
文化遺産（登録基準(ii)(iii)(iv)） 2004年
★【危機遺産】 2012年

●コンウォールと西デヴォンの鉱山景観
(Cornwall and West Devon Mining Landscape)
文化遺産（登録基準(ii)(iii)(iv)） 2006年

●ポントカサステ水路橋と運河
(Pontcysyllte Aqueduct and Canal)
文化遺産（登録基準(i)(ii)(iv)） 2009年

●フォース橋（The Forth Bridge）
文化遺産(登録基準(i)(iv)) 2015年

●ゴーハムの洞窟遺跡群（Gorham's Cave Complex）
文化遺産(登録基準(iii)) 2016年

●イングランドの湖水地方（The English Lake District）
文化遺産（登録基準(ii)(v)(vi)） 2017年

●ジョドレル・バンク天文台
(Jodrell Bank Observatory)
文化遺産(登録基準 (i)(ii)(iv)(vi)) 2019年

エストニア共和国（2物件 ● 2）

●ターリンの歴史地区（旧市街）
(Historic Centre（Old Town）of Tallinn)
文化遺産（登録基準(ii)(iv)） 1997年／2008年

●シュトルーヴェの測地弧（Struve Geodetic Arc）
文化遺産（登録基準(ii)(iv)(vi)） 2005年
ノルウェー／スウェーデン／フィンランド／ロシア／エストニア／ラトヴィア／リトアニア／ベラルーシ／モルドヴァ／ウクライナ

オーストリア共和国（9物件 ● 9）

●ザルツブルク市街の歴史地区
(Historic Centre of the City of Salzburg)
文化遺産（登録基準(ii)(iv)(vi)） 1996年

●シェーンブルン宮殿と庭園群
(Palace and Gardens of Schonbrunn)
文化遺産（登録基準(i)(iv)） 1996年

●ザルツカン・マーグート地方のハルシュタットとダッハシュタインの文化的景観
(Hallstatt-Dachstein/Salzkammergut Cultural Landscape)
文化遺産（登録基準(iii)(iv)） 1997年

●センメリング鉄道（Semmering Railway）
文化遺産（登録基準(ii)(iv)） 1998年

●グラーツの市街- 歴史地区とエッゲンベルク城
(City of Graz - Historic Centre and Schloss Eggenberg)
文化遺産（登録基準(ii)(iv)） 1999年／2010年

●ワッハウの文化的景観（Wachau Cultural Landscape）
文化遺産（登録基準(ii)(iv)） 2000年

●ウィーンの歴史地区（Historic Centre of Vienna）
文化遺産（登録基準(ii)(iv)(vi)） 2001年
★【危機遺産】2017年

●フェルトゥー・ノイジードラーゼーの文化的景観

● 文化遺産 ◎ 複合遺産 ★ 危機遺産

世界遺産リストに登録されている文化遺産

(Fertö/Neusiedlersee Cultural Landscape)
文化遺産（登録基準(v)）　2001年
オーストリア／ハンガリー

●アルプス山脈周辺の先史時代の杭上住居群
(Prehistoric Pile dwellings around the Alps)
文化遺産（登録基準(iii)(v)）　2011年
（オーストリア／フランス／ドイツ／イタリア／スロヴェニア／スイス）

オランダ王国（9物件　●9）

●スホクランドとその周辺
(Schokland and Surroundings)
文化遺産（登録基準(iii)(v)）　1995年

●アムステルダムの防塞（Defence Line of Amsterdam）
文化遺産（登録基準(ii)(iv)(v)）　1996年

●キンデルダイク-エルスハウトの風車群
(Mill Network at Kinderdijk-Elshout)
文化遺産（登録基準(i)(ii)(iv)）　1997年

●キュラソー島の港町ウィレムスタト市内の歴史地区
(Historic Area of Willemstad, Inner City, and Harbour, Curacao)
文化遺産（登録基準(ii)(iv)(v)）　1997年

●Ir.D.F.ウォーダヘマール（D.F.ウォーダ蒸気揚水ポンプ場）
(Ir.D.F.Woudagemaal (D.F.Wouda Steam Pumping Station)
文化遺産（登録基準(i)(ii)(iv)）　1998年

●ドローフマカライ・デ・ベームステル（ベームスター干拓地）
(Droogmakerij de Beemster (Beemster Polder))
文化遺産（登録基準(i)(ii)(iv)）　1999年

●リートフェルト・シュレーダー邸
(Rietveld Schroderhuis (Rietveld Schroder House))
文化遺産（登録基準(i)(ii)）　2000年

●アムステルダムのシンゲル運河の内側にある17世紀の環状運河地域
(Seventeenth-century canal ring area of Amsterdam inside the Singelgracht)
文化遺産（登録基準(i)(ii)(iv)）　2010年

●ファン・ネレ工場（Van Nellefabriek）
文化遺産（登録基準(ii)(iv)）　2014年

北マケドニア共和国（1物件　◎1）

◎オフリッド地域の自然・文化遺産
(Natural and Cultural Heritage of the Ohrid region)
複合遺産（登録基準 (i) (iii) (iv) (vii) ）
1979年／1980年／2009年／2019年
北マケドニア／アルバニア

キプロス共和国（3物件　●3）

●パフォス（Paphos）
文化遺産（登録基準(iii)(vi)）　1980年

●トロードス地方の壁画教会群
(Painted Churches in the Troodos Region)
文化遺産（登録基準(ii)(iii)(iv)）
1985年／2001年

●ヒロキティア（Choirokoitia）
文化遺産（登録基準(ii)(iii)(iv)）　1998年

ギリシャ共和国（18物件　●16　◎2）

●バッセのアポロ・エピクリオス神殿
(Temple of Apollo Epicurius at Bassae)
文化遺産（登録基準(i)(ii)(iii)）　1986年

●デルフィの考古学遺跡
(Archaeological Site of Delphi)
文化遺産（登録基準(i)(ii)(iii)(iv)(vi)）　1987年

●アテネのアクロポリス（Acropolis, Athens）
文化遺産（登録基準(i)(ii)(iii)(iv)(vi)）　1987年

◎アトス山（Mount Athos）
複合遺産（登録基準(i)(ii)(iv)(v)(vi)(vii)）
1988年

◎メテオラ（Meteora）
複合遺産（登録基準(i)(ii)(iv)(v)(vii)）　1988年

●テッサロニキの初期キリスト教とビザンチン様式の建造物群
(Paleochristian and Byzantine Monuments of Thessalonika)
文化遺産（登録基準(i)(ii)(iv)）　1988年

●エピダウロスのアスクレピオスの聖地
(Sanctuary of Asklepios at Epidaurus)
文化遺産（登録基準(i)(ii)(iii)(iv)(vi)）　1988年

●ロードスの中世都市（Medieval City of Rhodes）
文化遺産（登録基準(ii)(iv)(v)）　1988年

●ミストラの考古学遺跡（Archaeological Site of Mystras）
文化遺産（登録基準(ii)(iii)(iv)）　1989年

●オリンピアの考古学遺跡
(Archaeological Site of Olympia)
オリンピアは、ギリシャ南部ペロポネソス半島のクロニオン丘の南麓にある。1896年にクーベルタン男爵の
文化遺産（登録基準(i)(ii)(iii)(iv)(vi)）　1989年

●デロス（Delos）
文化遺産（登録基準(ii)(iii)(iv)(vi)）　1990年

●ダフニの修道院、オシオス・ルカス修道院とヒオス島のネアモニ修道院
(Monasteries of Daphni, Hosios Loukas and Nea Moni of Chios)
文化遺産（登録基準(i)(iv)）　1990年

●サモス島のピタゴリオンとヘラ神殿
(Pythagoreion and Heraion of Samos)
文化遺産（登録基準(ii)(iii)）　1992年

●アイガイの考古学遺跡（現在名 ヴェルギナ）
(Archaeological Site of Aigai (modern name Vergina))
文化遺産（登録基準(i)(iii)）　1996年

●ミケーネとティリンスの考古学遺跡
(Archaelogical Sites of Mycenae and Tiryns)
文化遺産（登録基準(i)(ii)(iii)(iv)(vi)）　1999年

● 文化遺産　◎ 複合遺産　★ 危機遺産

●パトモス島の聖ヨハネ修道院のある歴史地区（ホラ）と聖ヨハネ黙示録の洞窟
（Historic Centre (Chorá) with the Monastery of Saint John "theTheologian" and the Cave of the Apocalypse on the Island of Pátmos）
文化遺産（登録基準(iii)(iv)(vi)） 1999年

●コルフの旧市街 （Old Town of Corfu）
文化遺産（登録基準(iv)） 2007年

●フィリッピの考古学遺跡
（Archaeological Site of Philippi）
文化遺産（登録基準(iii)(iv)） 2016年

クロアチア共和国 （8物件 ● 8）

●ドブロヴニクの旧市街 （Old City of Dubrovnik）
文化遺産（登録基準(i)(iii)(iv)）
1979年／1994年

●ディオクレティアヌス宮殿などのスプリット史跡群
（Historic Complex of Split with the Palace of Diocletian）
文化遺産（登録基準(ii)(iii)(iv)） 1979年

●ポレッチの歴史地区のエウフラシウス聖堂建築物
（Episcopal Complex of the Euphrasian Basilica in the Historic Centre of Porec）
文化遺産（登録基準(ii)(iii)(iv)） 1997年

●トロギールの歴史都市 （Historic City of Trogir）
文化遺産（登録基準(ii)(iv)） 1997年

●シベニクの聖ヤコブ大聖堂
（The Cathedral of St.James in Šibenik）
文化遺産（登録基準(i)(ii)(iv)） 2000年

●スタリ・グラド平原 （Stari Grad Plain）
文化遺産（登録基準(ii)(iii)(v)） 2008年

●ステチェツィの中世の墓碑群
（Stećci Medieval Tombstones Graveyards）
文化遺産（登録基準(iii)(vi)） 2016年
（ボスニア・ヘルツェゴヴィナ／クロアチア／モンテネグロ／セルビア）

●16～17世紀のヴェネツィアの防衛施設群：スタート・ダ・テーラ－西スタート・ダ・マール
（Venetian Works of Defence between the 16th and 17th Centuries: *Stato da Terra* – Western *Stato da Mar*）
文化遺産（登録基準(iii)(iv)） 2017年
（イタリア／クロアチア／モンテネグロ）

サンマリノ共和国 （1物件 ● 1）

●サンマリノの歴史地区とティターノ山
（San Marino Historic Centre and Mount Titano）
文化遺産（登録基準(iii)） 2008年

ジョージア （3物件 ● 3）

●ゲラチ修道院 （Gelati Monastery）
文化遺産（登録基準(iv)） 1994年／2017年

●ムツヘータの歴史的建造物群
（Historical Monuments of Mtskheta）
文化遺産（登録基準(iii)(iv)） 1994年

●アッパー・スヴァネチ （Upper Svaneti）
文化遺産（登録基準(iv)(v)） 1996年

スイス連邦 （9物件 ● 9）

●ベルンの旧市街 （Old City of Berne）
文化遺産（登録基準(iii)） 1983年

●ザンクト・ガレン修道院 （Abbey of St Gall）
文化遺産（登録基準(ii)(iv)） 1983年

●ミュスタイアの聖ヨハン大聖堂
（Benedictine Convent of St. John at Mustair）
文化遺産（登録基準(iii)） 1983年

●市場町ベリンゾーナの3つの城、防壁、土塁
（Three Castles, Defensive Wall and Ramparts of the Market-Town of Bellinzone）
文化遺産（登録基準(iv)） 2000年

●ラヴォーのブドウの段々畑 （Lavaux,Vineyard Terraces）
文化遺産（登録基準(iii)(iv)(v)） 2007年

●レーティッシュ鉄道アルブラ線とベルニナ線の景観群
（Rhaetian Railway in the Albula / Bernina Landscapes）
文化遺産（登録基準(ii)(iv)） 2008年
（スイス／イタリア）

●ラ・ショー・ド・フォン／ル・ロックル、時計製造の計画都市
（La Chaux-de-Fonds／Le Locle, Clock-making town planning）
文化遺産（登録基準(iv)） 2009年

●アルプス山脈周辺の先史時代の杭上住居群
（Prehistoric Pile dwellings around the Alps）
文化遺産（登録基準(iii)(v)） 2011年
オーストリア／フランス／ドイツ／イタリア／スロヴェニア／スイス

●ル・コルビュジエの建築作品－近代化運動への顕著な貢献
（The Architectural Work of Le Corbusier, an Outstanding Contribution to the Modern Movement）
文化遺産（登録基準(i)(ii)(vi)） 2016年
（フランス／スイス／ベルギー／ドイツ／インド／日本／アルゼンチン）→フランス

スウェーデン王国 （14物件 ● 13 ◎ 1）

●ドロットニングホルムの王領地
（Royal Domain of Drottningholm）
文化遺産（登録基準(iv)） 1991年

●ビルカとホーヴゴーデン （Birka and Hovgården）
文化遺産（登録基準(iii)(iv)） 1993年

●エンゲルスベルクの製鉄所
（Engelsberg Ironworks）
文化遺産（登録基準(iv)） 1993年

●ターヌムの岩石刻画 （Rock Carvings in Tanum）
文化遺産（登録基準(i)(iii)(iv)） 1994年

●スコースキュアコゴーデン （Skogskyrkogården）
文化遺産（登録基準(ii)(iv)） 1994年

●ハンザ同盟の都市ヴィスビー（Hanseatic Town of

● 文化遺産 ◎ 複合遺産 ★ 危機遺産

世界遺産リストに登録されている文化遺産

Visby）
文化遺産（登録基準（iv）（v））　1995年

◎ラップ人地域（Laponian Area）
複合遺産（登録基準（iii）（v）（vii）（viii）（ix））
1996年

●ルーレオのガンメルスタードの教会の町
（Church Town of Gammelstad, Luleå）
文化遺産（登録基準（ii）（iv）（v））　1996年

●カールスクルーナの軍港（Naval Port of Karlskrona）
＊北欧には、北極圏にありながらも、1年中、海が凍らない港が幾つかある。ノルウェーのハンメルフェスト、それに、ロシアのムルマンスクなども、
不凍港として、貿易港や軍事基地として重要な役割を果たしている。
文化遺産（登録基準（ii）（iv））　1998年

●エーランド島南部の農業景観
（Agricultural Landscape of Southern Öland）
文化遺産（登録基準（iv）（v））　2000年

●ファールンの大銅山の採鉱地域
（Mining Area of the Great Copper Mountain in Falun）
文化遺産（登録基準（ii）（iii）（v））　2001年

●ヴァルベルイのグリムトン無線通信所
（Grimeton Radio Station, Varberg）
文化遺産（登録基準（ii）（iv））　2004年

●シュトルーヴェの測地弧（Struve Geodetic Arc）
文化遺産（登録基準（ii）（iv）（vi））　2005年
（ノルウェー／スウェーデン／フィンランド／ロシア／エストニア／ラトヴィア／リトアニア／ベラルーシ／モルドヴァ／ウクライナ）→エストニア

●ヘルシングランド地方の装飾農家群
（Decorated Farmhouses of Hälsingland）
文化遺産（登録基準（v））　2012年

スペイン（44物件　● 42　◎ 2）

●コルドバの歴史地区（Historic Centre of Cordoba）
文化遺産（登録基準（i）（ii）（iii）（iv））
1984年／1994年

●グラナダのアルハンブラ、ヘネラリーフェ、アルバイシン
（Alhambra, Generalife and Albayzín, Granada）
文化遺産（登録基準（i）（iii）（iv））　1984年／1994年

●ブルゴス大聖堂（Burgos Cathedral）
文化遺産（登録基準（ii）（iv）（vi））　1984年

●マドリッドのエル・エスコリアル修道院と旧王室
（Monastery and Site of the Escurial, Madrid）
文化遺産（登録基準（i）（ii）（vi））　1984年

●アントニ・ガウディの作品群（Works of Antoni Gaudí）
文化遺産（登録基準（i）（ii）（iv））　1984年／2005年

●アルタミラ洞窟とスペイン北部の旧石器時代の洞窟芸術
（Cave of Altamira and Paleolithic Cave Art of Northern Spain）
文化遺産（登録基準（i）（iii））
1985年／2008年

●セゴビアの旧市街とローマ水道
（Old Town of Segovia and its Aqueduct）
文化遺産（登録基準（i）（iii）（iv））　1985年

●オヴィエドとアストゥリアス王国の記念物
（Monuments of Oviedo and the Kingdom of the Asturias）
文化遺産（登録基準（i）（ii）（iv））
1985年／1998年

●サンティアゴ・デ・コンポステーラ（旧市街）
（Santiago de Compostela（Old Town））
文化遺産（登録基準（i）（ii）（vi））　1985年

●アヴィラの旧市街と塁壁外の教会群
（Old Town of Ávila with its Extra-Muros Churches）
文化遺産（登録基準（iii）（iv））　1985年

●アラゴン地方のムデハル様式建築
（Mudejar Architecture of Aragon）
文化遺産（登録基準（iv））　1986年／2001年

●古都トレド（Historic City of Toledo）
文化遺産（登録基準（i）（ii）（iii）（iv））　1986年

●カセレスの旧市街（Old Town of Caceres）
文化遺産（登録基準（iii）（iv））　1986年

●セビリア大聖堂、アルカサル、インディアス古文書館
（Cathedral, Alcázar and Archivo de Indias in Seville）
文化遺産（登録基準（i）（ii）（iii）（vi））
1987年／2010年

●古都サラマンカ（Old City of Salamanca）
文化遺産（登録基準（i）（ii）（iv））　1988年

●ポブレット修道院（Poblet Monastery）
文化遺産（登録基準（i）（iv））　1991年

●メリダの考古学遺跡群
（Archaeological Ensemble of Mérida）
文化遺産（登録基準（iii）（iv））　1993年

●サンタ・マリア・デ・グアダルーペの王立修道院
（Royal Monastery of Santa María de Guadalupe）
文化遺産（登録基準（iv）（vi））　1993年

●サンティアゴ・デ・コンポステーラへの巡礼道：フランス人の道とスペイン北部の巡礼路群
（Routes of Santiago de Compostela: *Camino Francés* and Routes of Northern Spain）
文化遺産（登録基準（ii）（iv）（vi））　1993年／2015年

●クエンカの歴史的要塞都市
（Historic Walled Town of Cuenca）
文化遺産（登録基準（ii）（v））　1996年

●ヴァレンシアのロンハ・デ・ラ・セダ
（La Lonja de la Seda de Valencia）
文化遺産（登録基準（i）（iv））　1996年

●ラス・メドゥラス（Las Médulas）
文化遺産（登録基準（i）（ii）（iii）（iv））　1997年

●バルセロナのカタルーニャ音楽堂とサン・パウ病院
（Palau de la Musica Catalana and Hospital de Sant Pau, Barcelona）
文化遺産（登録基準（i）（ii）（iv））　1997年／2008年

●聖ミリャン・ジュソ修道院とスソ修道院
（San Millán Yuso and Suso Monasteries）
文化遺産（登録基準（ii）（iv）（vi））　1997年

◎ピレネー地方-ペルデュー山（Pyrénées-Mount Perdu）
複合遺産（登録基準（iii）（iv）（v）（vii）（viii））
1997年／1999年　スペイン／フランス

●イベリア半島の地中海沿岸の岩壁画
（Rock Art of the Mediterranean Basin on the Iberian Peninsula）
文化遺産（登録基準（iii））　1998年

●アルカラ・デ・エナレスの大学と歴史地区
（University and Historic Precinct of Alcalá de Henares）
文化遺産（登録基準（ii）（iv）（vi））　1998年

◎イビサの生物多様性と文化
（Ibiza, Biodiversity and Culture）
複合遺産（登録基準（ii）（iii）（iv）（ix）（x））　1999年

●サン・クリストバル・デ・ラ・ラグーナ
（San Cristóbal de La Laguna）
文化遺産（登録基準（ii）（iv））　1999年

●タラコの考古遺跡群
（Archaeological Ensemble of Tarraco）
文化遺産（登録基準（ii）（iii））　2000年

●エルチェの椰子園（Palmeral of Elche）
文化遺産（登録基準（ii）（v））　2000年

●ルーゴのローマ時代の城壁（Roman Walls of Lugo）
文化遺産（登録基準（iv））　2000年

●ボイ渓谷のカタルーニャ・ロマネスク教会群
（Catalan Romanesque Churches of the Vall de Boi）
文化遺産（登録基準（ii）（iv））　2000年

●アタプエルカの考古学遺跡
（Archaeological Site of Atapuerca）
文化遺産（登録基準（iii）（v））　2000年

●アランフエスの文化的景観
（Aranjuez Cultural Landscape）
文化遺産（登録基準（ii）（iv））　2001年

●ウベダとバエサのルネッサンス様式の記念物群
（Renaissance Monumental Ensembles of Ubeda and Baeza）
文化遺産（登録基準（ii）（iv））　2003年

●ヴィスカヤ橋（Vizcaya Bridge）
文化遺産（登録基準（i）（ii））　2006年

●ヘラクレスの塔（Tower of Hercules）
文化遺産（登録基準（iii））　2009年

●コア渓谷とシエガ・ヴェルデの先史時代の岩壁画
（Prehistoric Rock-Art Sites in the Côa Valley and Siega Verde）
文化遺産（登録基準（i）（iii））　1998年／2010年
ポルトガル／スペイン

●トラムンタナ山地の文化的景観
（Cultural Landscape of the Serra de Tramuntana）
文化遺産（登録基準（ii）（iv）（v））　2011年

●水銀の遺産、アルマデン鉱山とイドリャ鉱山
（Heritage of Mercury Almaden and Idrija）
文化遺産（登録基準（ii）（iv））　2012年
スペイン／スロヴェニア

●アンテケラのドルメン遺跡
（Antequera Dolmens Site）
文化遺産（登録基準（i）（iii）（iv））　2016年

●カリフ都市メディナ・アサーラ
（Caliphate City of Medina Azahara）
文化遺産　登録基準（（iii）（iv））　2018年

●グラン・カナリア島の文化的景観のリスコ・カイド洞窟と聖山群
（Risco Caido and the Sacred Mountains of Gran Canaria Cultural Landscape）
文化遺産（登録基準（iii）（v））　2019年

スロヴァキア共和国（5物件　● 5）

●ヴルコリニェツ（Vlkolínec）
文化遺産（登録基準（iv）（v））　1993年

●バンスカー・シュティアヴニッツアの歴史地区と周辺の技術的な遺跡
（Historic Town of Banská Štiavnica and the Technical Monuments in its Vicinity）
文化遺産（登録基準（iv）（v））　1993年

●レヴォチャ、スピシュスキー・ヒラットと周辺の文化財
（Levoča, Spišský Hrad and the Associated Cultural Monument）
文化遺産（登録基準（iv））　1993年／2009年

●バルデヨフ市街保全地区
（Bardejov Town Conservation Reserve）
文化遺産（登録基準（iii）（iv））　2000年

●カルパチア山脈地域のスロヴァキア側の木造教会群
（Wooden Churches of the Slovak part of Carpathian Mountain Area）
文化遺産（登録基準（iii）（iv））　2008年

スロヴェニア共和国（2物件　● 2）

●アルプス山脈周辺の先史時代の杭上住居群
（Prehistoric Pile dwellings around the Alps）
文化遺産（登録基準（iii）（v））　2011年
（オーストリア／フランス／ドイツ／イタリア／スロヴェニア／スイス）　→スイス

●水銀の遺産、アルマデン鉱山とイドリャ鉱山
（Heritage of Mercury Almadén and Idrija）
文化遺産（登録基準（ii）（iv））　2012年
（スペイン／スロヴェニア）

セルビア共和国（5物件　● 5）
（旧ユーゴスラヴィア連邦共和国、旧セルビア･モンテネグロ）

●スタリ・ラスとソポチャニ（Stari Ras and Sopocani）
文化遺産（登録基準（i）（iii））　1979年

●ストゥデニカ修道院（Studenica Monastery）
文化遺産（登録基準（i）（ii）（iv）（vi））　1986年

●コソヴォの中世の記念物群
（Medieval Monuments in Kosovo）
文化遺産（登録基準（ii）（iii）（iv））　2004年／2006年
★【危機遺産】 2006年

●ガムジグラード・ロムリアナ、ガレリウス宮殿

● 文化遺産　◎ 複合遺産　★ 危機遺産

世界遺産リストに登録されている文化遺産

(Gamzigrad-Romuliana, Palace of Galerius)
文化遺産（登録基準(iii)(iv)） 2007年

●ステチェツィの中世の墓碑群
(Stećci Medieval Tombstones Graveyards)
文化遺産(登録基準(iii)(vi)) 2016年
(ボスニア・ヘルツェゴヴィナ／クロアチア／モンテネグロ／セルビア)

チェコ共和国 (14物件 ●14)

●プラハの歴史地区 (Historic Centre of Prague)
プラハは、ヴルタヴァ(モルダウ)川が流れるチェコ西部にある古い都。悠久の歴史と文化を誇るチェコの首
文化遺産（登録基準(ii)(iv)(vi)） 1992年

●チェルキー・クルムロフの歴史地区
(Historic Centre of Český Krumlov)
文化遺産（登録基準(iv)） 1992年

●テルチの歴史地区 (Historic Centre of Telč)
文化遺産（登録基準(i)(iv)） 1992年

●ゼレナホラ地方のネポムクの巡礼教会
(Pilgrimage Church of St John of Nepomuk at Zelená Hora)
文化遺産（登録基準(iv)） 1994年

●クトナ・ホラ 聖バーバラ教会とセドリックの聖母マリア聖堂を含む歴史地区
(Kutná Hora : Historical Town Centre with the Church of St .Barbara and the Cathedral of Our Lady at Sedlec)
文化遺産（登録基準(ii)(iv)） 1995年

●レドニツェとヴァルチツェの文化的景観
(Lednice-Valtice Cultural Landscape)
文化遺産（登録基準(i)(ii)(iv)） 1996年

●クロメルジーシュの庭園と城
(Gardens and Castle at Kroměříž)
文化遺産（登録基準(ii)(iv)） 1998年

●ホラソヴィツェの歴史的集落
(Holašovice Historic Village)
文化遺産（登録基準(ii)(iv)） 1998年

●リトミシュル城 (Litomyšl Castle)
文化遺産（登録基準(ii)(iv)） 1999年

●オロモウツの聖三位一体の塔
(Holy Trinity Column in Olomouc)
文化遺産（登録基準(i)(iv)） 2000年

●ブルノのトゥーゲントハット邸
(Tugendhat Villa in Brno)
文化遺産（登録基準(ii)(iv)） 2001年

●トルシェビチのユダヤ人街と聖プロコピウス大聖堂
(Jewish Quarter and St Procopius' Basilica in Třebíč)
文化遺産（登録基準(ii)(iii)） 2003年

●ヘーゼビューとダーネヴィルケの境界上の考古学的景観
(The Archaeological Border Landscape of Hedeby and the Danevirke)
文化遺産　登録基準（(iii)(iv)） 2018年

●エルツ山地の鉱山地域
(Erzgebirge/Krusnohori Mining Region)
文化遺産（登録基準 (ii)(iii)(iv) ） 2019年

●クラドルビ・ナト・ラベムの儀礼用馬車馬の繁殖・訓練の景観
(Landscape for Breeding and Training of Ceremonial Carriage Horses at Kladruby nad Labem)
文化遺産（登録基準(iv)(v)） 2019年

デンマーク王国 (6物件 ●6)

●イェリング墳丘、ルーン文字石碑と教会
(Jellings Mounds, Runic Stones and Church)
文化遺産（登録基準(iii)） 1994年

●ロスキレ大聖堂 (Roskilde Cathedral)
文化遺産（登録基準(ii)(iv)） 1995年

●クロンボー城 (Kronborg Castle)
文化遺産（登録基準(iv)） 2000年

●クリスチャンフィールド、モラヴィア教会の入植地
(Christiansfeld, a Moravian Church Settlement)
文化遺産(登録基準(iii)(iv)) 2015年

●シェラン島北部のパル・フォルス式狩猟の景観
(The par force hunting landscape in North Zealand)
文化遺産(登録基準(ii)(iv)) 2015年

●クヤータ・グリーンランド：氷帽周縁部でのノース人とイヌイットの農業
(Kujataa Greenland: Norse and Inuit Farming at the Edge of the Ice Cap)
文化遺産（登録基準(v)） 2017年

●アシヴィスイットーニピサット、氷と海に覆われたイヌイットの狩場
(Aasivissuit - Nipisat. Inuit Hunting Ground between Ice and Sea)
文化遺産　登録基準（(v)） 2018年

ドイツ連邦共和国 (42物件 ●42)
(※抹消 1物件 ●1)

●アーヘン大聖堂 (Aachen Cathedral)
文化遺産（登録基準(i)(ii)(iv)(vi)） 1978年

●シュパイアー大聖堂 (Speyer Cathedral)
文化遺産（登録基準(ii)） 1981年

●ヴュルツブルクの司教館、庭園と広場
(Wurzburg Residence with the Court Gardens and Residence Squar)
文化遺産（登録基準(i)(iv)） 1981年／2010年

●ヴィースの巡礼教会 (Pilgrimage Church of Wies)
文化遺産（登録基準(i)(iii)） 1983年

●ブリュールのアウグストスブルク城とファルケンルスト城
(Castles of Augustusburg and Falkenlust at Bruhl)
文化遺産（登録基準(ii)(iv)） 1984年

●ヒルデスハイムの聖マリア大聖堂と聖ミヒャエル教会
(St. Mary's Cathedral and St. Michael's Church at Hildesheim)
文化遺産（登録基準(i)(ii)(iii)）
1985年／2008年

●トリーアのローマ遺跡、聖ペテロ大聖堂、聖母教会

世界遺産リストに登録されている文化遺産

● 文化遺産 ◎ 複合遺産 ★ 危機遺産

（Roman Monuments, Cathedral of St. Peter and Church of Our Lady in Trier）
文化遺産（登録基準（i）（iii）（iv）（vi））　1986年

●ハンザ同盟の都市リューベック
（Hanseatic City of Lubeck）
文化遺産（登録基準（iv））　1987年／2009年

●ポツダムとベルリンの公園と宮殿
（Palaces and Parks of Potsdam and Berlin）
文化遺産（登録基準（i）（ii）（iv））
1990年／1992年／1999年

●ロルシュの修道院とアルテンミュンスター
（Abbey and Altenmunster of Lorsch）
文化遺産（登録基準（iii）（iv））　1991年

●ランメルスベルク鉱山、古都ゴスラーとハルツ地方北部の水利管理システム
（Mines of Rammelsberg, Historic Town of Goslar and Upper Harz Water Management System）
文化遺産（登録基準（i）（ii）（iii）（iv））
1992年／2008年／2010年

●バンベルクの町（Town of Bamberg）
文化遺産（登録基準（ii）（iv））　1993年

●マウルブロンの修道院群
（Maulbronn Monastery Complex）
文化遺産（登録基準（ii）（iv））　1993年

●クヴェートリンブルクの教会と城郭と旧市街
（Collegiate Church, Castle and Old Town of Quedlinburg）
文化遺産（登録基準（iv））　1994年

●フェルクリンゲン製鉄所（Vöelklingen Ironworks）
文化遺産（登録基準（ii）（iv））　1994年

●ケルンの大聖堂（Cologne Cathedral）
文化遺産（登録基準（i）（ii）（iv））　1996年／2008年

●ワイマール、デッサウ、ベルナウにあるバウハウスおよび関連遺産群
（The Bauhaus and its sites in Weimar, Dessau and Bernau）
文化遺産（登録基準（ii）（iv）（vi））　1996年／2017年

●アイスレーベンおよびヴィッテンベルクにあるルター記念碑
（Luther Memorials in Eisleben and Wittenberg）
文化遺産（登録基準（iv）（vi））　1996年

●クラシカル・ワイマール（Classical Weimar）
文化遺産（登録基準（iii）（vi））　1998年

●ベルリンのムゼウムスインゼル（美術館島）
（Museumsinsel（Museum Island）, Berlin）
文化遺産（登録基準（ii）（iv））　1999年

●ヴァルトブルク城（Wartburg Castle）
文化遺産（登録基準（iii）（vi））　1999年

●デッサウ-ヴェルリッツの庭園王国
（Garden Kingdom of Dessau-Wörlitz）
文化遺産（登録基準（ii）（iv））　2000年

●ライヒェナウ修道院島（Monastic Island of Reichenau）
文化遺産（登録基準（iii）（iv）（vi））　2000年

●エッセンの関税同盟炭坑の産業遺産
（Zollverein Coal Mine Industrial Complex in Essen）
文化遺産（登録基準（ii）（iii））　2001年

●ライン川上中流域の渓谷（Upper Middle Rhine Valley）
文化遺産（登録基準（ii）（iv）（v））　2002年

●シュトラールズントとヴィスマルの歴史地区
（Historic Centres of Stralsund and Wismar）
文化遺産（登録基準（ii）（iv））　2002年

●ブレーメンのマルクト広場にある市庁舎とローランド像
（Town Hall and Roland on the Marketplace of Bremen）
文化遺産（登録基準（iii）（iv）（vi））　2004年

●ムスカウ公園／ムザコフスキー公園
（Muskauer Park／Park Mużakowski）
文化遺産（登録基準（i）（iv））　2004年
ドイツ／ポーランド

●ローマ帝国の国境界線
（Frontiers of the Roman Empire）
文化遺産（登録基準（ii）（iii）（iv））
1987年／2005年／2008年　（英国／ドイツ）　→ 英国

●レーゲンスブルク旧市街とシュタットアンホフ
（Old town of Regensburg with Stadtamhof）
文化遺産（登録基準（ii）（iii）（iv））　2006年

●ベルリンのモダニズムの集合住宅
（Berlin Modernism Housing Estates）
文化遺産（登録基準（ii）（iv））　2008年

●アルフェルトのファグス工場
（Fagus Factory in Alfeld）
文化遺産（登録基準（ii）（iv））　2011年

●アルプス山脈周辺の先史時代の杭上住居群
（Prehistoric Pile dwellings around the Alps）
文化遺産（登録基準（iii）（v））　2011年
（オーストリア／フランス／ドイツ／イタリア／スロヴェニア／スイス）　→スイス

●バイロイトの辺境伯オペラ・ハウス
（Margravial Opera House Bayreuth）
文化遺産（登録基準（i）（iv））　2012年

●ヴィルヘルムスヘーエ公園（Bergpark Wilhelmshoe）
文化遺産（登録基準（iii）（iv））　2013年

●コルヴァイ修道院聖堂とカロリング朝のベストベルク
（Carolingian Westwork and Civitas Corvey）
文化遺産（登録基準（ii）（iii）（iv））　2014年

●シュパイヘルシュダッドとチリハウスのあるコントールハウス地区
（Speicherstadt and Kontorhaus District with Chilehaus）
文化遺産（登録基準（iv））　2015年

●ル・コルビュジエの建築作品ー近代化運動への顕著な貢献
（The Architectural Work of Le Corbusier, an Outstanding Contribution to the Modern Movement）
文化遺産（登録基準（i）（ii）（vi））　2016年
（フランス／スイス／ベルギー／ドイツ／インド／日本／アルゼンチン）→フランス

世界遺産リストに登録されている文化遺産

● 文化遺産　◎ 複合遺産　★ 危機遺産

●シュヴァーベン・ジュラにおける洞窟群と氷河時代の
芸術
（Caves and Ice Age Art in the Swabian Jura）
文化遺産（登録基準(iii)）　2017年

●ヘーゼビューとダーネヴィルケの境界上の考古学的景観
（The Archaeological Border Landscape of Hedeby and the Danevirke）
文化遺産（登録基準 (iii)(iv)）　2018年

●ナウムブルク大聖堂（Naumburg Cathedral）
文化遺産（登録基準 (i)(ii) ）　2018年

●アウクスブルクの水管理システム
（Property Water Management System of Augsburg）
文化遺産（登録基準(ii)(iv)）　2019年

●エルツ山地の鉱山地域
（Erzgebirge/Krusnohori Mining Region）
文化遺産（登録基準 (ii)(iii)(iv) ）　2019年
（チェコ／ドイツ）→ チェコ

●~~ドレスデンのエルベ渓谷~~（Dresden Elbe Valley）
文化遺産（登録基準(ii)(iii)(iv)(v)）　2004年
★【危機遺産】 2006年
【世界遺産リストからの抹消　2009年】

トルコ共和国（18物件　●16　◎ 2）

●イスタンブールの歴史地区
（Historic Areas of Istanbul）
文化遺産（登録基準(i)(ii)(iii)(iv)）　1985年

◎ギョレメ国立公園とカッパドキアの岩窟群
（Göreme National Park and the Rock Sites of Cappadocia）
複合遺産（登録基準(i)(iii)(v)(vii)）　1985年

●ディヴリイの大モスクと病院
（Great Mosque and Hospital of Divriği）
文化遺産（登録基準(i)(iv)）　1985年

●ハットシャ：ヒッタイト王国の首都
（Hattusha:the Hittite Capital）
文化遺産（登録基準(i)(ii)(iii)(iv)）　1986年

●ネムルト・ダウ（Nemrut Dağ）
文化遺産（登録基準(i)(iii)(iv)）　1987年

●クサントス・レトーン（Xanthos-Letoon）
文化遺産（登録基準(ii)(iii)）　1988年

◎ヒエラポリス・パムッカレ（Hierapolis-Pamukkale）
複合遺産（登録基準(iii)(iv)(vii)）　1988年

●サフランボルの市街（City of Safranbolu）
文化遺産（登録基準(ii)(iv)(v)）　1994年

●トロイの考古学遺跡（Archaeological Site of Troy）
文化遺産（登録基準(ii)(iii)(vi)）　1998年

●セリミエ・モスクとその社会的複合施設
（Selimiye Mosque and its Social Complex）
文化遺産（登録基準(i)(iv)）　2011年

●チャタルヒュユクの新石器時代の遺跡
（Neolithic Site of Çatalhöyük）
文化遺産（登録基準(ii)(iv)）　2012年

●ブルサとジュマルクズック：オスマン帝国発祥の地
（Bursa and Cumalikizik: the Birth of the Ottoman Empire）
文化遺産（登録基準(i)(ii)(iii)(iv)(vi)）　2014年

●ペルガモンとその重層的な文化的景観
（Pergamon and its Multi-Layered Cultural Landscape）
文化遺産（登録基準(i)(ii)(iii)(iv)(vi)）　2014年

●ディヤルバクル城壁とエヴセルガーデンの文化的景観
（Diyarbakir Fortress and Hevsel Gardens Cultural Landscape）
文化遺産（登録基準(iv)）　2015年

●エフェソス遺跡（Ephesus）
文化遺産（登録基準(iii)(iv)(vi)）　2015年

●アニの考古学遺跡（Archaeological Site of Ani）
文化遺産（登録基準(ii)(iii)(iv)）　2016年

●アフロディシャス遺跡（Aphrodisias）
文化遺産（登録基準(ii)(iii)(iv)(vi)）　2017年

●ギョベクリ・テペ（Gobekli Tepe）
文化遺産　登録基準（(i)(ii)(iv)）　2018年

ノルウェー王国（7物件　● 7）

●ブリッゲン（Bryggen）
文化遺産（登録基準(iii)）　1979年

●ウルネスのスターヴ教会（Urnes Stave Church）
文化遺産（登録基準(i)(ii)(iii)）　1979年

●ローロスの鉱山都市と周辺環境
（Røros Mining Town and the Circumference）
文化遺産（登録基準(iii)(iv)(v)）　1980年／2010年

●アルタの岩画（Rock Art of Alta）
文化遺産（登録基準(iii)）　1985年

●ヴェガオヤン−ヴェガ群島
（Vegaoyan - The Vega Archipelago）
文化遺産（登録基準(v)）　2004年

●シュトルーヴェの測地弧（Struve Geodetic Arc）
文化遺産（登録基準(ii)(iv)(vi)）　2005年
（ノルウェー／スウェーデン／フィンランド／ロシア／エストニア／ラトヴィア／リトアニア／ベラルーシ／モルドヴァ／ウクライナ）→エストニア

●リューカン・ノトデン産業遺産地
（Rjukan – Notodden Industrial Heritage Site）
文化遺産（登録基準(ii)(iv)）　2015年

ハンガリー共和国（7物件　● 7）

●ドナウ川の河岸、ブダ王宮の丘とアンドラーシ通りを含むブダペスト
（Budapest, including the Banks of the Danube, the Buda Castle Quarter and Andrássy Avenue）
文化遺産（登録基準(ii)(iv)）
1987年／2002年

●ホッローケーの古村と周辺環境
（Old Village of Hollókő and its Surroundings）
文化遺産（登録基準(v)）　1987年

●パンノンハルマの至福千年修道院とその自然環境

● 文化遺産　◎ 複合遺産　★ 危機遺産

(Millenary Benedictine Abbey of Pannonhalma and its Natural Environment)
文化遺産（登録基準(iv)(vi)）　1996年

●ホルトバージ国立公園-プスタ
(Hortobágy National Park- the *Puszta*)
文化遺産（登録基準(iv)(v)）　1999年

●ペーチュ（ソピアナエ）の初期キリスト教徒の墓地
(Early Christian Necropolis of Pécs (Sopianae))
文化遺産（登録基準(iii)(iv)）　2000年

●フェルトゥー・ノイジィードラーゼーの文化的景観
(Fertö/Neusiedlersee Cultural Landscape)
文化遺産（登録基準(v)）　2001年
（オーストリア／ハンガリー）

●トカイ・ワイン地方の歴史的・文化的景観
(Tokaj Wine Region Historic Cultural Landscape)
文化遺産（登録基準(iii)(v)）　2002年

フィンランド共和国（6物件　● 6）

●スオメンリンナ要塞（Fortress of Suomenlinna）
文化遺産（登録基準（iv））　1991年

●ラウマ旧市街（Old Rauma）
文化遺産（登録基準(iv)(v)）　1991年／2009年

●ペタヤヴェシの古い教会
(Petäjävesi Old Church)
文化遺産（登録基準(iv)）　1994年

●ヴェルラ製材製紙工場
(Verla Groundwood and Board Mill)
文化遺産（登録基準(iv)）　1996年

●サンマルラハデンマキの青銅器時代の埋葬地
(Bronze Age Burial Site of Sammallahdenmäki)
文化遺産（登録基準(iii)(iv)）　1999年

●シュトルーヴェの測地弧（Struve Geodetic Arc）
文化遺産（登録基準(ii)(iv)(vi)）　2005年
（ノルウェー／スウェーデン／フィンランド／ロシア／エストニア／ラトヴィア／リトアニア／ベラルーシ／モルドヴァ／ウクライナ）

フランス共和国（40物件　● 39　◎ 1）

●モン・サン・ミッシェルとその湾
(Mont-Saint-Michel and its Bay)
文化遺産（登録基準(i)(iii)(vi)）　1979年／2007年

●シャルトル大聖堂（Chartres Cathedral）
文化遺産（登録基準(i)(ii)(iv)）　1979年／2009年

●ヴェルサイユ宮殿と庭園（Palace and Park of Versailles）
文化遺産（登録基準(i)(ii)(vi)）
1979年／2007年

●ヴェズレーの教会と丘（Vézelay, Church and Hill）
文化遺産（登録基準(i)(vi)）　1979年／2007年

●ヴェゼール渓谷の先史時代の遺跡群と装飾洞窟群
(Prehistoric Sites and Decorated Caves of the Vézère Valley)
文化遺産（登録基準(i)(iii)）　1979年

●フォンテーヌブロー宮殿と庭園
(Palace and Park of Fontainebleau)
文化遺産（登録基準(ii)(vi)）　1981年

●アミアン大聖堂（Amiens Cathedral）
文化遺産（登録基準(i)(ii)）　1981年

●オランジュのローマ劇場とその周辺ならびに凱旋門
(Roman Theatre and its Surroundings and the "Triumphal Arch" of Orange)
文化遺産（登録基準(iii)(vi)）　1981年／2007年

●アルル、ローマおよびロマネスク様式のモニュメント
(Arles, Roman and Romanesque Monuments)
文化遺産（登録基準(ii)(iv)）　1981年

●フォントネーのシトー会修道院
(Cistercian Abbey of Fontenay)
文化遺産（登録基準(iv)）　1981年／2007年

●サラン・レ・バンの大製塩所からアルケスナンの王立製塩所までの開放式平釜製塩
(From Great Saltworks of Salins-les-Bains to the Royal Saltworks of Arc-et-Senans, the Production of Open-pan Salt)
文化遺産（登録基準(i)(ii)(iv)）
1982年／2009年

●ナンシーのスタニスラス広場、カリエール広場、アリャーンス広場
(Place Stanislas, Place de la Carriere and Place d'Alliance in Nancy)
文化遺産（登録基準(i)(iv)）　1983年

●サン・サヴァン・シュル・ガルタンプ修道院付属教会
(Abbey Church of Saint-Savin sur Gartempe)
文化遺産（登録基準(i)(iii)）　1983年／2007年

●ポン・デュ・ガール（ローマ水道）
(Pont du Gard (Roman Aqueduct))
文化遺産（登録基準(i)(iii)(iv)）　1985年／2007年

●ストラスブールの旧市街と新市街
(Strasbourg: Grande-île and *Neustadt*)
文化遺産（登録基準(ii)(iv)）　1988年／2017年

●パリのセーヌ河岸（Paris, Banks of the Seine）
文化遺産（登録基準(i)(ii)(iv)）　1991年

●ランスのノートル・ダム大聖堂、サンレミ旧修道院、トー宮殿
(Cathedral of Notre-Dame, Former Abbey of Saint-Rémi and Palace of Tau, Reims)
文化遺産（登録基準(i)(ii)(vi)）　1991年

●ブールジュ大聖堂（Bourges Cathedral）
文化遺産（登録基準(i)(iv)）　1992年

●アヴィニョンの歴史地区:法王庁宮殿、司教建造物群とアヴィニョンの橋
(Historic Centre of Avignon:Papal Palace, Episcopal Ensemble and Avignon Bridge)
文化遺産（登録基準(i)(ii)(iv)）　1995年

●ミディ運河（Canal du Midi）
文化遺産（登録基準(i)(ii)(iv)(vi)）　1996年

●カルカソンヌの歴史城塞都市
(Historic Fortified City of Carcassonne)
文化遺産（登録基準(ii)(iv)）　1997年

◎ピレネー地方-ペルデュー山（Pyrénées-Mount

世界遺産リストに登録されている文化遺産

● 文化遺産　◎ 複合遺産　★ 危機遺産

Perdu）
複合遺産（登録基準（iii）（iv）（v）（vii）（viii））
1997年／1999年　（スペイン／フランス）
→スペイン

●**サンティアゴ・デ・コンポステーラへの巡礼道（フランス側）**
（Routes of Santiago de Compostela in France）
文化遺産（登録基準（ii）（iv）（vi））　1998年
→スペイン

●**リヨンの歴史地区**（Historic Site of Lyons）
文化遺産（登録基準（ii）（iv））　1998年

●**サン・テミリオン管轄区**（Jurisdiction of Saint-Emilion）
文化遺産（登録基準（iii）（iv））　1999年

●**シュリー・シュル・ロワールとシャロンヌの間のロワール渓谷**
（The Loire Valley between Sully-sur-Loire and Chalonnes）
文化遺産（登録基準（i）（ii）（iv））　2000年

●**中世の交易都市プロヴァン**
（Provins, Town of Medieval Fairs）
文化遺産（登録基準（ii）（iv））　2001年

●**オーギュスト・ペレによって再建された都市ル・アーヴル**
（Le Havre, the City Rebuilt by Auguste Perret）
文化遺産（登録基準（ii）（iv））　2005年

●**ベルギーとフランスの鐘楼群**
（Belfries of Belgium and France）
文化遺産（登録基準（ii）（iv））　1999年／2005年
ベルギー／フランス

●**ボルドー、月の港**（Bordeaux, Port of the Moon）
文化遺産（登録基準（ii）（iv））　2007年

●**ヴォーバンの要塞群**（Fortifications of Vauban）
文化遺産（登録基準（i）（ii）（iv））　2008年

●**アルビの司教都市**（Episcopal City of Albi）
文化遺産（登録基準（iv）（v））　2010年

●**アルプス山脈周辺の先史時代の杭上住居群**
（Prehistoric Pile dwellings around the Alps）
文化遺産（登録基準（iii）（v））　2011年
（オーストリア／フランス／ドイツ／イタリア／スロヴェニア／スイス）　→スイス

●**コース地方とセヴェンヌ地方の地中海農業や牧畜の文化的景観**
（The Causses and the Cevennes, Mediterranean agro-pastoral Cultural Landscape）
文化遺産（登録基準（iii）（v））　2011年

●**ノール・パ・ド・カレ地方の鉱山地帯**
（Nord-Pas de Calais Mining Basin）
文化遺産（登録基準（ii）（iv）（vi））　2012年

●**アルデシュ県のショーヴェ・ポンダルク洞窟として知られるポンダルク装飾洞窟**
（Decorated cave of Pont d'Arc, known as Grotte Chauvet-Pont d'Arc, Ardeche）
文化遺産（登録基準（i）（iii））　2014年

●**シャンパーニュ地方の丘陵群、家屋群、貯蔵庫群**
（Champagne Hillsides, Houses and Cellars）
文化遺産（登録基準（iii）（iv）（vi））　2015年

●**ブルゴーニュ地方のブドウ畑の気候風土**
（The Climats, terroirs of Burgundy）
文化遺産（登録基準（ii）（iv））　2015年

●**ル・コルビュジエの建築作品ー近代化運動への顕著な貢献**
（The Architectural Work of Le Corbusier, an Outstanding Contribution to the Modern Movement）
文化遺産（登録基準（i）（ii）（vi））　2016年
フランス／スイス／ベルギー／ドイツ／インド／日本／アルゼンチン

●**タプタプアテア**（Taputapuātea）
文化遺産（登録基準（iii）（iv）（vi））　2017年

ブルガリア共和国（7物件　●7）

●**ボヤナ教会**（Boyana Church）
文化遺産（登録基準（ii）（iii））　1979年

●**マダラの騎士像**（Madara Rider）
文化遺産（登録基準（i）（iii））　1979年

●**カザンラクのトラキヤ人墓地**
（Thracian Tomb of Kazanlak）
文化遺産（登録基準（i）（iii）（iv））　1979年

●**イワノヴォ岩壁修道院**（Rock-Hewn Churches of Ivanovo）
文化遺産（登録基準（ii）（iii））　1979年

●**古代都市ネセバル**（Ancient City of Nessebar）
文化遺産（登録基準（iii）（iv））　1983年

●**リラ修道院**（Rila Monastery）
文化遺産（登録基準（vi））　1983年

●**スベシュタリのトラキア人墓地**
（Thracian Tomb of Sveshtari）
文化遺産（登録基準（i）（iii））　1985年

ベラルーシ共和国（3物件　●3）

●**ミール城の建築物群**（Mir Castle Complex）
文化遺産（登録基準（ii）（iv））　2000年

●**ネスヴィシェにあるラジヴィル家の建築、住居、文化の遺産群**
（Architectural, Residential and Cultural Complex of the Radziwill Family at Nesvizh）
文化遺産（登録基準（ii）（iv）（vi））
2005年

●**シュトルーヴェの測地弧**（Struve Geodetic Arc）
文化遺産（登録基準（ii）（iv）（vi））　2005年
（ノルウェー／スウェーデン／フィンランド／ロシア／エストニア／ラトヴィア／リトアニア／ベラルーシ／モルドヴァ／ウクライナ）

ベルギー王国（12物件　●12）

●**フランドル地方のベギン会院**（Flemish Béguinages）
文化遺産（登録基準（ii）（iii）（iv））　1998年

●**ルヴィエールとルルー（エノー州）にあるサントル運河の4つの閘門と周辺環境**

● 文化遺産　◎ 複合遺産　★ 危機遺産

（The Four Lifts on the Canal du Centre and their Environs, La Louvière and Le Roeulx（Hainault））
文化遺産（登録基準(iii)(iv)） 1998年

●**ブリュッセルのグラン・プラス**
（La Grand-Place, Brussels）
文化遺産（登録基準(ii)(iv)） 1998年

●**ベルギーとフランスの鐘楼群**
（Belfries of Belgium and France）
文化遺産（登録基準(ii)(iv)） 1999年／2005年
（ベルギー／フランス）→フランス

●**ブルージュの歴史地区**（Historic Centre of Brugge）
文化遺産（登録基準(ii)(iv)(vi)） 2000年

●**ブリュッセルの建築家ヴィクトール・オルタの主な邸宅建築**
（Major Town Houses of the Architect Victor Horta（Brussels））
文化遺産（登録基準(i)(ii)(iv)） 2000年

●**モンスのスピエンヌの新石器時代の燧石採掘坑**
（Neolithic Flint Mines at Spiennes（Mons））
文化遺産（登録基準(i)(iii)(iv)） 2000年

●**トゥルネーのノートル・ダム大聖堂**
（Notre-Dame Cathedral in Tournai）
文化遺産（登録基準(ii)(iv)） 2000年

●**プランタン・モレトゥスの住宅、作業場、博物館**
（Plantin-Moretus House -Workshops-Museum Complex）
文化遺産（登録基準(ii)(iii)(iv)(vi)） 2005年

●**ストックレー邸**（Stoclet House）
文化遺産（登録基準(i)(ii)） 2009年

●**ワロン地方の主要な鉱山遺跡群**
（Sites miniers majeurs de Wallonie）
文化遺産（登録基準(ii)(iv)） 2012年

●**ル・コルビュジエの建築作品－近代化運動への顕著な貢献**
（The Architectural Work of Le Corbusier, an Outstanding Contribution to the Modern Movement）
文化遺産（登録基準(i)(ii)(vi)） 2016年
（フランス／スイス／ベルギー／ドイツ／インド／日本／アルゼンチン）

ボスニア・ヘルツェゴヴィナ（3物件 ● 3）

●**モスタル旧市街の古橋地域**
（Old Bridge Area of the Old City of Mostar）
文化遺産（登録基準(vi)） 2005年

●**ヴィシェグラードのメフメット・パシャ・ソコロヴィッチ橋**
（Mehmed Pasa Sokolovic Bridge in Visegrad）
文化遺産（登録基準(ii)(iv)） 2007年

●**ステチェツィの中世の墓碑群**
（Stećci Medieval Tombstones Graveyards）
文化遺産（登録基準(iii)(vi)） 2016年
ボスニア・ヘルツェゴヴィナ／クロアチア／セルビア／モンテネグロ

ポーランド共和国（14物件 ● 14）

●**クラクフの歴史地区**（Historic Centre of Krakow）
文化遺産（登録基準(iv)） 1978年／2010年

●**ヴィエリチカとボフニャの王立塩坑群**
（Wieliczka and Bochnia Royal Salt Mines）
文化遺産（登録基準(iv)） 1978年／2008年／2013年

●**アウシュヴィッツ・ビルケナウのナチス・ドイツ強制・絶滅収容所（1940-1945）**
（Auschwitz Birkenau German Nazi Concentration and Extermination Camp(1940-1945)）
文化遺産（登録基準(vi)） 1979年

●**ワルシャワの歴史地区**（Historic Centre of Warsaw）
文化遺産（登録基準(ii)(vi)） 1980年

●**ザモシチの旧市街**（Old City of Zamość）
文化遺産（登録基準(iv)） 1992年

●**トルンの中世都市**（Medieval Town of Toruń）
文化遺産（登録基準(ii)(iv)） 1997年

●**マルボルクのチュートン騎士団の城**
（Castle of the Teutonic Order in Malbork）
文化遺産（登録基準(ii)(iii)(iv)） 1997年

●**カルヴァリア ゼブジドフスカ：マニエリズム建築と公園景観それに巡礼公園**
（Kalwaria Zebrzydowska : the Mannerist Architectural and Park Landscape Complex and Pilgrimage Park）
文化遺産（登録基準(ii)(iv)） 1999年

●**ヤヴォルとシフィドニツァの平和教会**
（Churches of Peace in Jawor and Świdnica）
文化遺産（登録基準(iii)(iv)(vi)） 2001年

●**マウォポルスカ南部の木造教会群**
（Wooden Churches of Southern Maloposka）
文化遺産（登録基準(iii)(iv)） 2003年

●**ムスカウ公園／ムザコフスキー公園**
（Muskauer Park／Park Mużakowski）
文化遺産（登録基準(i)(iv)） 2004年
（ドイツ／ポーランド）→ドイツ

●**ヴロツワフの百年祭記念館**
（Centennial Hall in Wroclaw）
文化遺産（登録基準(i)(ii)(iv)） 2006年

●**ポーランドとウクライナのカルパチア地方の木造教会群**
（Wooden *Tserkvas* of the Carpathian Region in Poland and Ukraine）
文化遺産（登録基準(iii)(iv)） 2013年
（ポーランド／ ウクライナ）

●**タルノフスキェ・グルィの鉛・銀・亜鉛鉱山とその地下水管理システム**
（Tarnowskie Góry Lead-Silver-Zinc Mine and its Underground Water Management System）
文化遺産（登録基準(i)(ii)(iv)） 2017年

●**クシェミオンキの先史時代の縞状火打ち石採掘地域**
（Krzemionki Prehistoric Striped Flint Mining Region）
文化遺産（登録基準((iii)(iv)） 2019年

ポルトガル共和国（14物件 ● 14）

●**アソーレス諸島のアングラ・ド・エロイズモの町の中心地区**
（Central Zone of the Town of Angra do Heroismo in the Azores）
文化遺産（登録基準(iv)(vi)） 1983年

● 文化遺産 ◎ 複合遺産 ★ 危機遺産

●リスボンのジェロニモス修道院とベレンの塔
(Monastery of the Hieronymites and Tower of Belem in Lisbon)
文化遺産（登録基準(iii)(vi)） 1983年／2008年

●バターリャの修道院（Monastery of Batalha）
文化遺産（登録基準(i)(ii)） 1983年

●トマルのキリスト教修道院
(Convent of Christ in Tomar)
文化遺産（登録基準(i)(vi)） 1983年

●エヴォラの歴史地区（Historic Centre of Évora）
文化遺産（登録基準(ii)(iv)） 1986年

●アルコバサの修道院（Monastery of Alcobaça）
文化遺産（登録基準(i)(iv)） 1989年

●シントラの文化的景観（Cultural Landscape of Sintra）
文化遺産（登録基準(ii)(iv)(v)） 1995年

●ポルトの歴史地区、ルイス1世橋とセラ・ピラール修道院
(Historic Centre of Oporto, Luis I Bridge and Monastery of Serra Pilar)
文化遺産（登録基準(iv)） 1996年

●コア渓谷とシエガ・ヴェルデの先史時代の岩壁画
(Prehistoric Rock-Art Sites in the Côa Valley and Siega Verde)
文化遺産（登録基準(i)(iii)） 1998年／2010年
ポルトガル／スペイン

●ギマランイスの歴史地区（Historic Centre of Guimarães）
文化遺産（登録基準(ii)(iii)(iv)） 2001年

●ワインの産地アルト・ドウロ地域
(Alto Douro Wine Region)
文化遺産（登録基準(iii)(iv)(v)） 2001年

●ピコ島の葡萄園文化の景観
(Landscape of the Pico Island Vineyard Culture)
文化遺産（登録基準(iii)(v)） 2004年

●エルヴァスの国境防護の町とその要塞群
(Garrison Border Town of Elvas and its Fortifications)
文化遺産（登録基準(iv)） 2012年

●コインブラ大学ーアルタとソフィア
(University of Coimbra - Alta and Sofia)
文化遺産（登録基準(ii)(iv)(vi)） 2013年

●マフラの王家の建物－宮殿、バシリカ、修道院、セルク庭園、狩猟公園（タパダ）
(Royal Building of Mafra—Palace, Basilica, Convent, Cerco Garden and Hunting Park (Tapada))
文化遺産（登録基準((iv)） 2019年

●ブラガのボン・ジェズス・ド・モンテの聖域
(Sanctuary of Bom Jesus do Monte in Braga)
文化遺産（登録基準((iv)） 2019年

マルタ共和国（3物件 ● 3）

●ハル・サフリエニの地下墳墓
(Ħal Saflieni Hypogeum)
文化遺産（登録基準(iii)） 1980年

●ヴァレッタの市街（City of Valletta）
文化遺産（登録基準(i)(vi)） 1980年

●マルタの巨石神殿群（Megalithic Temples of Malta）
文化遺産（登録基準(iv)） 1980年／1992年

モルドヴァ共和国（1物件 ● 1）

●シュトルーヴェの測地弧（Struve Geodetic Arc）
文化遺産（登録基準(ii)(iv)(vi)） 2005年
（ノルウェー／スウェーデン／フィンランド／ロシア／エストニア／ラトヴィア／リトアニア／ベラルーシ／モルドヴァ／ウクライナ）

モンテネグロ（4物件 ○ 1 ● 3）
（旧ユーゴスラヴィア連邦共和国、旧セルビア・モンテネグロ）

●コトルの自然と文化ー歴史地域
(Natural and Culturo-Historical Region of Kotor)
文化遺産（登録基準(i)(ii)(iii)(iv)） 1979年

●ステチェツィの中世の墓碑群
(Stećci Medieval Tombstones Graveyards)
文化遺産(登録基準(iii)(vi)) 2016年
（ボスニア・ヘルツェゴヴィナ／クロアチア／モンテネグロ／セルビア）

●16～17世紀のヴェネツィアの防衛施設群：スタート・ダ・テーラ－西スタート・ダ・マール
(Venetian Works of Defence between the 16th and 17th Centuries: Stato da Terra – Western Stato da Mar)
文化遺産（登録基準(iii)(iv)） 2017年
（イタリア／クロアチア／モンテネグロ）

ラトヴィア共和国（2物件 ● 2）

●リガの歴史地区（Historic Centre of Riga）
文化遺産（登録基準(i)(ii)） 1997年

●シュトルーヴェの測地弧（Struve Geodetic Arc）
文化遺産（登録基準(ii)(iv)(vi)） 2005年
（ノルウェー／スウェーデン／フィンランド／ロシア／エストニア／ラトヴィア／リトアニア／ベラルーシ／モルドヴァ／ウクライナ）

リトアニア共和国（4物件 ● 4）

●ヴィリニュスの歴史地区（Vilnius Historic Centre）
文化遺産（登録基準(ii)(iv)） 1994年

●クルシュ砂州（Curonian Spit）
文化遺産（登録基準(v)） 2000年
リトアニア／ロシア

●ケルナヴェ考古学遺跡 <ケルナヴェ文化保護区>
(Kernave Archeological Site (Cultural Reserve of Kernave))
文化遺産（登録基準(iii)(iv)） 2004年

●シュトルーヴェの測地弧（Struve Geodetic Arc）
文化遺産（登録基準(ii)(iv)(vi)） 2005年
（ノルウェー／スウェーデン／フィンランド／ロシア／エストニア／ラトヴィア／リトアニア／ベラルーシ／モルドヴァ／ ウクライナ）

ルクセンブルク大公国（1物件 ● 1）

●ルクセンブルク市街、その古い町並みと要塞都市の遺構

(City of Luxembourg ; its Old Quarters and Fortifications)
文化遺産（登録基準(iv)）　1994年

ルーマニア（6物件　● 6）

●トランシルヴァニア地方にある要塞教会のある村
(Villages with Fortified Churches in Transylvania)
文化遺産（登録基準(iv)）　1993年／1999年

●ホレズ修道院 (Monastery of Horezu)
文化遺産（登録基準(ii)）　1993年

●モルダヴィアの教会群 (Churches of Moldavia)
文化遺産（登録基準(i)(iv)）　1993年／2010年

●シギショアラの歴史地区
(Historic Centre of Sighişoara)
文化遺産（登録基準(iii)(v)）　1999年

●マラムレシュの木造教会
(Wooden Churches of Maramureş)
文化遺産（登録基準(iv)）　1999年

●オラシュティエ山脈のダキア人の要塞
(Dacien Fortresses of the Orastie Mountains)
文化遺産（登録基準(ii)(iii)(iv)）　1999年

ロシア連邦（18物件　● 18）

●サンクト・ペテルブルクの歴史地区と記念物群
(Historic Centre of Saint Petersburg and Related Groups of Monuments)
文化遺産（登録基準(i)(ii)(iv)(vi)）　1990年

●キジ島の木造建築 (Kizhi Pogost)
文化遺産（登録基準(i)(iv)(v)）　1990年

●モスクワのクレムリンと赤の広場
(Kremlin and Red Square,Moscow)
文化遺産（登録基準(i)(ii)(iv)(vi)）　1990年

●ノヴゴロドと周辺の歴史的建造物群
(Historic Monuments of Novgorod and Surroundings)
文化遺産（登録基準(ii)(iv)(vi)）　1992年

●ソロヴェツキー諸島の文化・歴史的遺跡群
(Cultural and Historic Ensemble of the Solovetsky Islands)
文化遺産（登録基準(iv)）　1992年

●ウラディミルとスズダリの白壁建築群
(White Monuments of Vladimir and Suzdal)
文化遺産（登録基準(i)(ii)(iv)）　1992年

●セルギエフ・ポサドにあるトロイツェ・セルギー大修道院の建造物群
(Architectural Ensemble of the Trinity- Sergius Lavra in Sergiev Posad)
文化遺産（登録基準(ii)(iv)）　1993年

●コローメンスコエの主昇天教会
(Church of the Ascension,Kolomenskoye)
文化遺産（登録基準(ii)）　1994年

●カザン要塞の歴史的建築物群
(Historic and Architectural Complex of the Kazan Kremlin)
文化遺産（登録基準(ii)(iii)(iv)）　2000年

●フェラポントフ修道院の建築物群
(The Ensemble of Ferrapontov Monastery)
文化遺産（登録基準(i)(iv)）　2000年

●クルシュ砂州 (Curonian Spit)
文化遺産（登録基準(v)）　2000年
（リトアニア／ロシア）

●デルベントの城塞、古代都市、要塞建造物群
(Citadel, Ancient City and Fortress Buildings of Derbent)
文化遺産（登録基準(iii)(iv)）　2003年

●ノボディチ修道院の建築物群
(Ensemble of the Novodevichy Convent)
文化遺産（登録基準(i)(iv)(vi)）　2004年

●ヤロスラブル市の歴史地区
(Historical Centre of the City of Yaroslavl)
文化遺産（登録基準(ii)(iv)）　2005年

●シュトルーヴェの測地弧 (Struve Geodetic Arc)
文化遺産（登録基準(ii)(iv)(vi)）　2005年
（ノルウェー／スウェーデン／フィンランド／ロシア／エストニア／ラトヴィア／リトアニア／ベラルーシ／モルドヴァ／ウクライナ）→エストニア

●ボルガルの歴史・考古遺産群
(Bolgar Historical and Archaeological Complex)
文化遺産（登録基準(ii)(vi)）　2014年

●スヴィヤズスク島の被昇天大聖堂と修道院
(Assumption Cathedral and Monastery of the town-island of Sviyazhsk)
文化遺産（登録基準(ii)(iv)）　2017年

●プスコフ派建築の聖堂群
(Churches of the Pskov School of Architecture)
文化遺産（登録基準 (ii)）　2019年

スヴィヤズスク島の被昇天大聖堂と修道院（ロシア連邦）
2017年世界遺産登録

世界遺産リストに登録されている文化遺産

〈北米〉 2か国（21物件 ● 19 ◎ 2）

アメリカ合衆国（13物件 ● 12 ◎ 1）

●メサ・ヴェルデ国立公園（Mesa Verde National Park）
文化遺産（登録基準(iii)） 1978年

●独立記念館（Independence Hall）
文化遺産（登録基準(vi)） 1979年

●カホキア土塁州立史跡
（Cahokia Mounds State Historic Site）
文化遺産（登録基準(iii)(iv)） 1982年

●プエルト・リコのラ・フォルタレサとサン・ファンの国立歴史地区
（La Fortaleza and San Juan National Historic Site in Puerto Rico）
文化遺産（登録基準(vi)） 1983年

●自由の女神像（Statue of Liberty）
文化遺産（登録基準(i)(vi)） 1984年

●チャコ文化（Chaco Culture）
文化遺産（登録基準(iii)） 1987年

●シャーロッツビルのモンティセロとヴァージニア大学
（Monticello and the University of Virginia in Charlottesville）
文化遺産（登録基準(i)(iv)(vi)） 1987年

●タオス・プエブロ（Taos Pueblo）
文化遺産（登録基準(iv)） 1992年

◎パパハナウモクアケア（Papahānaumokuākea）
複合遺産（登録基準(iii)(vi)(viii)(ix)(x)）
2010年

●ポヴァティ・ポイントの記念碑的な土塁群
（Monumental Earthworks of Poverty Point）
文化遺産（登録基準(iii)） 2014年

●サン・アントニオ・ミッションズ
（San Antonio Missions）
文化遺産（登録基準(ii)） 2015年

●フランク・ロイド・ライトの20世紀の建築
（The 20th-Century Architecture of Frank Lloyd Wright）
文化遺産（登録基準(ii)） 2019年

カナダ（10物件 ● 9 ◎ 1）

●ランゾー・メドーズ国立史跡
（L'Anse aux Meadows National Historic Site）
文化遺産（登録基準(vi)） 1978年

●ヘッド・スマッシュト・イン・バッファロー・ジャンプ
（Head-Smashed-In Buffalo Jump）
文化遺産（登録基準(vi)） 1981年

●スカン・グアイ（SGang Gwaay）
文化遺産（登録基準(iii)） 1981年

●オールド・ケベックの歴史地区
（Historic District of Old Quebec）
文化遺産（登録基準(iv)(vi)） 1985年

●古都ルーネンバーグ（Old Town Lunenburg）
文化遺産（登録基準(iv)(v)） 1995年

●リドー運河（Rideau Canal）
文化遺産（登録基準(i)(iv)） 2007年

●グラン・プレの景観（Landscape of Grand-Pré）
文化遺産（登録基準(v)(vi)） 2012年

●レッド・ベイのバスク人の捕鯨基地
（Red Bay Basque Whaling Station）
文化遺産（登録基準(iii)(iv)） 2013年

◎ピマチオウィン・アキ（Pimachiowin Aki）
複合遺産 登録基準（(iii)(vi)(ix)） 2018年

●ライティング・オン・ストーン／アイシナイピ
（Canada Writing-on-Stone / Aisinai'pi）
文化遺産(登録基準(i)(iii)(iv)(vi)) 2019年

〈ラテンアメリカ・カリブ〉 25か国（104物件 ● 97 ◎ 7）

アルゼンチン共和国（6物件 ● 6）

●グアラニー人のイエズス会伝道所：サン・イグナシオ・ミニ、ノエストラ・セニョーラ・デ・ロレト、サンタ・マリア・マジョール（アルゼンチン）、サン・ミゲル・ミソオエス遺跡（ブラジル）
（Jesuit Missions of the Guaranis: San Ignacio Mini, Santa Ana, Nuestra Senora de Loreto and Santa Maria Mayor（Argentina）、Ruins of Sao Miguel das Missoes（Brazil））
文化遺産（登録基準(iv)） 1983年／1984年
アルゼンチン／ブラジル

●ピントゥーラス川のラス・マーノス洞窟
（Cueva de las Manos, Rio Pinturas）
文化遺産（登録基準(iii)） 1999年

●コルドバのイエズス会街区と領地
（Jesuit Block and Estancias of Cordoba）
文化遺産（登録基準(ii)(iv)） 2000年

●ウマワカの渓谷
（Quebrada de Humahuaca）
文化遺産（登録基準(ii)(iv)(v)） 2003年

●カパック・ニャン、アンデス山脈の道路網
（Qhapaq Ñan, Andean Road System）
文化遺産（登録基準(ii)(iii)(iv)(vi)） 2014年
（コロンビア／エクアドル／ペルー／ボリヴィア／チリ／アルゼンチン）

●ル・コルビュジエの建築作品ー近代化運動への顕著な貢献
（The Architectural Work of Le Corbusier, an Outstanding Contribution to the Modern Movement）
文化遺産(登録基準(i)(ii)(vi)) 2016年
（フランス／スイス／ベルギー／ドイツ／インド／日本／アルゼンチン）

アンティグア・バーブーダ（1物件 ● 1）

●アンティグア海軍造船所と関連考古学遺跡群
（Antigua Naval Dockyard and Related Archaeological Sites）
文化遺産（登録基準(ii)(iv)） 2016年

● 文化遺産 ◎ 複合遺産 ★ 危機遺産

ヴェネズエラ・ボリバル共和国
（2物件　●2）

●コロとその港（Coro and its Port）
文化遺産（登録基準（iv）（v））　1993年
★【危機遺産】 2005年

●カラカスの大学都市
（Ciudad Universitaria de Caracas）
文化遺産（登録基準（i）（iv））　2000年

ウルグアイ東方共和国（2物件　●2）

●コロニア・デル・サクラメントの歴史地区
（Historic Quarter of the City of Colonia del Sacramento）
文化遺産（登録基準（iv））　1995年

●フライ・ベントスの文化的・産業景観
（Fray Bentos Cultural-Industrial Landscape）
文化遺産（登録基準（ii）（iv））　2015年

エクアドル共和国（3物件　●3）

●キト市街（City of Quito）
文化遺産（登録基準（ii）（iv））　1978年

●サンタ・アナ・デ・ロス・リオス・クエンカの歴史地区
（Historic Centre of Santa Ana de los Ríos de Cuenca）
文化遺産（登録基準（ii）（iv）（v））　1999年

●カパック・ニャン、アンデス山脈の道路網
（Qhapaq Ñan, Andean Road System）
文化遺産（登録基準（ii）（iii）（iv）（vi））　2014年
（コロンビア／エクアドル／ペルー／ボリヴィア／チリ／アルゼンチン）

エルサルバドル共和国（1物件　●1）

●ホヤ・デ・セレンの考古学遺跡
（Joya de Cerén Archaeological Site）
文化遺産（登録基準（iii）（iv））　1993年

キューバ共和国（7物件　●7）

●オールド・ハバナとその要塞システム
（Old Havana and its Fortification System）
文化遺産（登録基準（iv）（v））　1982年

●トリニダードとインヘニオス渓谷
（Trinidad and the Valley de los Ingenios）
文化遺産（登録基準（iv）（v））　1988年

●サンティアゴ・デ・クーバのサン・ペドロ・ロカ要塞
（San Pedro de la Roca Castle, Santiago de Cuba）
文化遺産（登録基準（iv）（v））　1997年

●ヴィニャーレス渓谷（Viñales Valley）
文化遺産（登録基準（iv））　1999年

●キューバ南東部の最初のコーヒー農園の考古学的景観
（Archaeological Landscape of the First Coffee Plantations in the South-East of Cuba）
文化遺産（登録基準（iii）（iv））　2000年

●シェンフェゴスの都市歴史地区
（Urban Historic Centre of Cienfuegos）
文化遺産（登録基準（ii）（iv））　2005年

●カマグエイの歴史地区
（Historic Centre of Camagüey）
文化遺産（登録基準（iv）（v））　2008年

グアテマラ共和国（3物件　●2　◎1）

◎ティカル国立公園
（Tikal National Park）
複合遺産（登録基準（i）（iii）（iv）（ix）（x））　1979年

●アンティグア・グアテマラ（Antigua Guatemala）
文化遺産（登録基準（ii）（iii）（iv））　1979年

●キリグア遺跡公園と遺跡
（Archaeological Park and Ruins of Quirigua）
文化遺産（登録基準（i）（ii）（iv））　1981年

コスタリカ共和国（1物件　●1）

●ディキス地方の石球のあるプレ・コロンビア期の首長制集落群
（Precolumbian Chiefdom Settlements with Stone Spheres of the Diquís）
文化遺産（登録基準（i）（ii）（iv））　2014年

コロンビア共和国（/7物件　●6　◎1）

●カルタヘナの港、要塞、建造物群
（Port, Fortresses and Group of Monuments, Cartagena）
文化遺産（登録基準（iv）（vi））　1984年

●サンタ・クルーズ・デ・モンポスの歴史地区
（Historic Centre of Santa Cruz de Mompox）
文化遺産（登録基準（iv）（v））　1995年

●ティエラデントロ国立遺跡公園
（National Archaeological Park of Tierradentro）
文化遺産（登録基準（iii））　1995年

●サン・アグスティン遺跡公園
（San Agustín Archaeological Park）
文化遺産（登録基準（iii））　1995年

●コロンビアのコーヒーの文化的景観
（Coffee Cultural Landscape of Colombia）
文化遺産（登録基準（v）（vi））　2011年

●カパック・ニャン、アンデス山脈の道路網
（Qhapaq Ñan, Andean Road System）
文化遺産（登録基準（ii）（iii）（iv）（vi））　2014年
（コロンビア／エクアドル／ペルー／ボリヴィア／チリ／アルゼンチン）

◎チリビケテ国立公園－ジャガーの生息地
（Chiribiquete National Park “The Maloca of the Jaguar”）
複合遺産　登録基準（（iii）（ix）（x））　2018年

● 文化遺産　◎ 複合遺産　★ 危機遺産

ジャマイカ（1物件 ◎1）

◎**ブルー・ジョン・クロウ山脈**
（Blue and John Crow Mountains）
複合遺産（登録基準(iii)(vi)(x)） 2015年

スリナム共和国（1物件 ●1）

●**パラマリボ市街の歴史地区**
（Historic Inner City of Paramaribo）
文化遺産（登録基準(ii)(iv)） 2002年

セントキッツ・ネイヴィース（1物件 ●1）

●**ブリムストンヒル要塞国立公園**
（Brimstone Hill Fortress National park）
文化遺産（登録基準(iii)(iv)） 1999年

チリ共和国（6物件 ●6）

●**ラパ・ヌイ国立公園**（Rapa Nui National Park）
文化遺産（登録基準(i)(iii)(v)） 1995年

●**チロエ島の教会群**（Churches of Chiloé）
文化遺産（登録基準(ii)(iii)） 2000年

●**海港都市バルパライソの歴史地区**
（Historic Quarter of the Seaport City of Valparaiso）
文化遺産（登録基準(iii)） 2003年

●**ハンバーストーンとサンタ・ラウラの硝石工場群**
（Humberstone and Santa Laura Saltpeter Works）
文化遺産（登録基準(ii)(iii)(iv)） 2005年

●**セウェルの鉱山都市**（Sewell Mining Town）
文化遺産（登録基準(ii)） 2006年

●**カパック・ニャン、アンデス山脈の道路網**
（Qhapaq Ñan, Andean Road System）
文化遺産（登録基準(ii)(iii)(iv)(vi)） 2014年
（コロンビア／エクアドル／ペルー／ボリヴィア／チリ／アルゼンチン）

ドミニカ共和国（1物件 ●1）

●**サント・ドミンゴの植民都市**
（Colonial City of Santo Domingo）
文化遺産（登録基準(ii)(iv)(vi)） 1990年

ニカラグア共和国（2物件 ●2）

●**レオン・ヴィエホの遺跡**（Ruins of León Viejo）
文化遺産（登録基準(iii)(iv)） 2000年

●**レオン大聖堂**（León Cathedral）
文化遺産（登録基準(ii)(iv)） 2011年

ハイチ共和国（1物件 ●1）

●**シタデル、サン・スーシー、ラミエール国立歴史公園**
（National History Park - Citadel, Sans Souci, Ramiers）
文化遺産（登録基準(iv)(vi)） 1982年

パナマ共和国（2物件 ●2）

●**パナマのカリブ海沿岸のポルトベロ－サン・ロレンソの要塞群**
（Fortifications on the Caribbean Side of Panama : Portobelo - San Lorenzo）
文化遺産（登録基準(i)(iv)） 1980年
★【危機遺産】 2012年

●**パナマ・ヴィエホの考古学遺跡とパナマの歴史地区**
（Archaeological Site of Panama Viejo and the Historic District of Panama）
文化遺産（登録基準(ii)(iv)(vi)） 1997年／2003年

パラグアイ共和国（1物件 ●1）

●**ラ・サンティシマ・トリニダード・デ・パラナとヘスス・デ・タバランゲのイエズス会伝道所**
（Jesuit Missions of La Santísima Trinidad de Paraná and Jesús de Tavarangue）
文化遺産（登録基準(iv)） 1993年

バルバドス（1物件 ●1）

●**ブリッジタウンの歴史地区とその駐屯地**
（Historic Bridgetown and its Garrison）
文化遺産（登録基準(ii)(iii)(iv)） 2011年

ブラジル連邦共和国
（15物件 ●14 ◎1）

●**オウロ・プレートの歴史都市**
（Historic Town of Ouro Preto）
文化遺産（登録基準(i)(iii)） 1980年

●**オリンダの歴史地区**
（Historic Centre of the Town of Olinda）
文化遺産（登録基準(ii)(iv)） 1982年

●**グアラニー人のイエズス会伝道所：サン・イグナシオ・ミニ、ノエストラ・セニョーラ・デ・ロレト、サンタ・マリア・マジョール（アルゼンチン）、サン・ミゲル・ミソオエス遺跡（ブラジル）**
文化遺産（登録基準(iv)） 1983年／1984年
（アルゼンチン／ブラジル）

●**サルヴァドール・デ・バイアの歴史地区**
（Historic Centre of Salvador de Bahia）
文化遺産（登録基準(iv)(vi)） 1985年

●**コンゴーニャスのボン・ゼズス聖域**
（Sanctuary of Bom Jesus do Congonhas）
文化遺産（登録基準(i)(iv)） 1985年

●**ブラジリア**（Brasilia）
文化遺産（登録基準(i)(iv)） 1987年

●**セラ・ダ・カピバラ国立公園**
（Serra da Capivara National Park）
文化遺産（登録基準(iii)） 1991年

● 文化遺産 ◎ 複合遺産 ★ 危機遺産

●**サン・ルイスの歴史地区**（Historic Centre of São Luís）
文化遺産（登録基準(iii)(iv)(v)）　1997年

●**ディアマンティナの歴史地区**
（Historic Centre of the Town of Diamantina）
文化遺産（登録基準(ii)(iv)）　1999年

●**ゴイヤスの歴史地区**
（Historic Centre of the Town of Goiás）
文化遺産（登録基準(ii)(iv)）　2001年

●**サン・クリストヴァンの町のサンフランシスコ広場**
（São Francisco Square in the Town of São Cristóvão）
文化遺産（登録基準(ii)(iv)）　2010年

●**リオ・デ・ジャネイロ：山と海との間のカリオカの景観群**
（Rio de Janeiro, Carioca Landscapes between the Mountain and the Sea）
文化遺産（登録基準(vi)）　2012年

●**パンプーリャ湖の近代建築群**
（Pampulha Modern Ensemble）
文化遺産（登録基準(i)(ii)(iv)）　2016年

●**ヴァロンゴ埠頭の考古学遺跡**
（Valongo Wharf Archaeological Site）
文化遺産（登録基準(vi)）　2017年

◎**パラチとイーリャ・グランデー文化と生物多様性**
（Paraty and Ilha Grande – Culture and Biodiversity）
複合遺産（登録基準(v)(x)）　2019年

ペルー共和国（10物件　● 8　◎ 2）

●**クスコ市街**（City of Cuzco）
文化遺産（登録基準(iii)(iv)）　1983年

◎**マチュ・ピチュの歴史保護区**
（Historic Sanctuary of Machu Picchu）
複合遺産（登録基準(i)(iii)(vii)(ix)）　1983年

●**チャビン（考古学遺跡）**
（Chavin（Archaeological Site））
文化遺産（登録基準(iii)）　1985年

●**チャン・チャン遺跡地域**
（Chan Chan Archaeological Zone）
文化遺産（登録基準(i)(iii)）　1986年
★【危機遺産】 1986年

●**リマの歴史地区**（Historic Centre of Lima）
文化遺産（登録基準(iv)）　1988年／1991年
◎**リオ・アビセオ国立公園**（Río Abiseo National Park）
複合遺産（登録基準(iii)(vii)(ix)(x)）　1990年／1992年

●**ナスカとパルパの地上絵**
（Lines and Geoglyphs of Nasca and Palpa）
文化遺産（登録基準(i)(iii)(iv)）　1994年

●**アレキパ市の歴史地区**
（Historical Centre of the City of Arequipa）
文化遺産（登録基準(i)(iv)）　2000年

●**スペ渓谷のカラルの聖都**
（Sacred City of Caral-Supe）
文化遺産（登録基準(ii)(iii)(iv)）　2009年

●**カパック・ニャン、アンデス山脈の道路網**
（Qhapaq Ñan, Andean Road System）
文化遺産（登録基準(ii)(iii)(iv)）　2014年
コロンビア／エクアドル／ペルー／ボリヴィア／チリ／アルゼンチン

ボリヴィア多民族国（6物件　● 6）

●**ポトシ市街**（City of Potosi）
文化遺産（登録基準(ii)(iv)(vi)）　1987年
★【危機遺産】2014年

●**チキトスのイエズス会伝道施設**
（Jesuit Missions of the Chiquitos）
ゥクシオンは閉鎖された。
文化遺産（登録基準(iv)(v)）　1990年

●**スクレの歴史都市**（Historic City of Sucre）
文化遺産（登録基準(iv)）　1991年

●**サマイパタの砦**（Fuerte de Samaipata）
文化遺産（登録基準(ii)(iii)）　1998年

●**ティアワナコ：ティアワナコ文化の政治・宗教の中心地**
（Tiwanaku: Spiritual and Political Centre of the Tiwanaku Culture）
文化遺産（登録基準(iii)(iv)）　2000年

●**カパック・ニャン、アンデス山脈の道路網**
（Qhapaq Ñan, Andean Road System）
文化遺産（登録基準(ii)(iii)(iv)(vi)）　2014年
（コロンビア／エクアドル／ペルー／ボリヴィア／チリ／アルゼンチン）

ホンジュラス共和国（1物件　● 1）

●**コパンのマヤ遺跡**（Maya Site of Copan）
文化遺産（登録基準(iv)(vi)）　1980年

メキシコ合衆国（29物件　● 27　◎ 2）

●**メキシコシティーの歴史地区とソチミルコ**
（Historic Centre of Mexico City and Xochimilco）
文化遺産（登録基準(ii)(iii)(iv)(v)）　1987年

●**オアハカの歴史地区とモンテ・アルバンの考古学遺跡**
（Historic Centre of Oaxaca and Archaeological Site of Monte Albán）
文化遺産（登録基準(i)(ii)(iii)(iv)）　1987年

●**プエブラの歴史地区**（Historic Centre of Puebla）
文化遺産（登録基準(ii)(iv)）　1987年

●**パレンケ古代都市と国立公園**
（Pre-Hispanic City and National Park of Palenque）
文化遺産（登録基準(i)(ii)(iii)(iv)）　1987年

●**テオティワカン古代都市**
（Pre-Hispanic City of Teotihuacan）
文化遺産（登録基準(i)(ii)(iii)(iv)(vi)）　1987年

世界遺産リストに登録されている文化遺産

● 文化遺産　◎ 複合遺産　★ 危機遺産

●古都グアナファトと近隣の鉱山群
（Historic Town of Guanajuato and Adjacent Mines）
文化遺産（登録基準(i)(ii)(iv)(vi)）　1988年

●チチェン・イッツァ古代都市
（Pre-Hispanic City of Chichen-Itza）
文化遺産（登録基準(i)(ii)(iii)）　1988年

●モレリアの歴史地区（Historic Centre of Morelia）
文化遺産（登録基準(ii)(iv)(vi)）　1991年

●エル・タヒン古代都市
（El Tajin, Pre-Hispanic City）
文化遺産（登録基準(iii)(iv)）　1992年

●サカテカスの歴史地区（Historic Centre of Zacatecas）
文化遺産（登録基準(ii)(iv)）　1993年

●サン・フランシスコ山地の岩絵
（Rock Paintings of the Sierra de San Francisco）
文化遺産（登録基準(i)(iii)）　1993年

●ポポカテペトル山腹の16世紀初頭の修道院群
（Earliest 16th-Century Monasteries on the Slopes of Popocatepetl）
文化遺産（登録基準(ii)(iv)）　1994年

●ウシュマル古代都市（Pre-Hispanic Town of Uxmal）
文化遺産（登録基準(i)(ii)(iii)）　1996年

●ケレタロの歴史的建造物地域
（Historic Monuments Zone of Querétaro）
文化遺産（登録基準(ii)(iv)）　1996年

●グアダラハラのオスピシオ・カバニャス
（Hospicio Cabañas, Guadalajara）
文化遺産（登録基準(i)(ii)(iii)(iv)　1997年

●カサス・グランデスのパキメの考古学地域
（Archaeological Zone of Paquimé, Casas Grande）
文化遺産（登録基準(iii)(iv)）　1998年

●トラコタルパンの歴史的建造物地域
（Historic Monuments Zone of Tlacotalpan）
文化遺産（登録基準(ii)(iv)）　1998年

●カンペチェの歴史的要塞都市
（Historic Fortified Town of Campeche）
文化遺産（登録基準(ii)(iv)）　1999年

●ソチカルコの考古学遺跡ゾーン
（Archaeological Monuments Zone of Xochicalco）
文化遺産（登録基準(iii)(iv)）　1999年

◎カンペチェ州、カラクムルの古代マヤ都市と熱帯林保護区
（Ancient Maya City and Protected Tropical Forests of Calakmul, Campeche）
複合遺産（登録基準(i)(ii)(iii)(iv)(vi)(ix)(x)）
2002年／2014年

●ケレタロ州シエラ･ゴルダにあるフランシスコ会伝道施設
（Franciscan Missions in the Sierra Gorda of Querétaro）
文化遺産（登録基準(ii)(iii)）　2003年

●ルイス・バラガン邸と仕事場
（Luis Barragán House and Studio）
文化遺産（登録基準(i)(ii)）　2004年

●テキーラ（地方）のリュウゼツランの景観と古代産業設備
（Agave Landscape and Ancient Industrial Facilities of Tequila）
文化遺産（登録基準(ii)(iv)(v)(vi)）　2006年

●メキシコ国立自治大学（UNAM）の中央大学都市キャンパス
（Central University City Campus of the *Universidad Nacional Autónoma de México*（UNAM））
文化遺産（登録基準(i)(ii)(iv)）　2007年

●サン・ミゲルの保護都市とアトトニルコのナザレのイエス聖域
（Protective town of San Miguel and the Sanctuary of Jesús de Nazareno de Atotonilco）
文化遺産（登録基準(ii)(iv)）　2008年

●カミノ・レアル・デ・ティエラ・アデントロ
（Camino Real de Tierra Adentro）
文化遺産（登録基準(ii)(iv)）　2010年

●オアハカの中央渓谷のヤグールとミトラの先史時代の洞窟群
（Prehistoric Caves of Yagul and Mitla in the Central Valley of Oaxaca）
文化遺産（登録基準(iii)）　2010年

●テンプレケ神父の水道橋の水利システム
（Aqueduct of Padre Tembleque Hydraulic System）
文化遺産（登録基準(i)(ii)(iv)）　2015年

◎テワカン・クィカトラン渓谷　メソアメリカの起源となる環境
（Tehuacan-Cuicatlan Valley: originary habitat of Mesoamerica, Mexico）
複合遺産（登録基準（iv)(x)）　2018年

● 文化遺産　◎ 複合遺産　★ 危機遺産

世界遺産リストに登録されている文化遺産

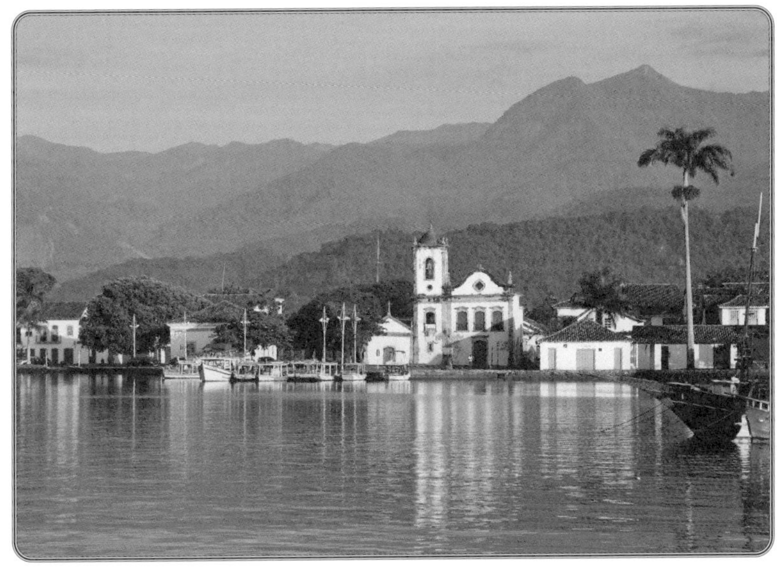

パラチとイーリャ・グランデー文化と生物多様性（ブラジル）
2019年世界遺産登録

＜資料・写真　提供＞
ユネスコ世界遺産センター、エチオピア連邦民主共和国大使館、セネガル共和国大使館、ZanzibarNet，Martijn Russchen／Wikipedia，南アフリカ政府観光局、イスラエル政府観光省、Israel Ministry of Tourism，Afghan Network（www.afghan-network.net），イラン・イスラム共和国大使館、中国国家観光局大阪駐在事務所、National Parks Board, Singapore.マレーシア政府観光局、日本アセアンセンター、オーストラリア政府観光局、トルコ共和国大使館広報参事官室、Israel Ministry of Tourism，イタリア政府観光局(ENIT)、APT DEL BERGAMASCO，英国政府観光庁、VisitBritain images，Network Rail, New Lanark Conservation Trust，スペイン政府観光局、Bordeaux Tourist Office，E. Chauvin，ベームステル市、Ir.D.F.Woudagemaal/Waterschap Friesland，ポルトガル投資観光貿易振興庁、ドイツ観光局、Institut fur StandortMarketing，German National Tourist Board, Weltkulturerbe Volklinger Hutte，Dresden Marketing GmbH Sylvio Dittrich，スイス政府観光局、オーストリア政府観光局、Ville de La Chaux-de-Fonds, A. Henchoz，青木進々氏、ワルシャワ市観光局、クラクフ市、クロアチア政府観光局 Mario Brzic，Croatian National Tourist Board, セルビア共和国大使文化広報部、visit-montenegro.com，ジョージア観光・リゾート部、シンクヴェトリル委員会、スウェーデン国家遺産局、在大阪ロシア総領事館、ニューファンドランド・ラブラドル州政府、Newfoundland and Labrador Tourism, Ontario Tourism Marketing Partnership，メキシコ国立自治大学、CAMARA NACIINAL DE LA INDUSTRIA TEQUILERA，Government of the State of Mexico (Estado de Mexico)，キト市、チリ国家遺跡評議会、ブラジル観光省、文化庁文化財保護部記念物課、宮内庁書陵部古市陵墓監区事務所、青森県教育庁文化財保護課、㈳岩手県観光連盟、ググっとぐんま観光宣伝推進協議会、㈳日光観光協会、㈳岐阜県観光連盟、京都市文化財保護課、堺市文化観光局世界文化遺産推進室、㈳堺観光コンベンション協会、奈良県文化観光課、和歌山県観光振興課、姫路市産業局商工部観光振興課、㈳島根県観光連盟、廿日市市観光課、長崎市さるく観光課、沖縄観光コンベンションビューロー、世界遺産総合研究所／古田陽久

● 文化遺産　◎ 複合遺産　★ 危機遺産

危機遺産リストに登録されている文化遺産

ウィーンの歴史地区（オーストリア）
2001年登録　登録基準（ii）(iv)　(vi)
【危機遺産】2017年登録

危機遺産 概説

2015年の第39回世界遺産委員会ボン会議で、ユネスコ事務局長のイリーナ・ボコヴァ氏は、「世界遺産は、今、過激派組織「イスラム国」（IS）などによる攻撃、破壊、盗難などの危機にさらされており、これらの脅威や危険から世界遺産をどのように守っていくべきなのか」と問題提起、これを受けて世界遺産委員会は、平和の大切さを再認識する「世界遺産に関するボン宣言」を採択した。

2019年の第43回世界遺産委員会バクー(アゼルバイジャン)会議では、新たに、世界的に「顕著な普遍的価値」を有する29件が「世界遺産リスト」に登録され、世界遺産の数は、自然遺産が213件、文化遺産が869件、複合遺産が39件、合計で1121件になった。

また、このうち深刻な危機にさらされ緊急の救済措置が必要とされている「危機にさらされている世界遺産」（World Heritage in Danger 通称 危機遺産）には、新たに1物件が「危機にさらされている世界遺産リスト（略称：危機遺産リスト）」に登録され、一方、危機的な状況を脱した2物件が解除されて、危機遺産リストに登録されている物件は、自然遺産が17件、文化遺産が36件の合計で53件（危機遺産／世界遺産＝危機遺産比率4.736%）になった。

この章では、この「危機にさらされている世界遺産」（危機遺産）53件を特集する。危機遺産になった原因や理由としては、大地震、豪雨などの自然災害、地域紛争、密猟、無秩序な開発行為などの人為災害など多様であり、コンゴ民主共和国、アフガニスタン、シリア、パレスチナの様に、同国・同地域にある世界遺産が、戦争・紛争、難民、貧困など社会構造上の問題を背景に、全て危機遺産になっている極端なケースもある。

危機遺産になると、毎年の世界遺産委員会で、保全管理の改善状況について当事国からの報告が求められ、保全管理の改善措置が講じられ、危機的な状況から脱した場合には危機遺産リストから解除される。一方、一向に改善の見込みがない場合には、「世界遺産リスト」そのものから抹消されることになり、当事国にとっては大変不名誉なことになる。

人類共通の財産である世界遺産を取り巻くあらゆる脅威や危険から世界遺産を守っていく為には、常日頃からの監視活動を強化すると共に、不測の事態にも対応できる危機管理が必要である。この考え方は、世界遺産に限らず、身近な地域遺産を守っていくことにも共通する。

2020年は、戦後（被爆）75周年、ユネスコ憲章採択75周年、改めて「平和」と「安全」な社会の大切さを再認識する節目の年でもある。世界遺産を通じて「平和」と「安全」な社会の大切さを考える「世界遺産入門－平和と安全な社会の構築－」を出版しているので、リマインド下さい。

2020年3月　　古田 陽久

最初に危機遺産に登録された世界遺産の過去と現在

コトルの自然・文化−歴史地域（モンテネグロ）

1979年登録　【文化遺産】
★1979年危機遺産登録
2003年危機遺産登録解除

過　去		現　在
・地震 ・管理計画 ・都市開発		・バッファー・ゾーンが設定された。 登録面積 14,600 ha バッファー・ゾーン36,491 ha ・開発や景観の規制管理を盛り込んだコトル市の都市計画の策定。→ The spatial plan of the Kotor municipality (1987年／1995年)

危機にさらされている世界遺産　分布図

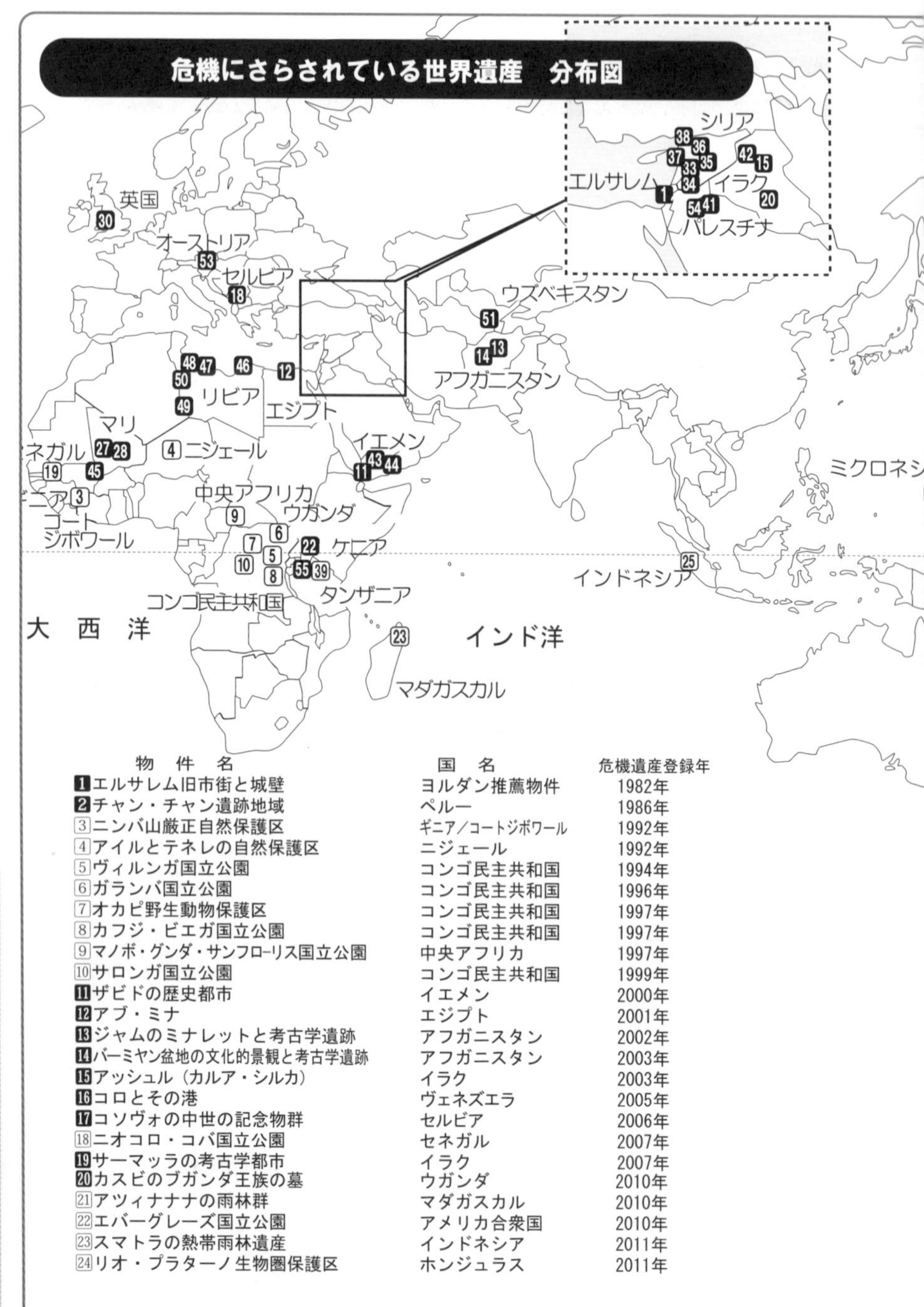

物　件　名	国　名	危機遺産登録年
1 エルサレム旧市街と城壁	ヨルダン推薦物件	1982年
2 チャン・チャン遺跡地域	ペルー	1986年
3 ニンバ山厳正自然保護区	ギニア／コートジボワール	1992年
4 アイルとテネレの自然保護区	ニジェール	1992年
5 ヴィルンガ国立公園	コンゴ民主共和国	1994年
6 ガランバ国立公園	コンゴ民主共和国	1996年
7 オカピ野生動物保護区	コンゴ民主共和国	1997年
8 カフジ・ビエガ国立公園	コンゴ民主共和国	1997年
9 マノボ・グンダ・サンフローリス国立公園	中央アフリカ	1997年
10 サロンガ国立公園	コンゴ民主共和国	1999年
11 ザビドの歴史都市	イエメン	2000年
12 アブ・ミナ	エジプト	2001年
13 ジャムのミナレットと考古学遺跡	アフガニスタン	2002年
14 バーミヤン盆地の文化的景観と考古学遺跡	アフガニスタン	2003年
15 アッシュル（カルア・シルカ）	イラク	2003年
16 コロとその港	ヴェネズエラ	2005年
17 コソヴォの中世の記念物群	セルビア	2006年
18 ニオコロ・コバ国立公園	セネガル	2007年
19 サーマッラの考古学都市	イラク	2007年
20 カスビのブガンダ王族の墓	ウガンダ	2010年
21 アツィナナナの雨林群	マダガスカル	2010年
22 エバーグレーズ国立公園	アメリカ合衆国	2010年
23 スマトラの熱帯雨林遺産	インドネシア	2011年
24 リオ・プラターノ生物圏保護区	ホンジュラス	2011年

物　件　名	国　名	危機遺産登録年
25 トンブクトゥー	マリ	2012年
26 アスキアの墓	マリ	2012年
27 リヴァプール－海商都市	英国	2012年
28 パナマのカリブ海沿岸のポルトベロ-サン・ロレンソの要塞群	パナマ	2012年
29 イースト・レンネル	ソロモン諸島	2013年
30 古代都市ダマスカス	シリア	2013年
31 古代都市ボスラ	シリア	2013年
32 パルミラの遺跡	シリア	2013年
33 古代都市アレッポ	シリア	2013年
34 シュバリエ城とサラ・ディーン城塞	シリア	2013年
35 シリア北部の古村群	シリア	2013年
36 セルース動物保護区	タンザニア	2014年
37 ポトシ市街	ボリヴィア	2014年
38 オリーブとワインの地パレスチナ-エルサレム南部のバティール村の文化的景観	パレスチナ	2014年
39 ハトラ	イラク	2015年
40 サナアの旧市街	イエメン	2015年
41 シバーム城塞都市	イエメン	2015年
42 ジェンネの旧市街	マリ	2016年
43 キレーネの考古学遺跡	リビア	2016年
44 レプティス・マグナの考古学遺跡	リビア	2016年
45 サブラタの考古学遺跡	リビア	2016年
46 タドラート・アカクスの岩絵	リビア	2016年
47 ガダミースの旧市街	リビア	2016年
48 シャフリサーブスの歴史地区	ウズベキスタン	2016年
49 ナン・マドール：東ミクロネシアの祭祀センター	ミクロネシア	2016年
50 ウィーンの歴史地区	オーストリア	2017年
51 ヘブロン/アル・ハリルの旧市街	パレスチナ	2017年
52 ツルカナ湖の国立公園群	ケニア	2018年
53 カリフォルニア湾の諸島と保護地域	メキシコ	2019年

危機遺産リストに登録されている文化遺産

危機にさらされている世界遺産　物件名と登録された理由

	物件名	国名	危機遺産登録年	登録された主な理由
1	●エルサレム旧市街と城壁	ヨルダン推薦物件	1982年	民族紛争
2	●チャン・チャン遺跡地域	ペルー	1986年	風雨による侵食・崩壊
3	○ニンバ山厳正自然保護区	ギニア／コートジボワール	1992年	鉄鉱山開発、難民流入
4	○アイルとテネレの自然保護区	ニジェール	1992年	武力紛争、内戦
5	○ヴィルンガ国立公園	コンゴ民主共和国	1994年	地域紛争、密猟
6	○ガランバ国立公園	コンゴ民主共和国	1996年	密猟、内戦、森林破壊
7	○オカピ野生動物保護区	コンゴ民主共和国	1997年	武力紛争、森林伐採、密猟
8	○カフジ・ビエガ国立公園	コンゴ民主共和国	1997年	密猟、難民流入、農地開拓
9	○マノボ・グンダ・サンフローリス国立公園	中央アフリカ	1997年	密猟
10	○サロンガ国立公園	コンゴ民主共和国	1999年	密猟、都市化
11	●ザビドの歴史都市	イエメン	2000年	都市化、劣化
12	●アブ・ミナ	エジプト	2001年	土地改良による溢水
13	●ジャムのミナレットと考古学遺跡	アフガニスタン	2002年	戦乱による損傷、浸水
14	●バーミヤン盆地の文化的景観と考古学遺跡	アフガニスタン	2003年	崩壊、劣化、盗窟など
15	●アッシュル（カルア・シルカ）	イラク	2003年	ダム建設、保護管理措置欠如
16	●コロとその港	ヴェネズエラ	2005年	豪雨による損壊
17	●コソヴォの中世の記念物群	セルビア	2006年	政治的不安定による管理と保存の困難
18	○ニオコロ・コバ国立公園	セネガル	2007年	密猟、ダム建設計画
19	●サーマッラの考古学都市	イラク	2007年	宗派対立
20	●カスビのブガンダ王族の墓	ウガンダ	2010年	2010年3月の火災による焼失
21	○アツィナナナの雨林群	マダガスカル	2010年	違法な伐採、キツネザルの狩猟の横行
22	○エバーグレーズ国立公園	アメリカ合衆国	2010年	水界生態系の劣化の継続、富栄養化
23	○スマトラの熱帯雨林遺産	インドネシア	2011年	密猟、違法伐採など
24	○リオ・プラターノ生物圏保護区	ホンジュラス	2011年	違法伐採、密漁、不法占拠、密猟など
25	●トゥンブクトゥー	マリ	2012年	武装勢力による破壊行為
26	●アスキアの墓	マリ	2012年	武装勢力による破壊行為
27	●リヴァプールー海商都市	英国	2012年	大規模な水域再開発計画
28	●パナマのカリブ海沿岸のポルトベローサン・ロレンソの要塞群	パナマ	2012年	風化や劣化、維持管理の欠如など
29	○イースト・レンネル	ソロモン諸島	2013年	森林の伐採

	物　件　名	国　　名	危機遺産登録年	登録された主な理由
30	●古代都市ダマスカス	シリア	2013年	国内紛争の激化
31	●古代都市ボスラ	シリア	2013年	国内紛争の激化
32	●パルミラの遺跡	シリア	2013年	国内紛争の激化
33	●古代都市アレッポ	シリア	2013年	国内紛争の激化
34	●シュバリエ城とサラ・ディーン城塞	シリア	2013年	国内紛争の激化
35	●シリア北部の古村群	シリア	2013年	国内紛争の激化
36	○セルース動物保護区	タンザニア	2014年	見境ない密猟
37	●ポトシ市街	ボリヴィア	2014年	経年劣化による鉱山崩壊の危機
38	●オリーブとワインの地パレスチナ -エルサレム南部のバティール村の文化的景観	パレスチナ	2014年	分離壁の建設による文化的景観の損失の懸念
39	●ハトラ	イラク	2015年	過激派組織「イスラム国」による破壊、損壊
40	●サナアの旧市街	イエメン	2015年	ハディ政権とイスラム教シーア派との戦闘激化、空爆による遺産の損壊
41	●シバーム城塞都市	イエメン	2015年	ハディ政権とイスラム教シーア派との戦闘激化による潜在危険
42	●ジェンネの旧市街	マリ	2016年	不安定な治安情勢、風化や劣化、都市化、浸食
43	●キレーネの考古学遺跡	リビア	2016年	カダフィ政権崩壊後の国内紛争の激化
44	●レプティス・マグナの考古学遺跡	リビア	2016年	カダフィ政権崩壊後の国内紛争の激化
45	●サブラタの考古学遺跡	リビア	2016年	カダフィ政権崩壊後の国内紛争の激化
46	●タドラート・アカクスの岩絵	リビア	2016年	カダフィ政権崩壊後の国内紛争の激化
47	●ガダミースの旧市街	リビア	2016年	カダフィ政権崩壊後の国内紛争の激化
48	●シャフリサーブスの歴史地区	ウズベキスタン	2016年	ホテルなどの観光インフラの過度の開発、都市景観の変化
49	●ナン・マドール：東ミクロネシアの祭祀センター	ミクロネシア	2016年	マングローブなどの繁茂や遺跡の崩壊
50	●ウィーンの歴史地区	オーストリア	2017年	高層ビル建設プロジェクトによる都市景観問題
51	●ヘブロン/アル・ハリールの旧市街	パレスチナ	2017年	民族紛争、宗教紛争
52	○ツルカナ湖の国立公園群	ケニア	2018年	ダム建設
53	○カリフォルニア湾の諸島と保護地域	メキシコ	2019年	違法操業

○自然遺産　17件　　● 文化遺産　36件　　2020年3月現在

危機遺産リストに登録されている文化遺産

危機にさらされている文化遺産　地域別の数

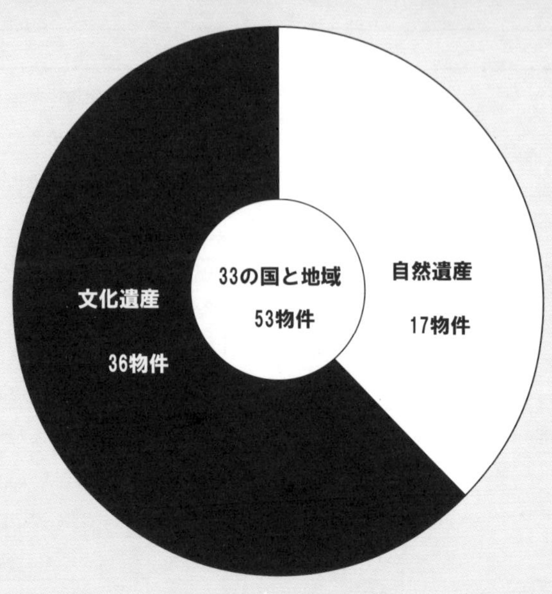

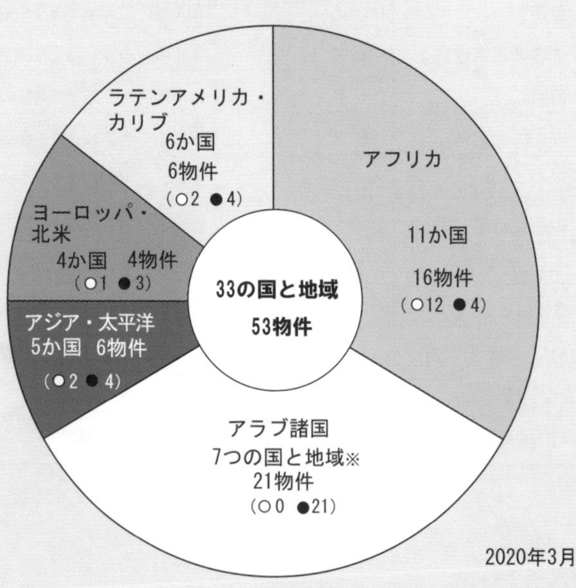

2020年3月現在

※ヨルダン推薦物件の「エルサレムの旧市街と城壁」を含む

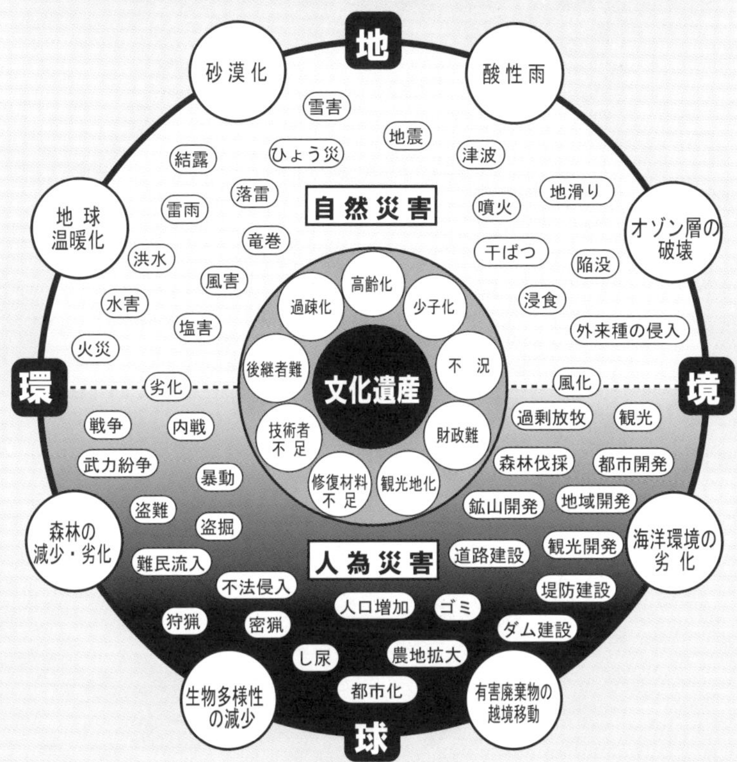

文化遺産の確認危険と潜在危険

(1) **確認危険**　世界遺産が特定の確認された差し迫った危険に直面している、例えば、

- i）材質の重大な損壊
- ii）構造、或は、装飾的な特徴の重大な損壊
- iii）建築、或は、都市計画の統一性の重大な損壊
- iv）都市、或は、地方の空間、或は、自然環境の重大な損壊
- v）歴史的な真正性の重大な喪失
- vi）文化的な意義の大きな喪失

(2) **潜在危険**　世界遺産固有の特徴に有害な影響を与えかねない脅威に直面している、例えば、

- i）保護の度合いを弱めるような遺産の法的地位の変化
- ii）保護政策の欠如
- iii）地域開発計画による脅威的な影響
- iv）都市開発計画による脅威的な影響
- v）武力紛争の勃発、或は、その恐れ
- vi）地質、気象、その他の環境的な要因による漸進的変化

オリーブとワインの地パレスチナ-エルサレム南部の
バティール村の文化的景観（パレスチナ）
2014年世界遺産登録　★2014年危機遺産登録
登録基準（iv）（v）

古代都市アレッポ（シリア）
1986年世界遺産登録　★2013年危機遺産登録
登録基準（iii）（iv）

古代都市ダマスカス（シリア）
1979年世界遺産登録　★2013年危機遺産登録
登録基準（i）（ii）（iii）（iv）（vi）

シバーム城塞都市（イエメン）
1982年世界遺産登録　★2015年危機遺産登録
登録基準（iii）（iv）（v）

ハトラ（イラク）
1985年世界遺産登録　★2015年危機遺産登録
登録基準（ii）（iii）（iv）（vi）

ポトシ市街（ボリヴィア）
1987年世界遺産登録　★2014年危機遺産登録
登録基準（ii）（iv）（vi）

日本のユネスコ文化遺産とポテンシャル・サイト

北海道・北東北の縄文遺跡群（北海道、青森県、秋田県、岩手県）
2021年の第45回世界遺産委員会での登録をめざしている。
写真は北黄金貝塚（北海道）

日本の世界遺産　世界遺産登録の歩み

1992年 6月19日	世界遺産条約締結を国会で承認。
1992年 6月26日	受諾の閣議決定。
1992年 6月30日	受諾書寄託、125番目*の世界遺産条約締約国となる。 *現在は、旧ユーゴスラヴィアの解体によって、締約国リスト上では、124番目になっている。
1992年 9月30日	わが国について発効。
1992年10月	ユネスコに、奈良の寺院・神社、姫路城、日光の社寺、鎌倉の寺院・神社、法隆寺の仏教建造物、厳島神社、彦根城、琉球王国の城・遺産群、白川郷の集落、京都の社寺、白神山地、屋久島の12件の暫定リストを提出。
1993年12月	第17回世界遺産委員会カルタヘナ会議から世界遺産委員会委員国（任期6年） 世界遺産リストに「法隆寺地域の仏教建造物」、「姫路城」、「屋久島」、「白神山地」の4件が登録される。
1994年11月	「世界文化遺産奈良コンファレンス」を奈良市で開催。 「オーセンティシティに関する奈良ドキュメント」を採択。
1994年12月	世界遺産リストに「古都京都の文化財（京都市、宇治市、大津市）」が登録される。
1995年 9月	ユネスコの暫定リストに原爆ドームを追加。
1995年12月	世界遺産リストに「白川郷・五箇山の合掌造り集落」が登録される。
1996年12月	世界遺産リストに「広島の平和記念碑（原爆ドーム）」、「厳島神社」の2件が登録される。
1998年11月30日 ～12月 5日	第22回世界遺産委員会京都会議（議長：松浦晃一郎氏）
1998年12月	世界遺産リストに「古都奈良の文化財」が登録される。
1999年11月	松浦晃一郎氏が日本人として初めてユネスコ事務局長（第8代）に就任。
1999年12月	世界遺産リストに「日光の社寺」が登録される。
2000年5月18～21日	世界自然遺産会議・屋久島2000
2000年12月	世界遺産リストに「琉球王国のグスク及び関連遺産群」が登録される。
2001年 4月 6日	ユネスコの暫定リストに「平泉の文化遺産」、「紀伊山地の霊場と参詣道」、「石見銀山遺跡」の3件を追加。
2001年 9月 5日 ～9月10日	アジア・太平洋地域における信仰の山の文化的景観に関する専門家会議を和歌山市で開催。
2002年 6月30日	世界遺産条約受諾10周年。
2003年12月	第27回世界遺産委員会マラケシュ会議から2回目の世界遺産委員会委員国（任期4年）
2004年 6月	文化財保護法の一部改正によって、新しい文化財保護の手法として「文化的景観」が新設され、「重要文化的景観」の選定がされるようになった。
2004年 7月	世界遺産リストに「紀伊山地の霊場と参詣道」が登録される。
2005年 7月	世界遺産リストに「知床」が登録される。
2005年10月15～17日	第2回世界自然遺産会議　白神山地会議
2007年 1月30日	ユネスコの暫定リストに「富岡製糸場と絹産業遺産群」、「小笠原諸島」、「長崎の教会群とキリスト教関連遺産」、「飛鳥・藤原‐古代日本の宮都と遺跡群」、「富士山」の5件を追加。
2007年 7月	世界遺産リストに「石見銀山遺跡とその文化的景観」が登録される。

2007年 9月14日	ユネスコの暫定リストに「国立西洋美術館本館」を追加。
2008年 6月	第32回世界遺産委員会ケベック・シティ会議で、「平泉-浄土思想を基調とする文化的景観-」の世界遺産リストへの登録の可否が審議され、わが国の世界遺産登録史上初めての「登録延期」となる。2011年の登録実現をめざす。
2009年 1月 5日	ユネスコの暫定リストに「北海道・北東北を中心とした縄文遺跡群」、「九州・山口の近代化産業遺産群」、「宗像・沖ノ島と関連遺産群」の3件を追加。
2009年 6月	第33回世界遺産委員会セビリア会議で、「ル・コルビジュエの建築と都市計画」(構成資産のひとつが「国立西洋美術館本館」)の世界遺産リストへの登録の可否が審議され、「情報照会」となる。
2009年10月1日～2015年3月18日	国宝「姫路城」大天守、保存修理工事。
2010年 6月	ユネスコの暫定リストに「百舌鳥・古市古墳群」、「金を中心とする佐渡鉱山の遺産群」の2件を追加することを、文化審議会文化財分科会世界文化遺産特別委員会で決議。
2010年 7月	第34回世界遺産委員会ブラジリア会議で、「石見銀山遺跡とその文化的景観」の登録範囲の軽微な変更（442.4ha→529.17ha）がなされる。
2011年 6月	第35回世界遺産委員会パリ会議から3回目の世界遺産委員会委員国（任期4年）「小笠原諸島」、「平泉-仏国土(浄土)を表す建築・庭園及び考古学的遺跡群」の2件が登録される。「ル・コルビュジエの建築作品-近代建築運動への顕著な貢献-」(構成資産のひとつが「国立西洋美術館本館」)は、「登録延期」決議がなされる。
2012年 1月25日	日本政府は、世界遺産条約関係省庁連絡会議を開き、「富士山」(山梨県・静岡県)と「武家の古都・鎌倉」(神奈川県)を、2013年の世界文化遺産登録に向け、正式推薦することを決定。
2012年 7月12日	文化審議会の世界文化遺産特別委員会は、「富岡製糸場と絹産業遺産群」(群馬県)を2014年の世界文化遺産登録推薦候補とすること、それに、2011年に世界遺産リストに登録された「平泉」の登録範囲の拡大と登録遺産名の変更に伴い、追加する構成資産を世界遺産暫定リスト登録候補にすることを了承。
2012年11月6日～8日	世界遺産条約採択40周年記念最終会合が、京都市の国立京都国際会館にて開催される。メインテーマ「世界遺産と持続可能な発展：地域社会の役割」
2013年 1月31日	世界遺産条約関係省庁連絡会議（外務省、文化庁、環境省、林野庁、水産庁、国土交通省、宮内庁で構成)において、世界遺産条約に基づくわが国の世界遺産暫定リストに、自然遺産として「奄美・琉球」を記載することを決定。世界遺産暫定リスト記載の為に必要な書類をユネスコ世界遺産センターに提出。
2013年3月	ユネスコ、対象地域の絞り込みを求め、世界遺産暫定リストへの追加を保留。
2013年 4月30日	イコモス、「富士山」を「記載」、「武家の古都・鎌倉」は「不記載」を勧告。
2013年 6月 4日	「武家の古都・鎌倉」について、世界遺産リスト記載推薦を取り下げることを決定。
2013年 6月22日	第37回世界遺産委員会プノンペン会議で、「富士山-信仰の対象と芸術の源泉」が登録される。
2013年 8月23日	文化審議会世界文化遺産・無形文化遺産部会及び世界文化遺産特別委員会で、「明治日本の産業革命遺産-九州・山口と関連遺産-」を2015年の世界遺産候補とすることを決定。
2014年1月	「奄美・琉球」、世界遺産暫定リスト記載の為に必要な書類をユネスコ世界遺産センターに再提出。
2014年 6月21日	第38回世界遺産委員会ドーハ会議で、「富岡製糸場と絹産業遺産群」が登録される。

2014年 7月10日　文化審議会世界文化遺産・無形文化遺産部会及び世界文化遺産特別委員会で、「長崎の教会群とキリスト教関連遺産」を2016年の世界遺産候補とすることを決定。

2014年10月　奈良文書20周年記念会合（奈良県奈良市）において、「奈良＋20」を採択。

2015年 5月 4日　イコモス、「明治日本の産業革命遺産-九州・山口と関連遺産-」について、「記載」を勧告。

2015年 7月 5日　第39回世界遺産委員会ボン会議で、「明治日本の産業革命遺産：製鉄・製鋼、造船、石炭産業」について、議長の差配により審議なしで登録が決議された後、日本及び韓国からステートメントが発せられた。

2015年 7月28日　文化審議会世界文化遺産・無形文化遺産部会で、「『神宿る島』宗像・沖ノ島と関連遺産群」を2017年の世界遺産候補とすることを決定。

2016年 1月　「紀伊山地の霊場と参詣道」の軽微な変更（「熊野参詣道」及び「高野参詣道」について、延長約41.1km、面積11.1haを追加）申請書をユネスコ世界遺産センターへ提出。（2016年5月イコモス勧告、7月第40回世界遺産委員会イスタンブール会議において審議の予定であったが、不測の事態が発生したため、2016年10月のパリでの臨時委員会での審議に持ち越された。）

2016年 1月　「富士山ー信仰の対象と芸術の源泉」の保全状況報告書をユネスコ世界遺産センターに提出。（2016年7月の第40回世界遺産委員会イスタンブール会議で審議）

2016年 2月1日　「奄美大島、徳之島、沖縄島北部及び西表島」世界遺産暫定リストに記載。

2016年 2月　イコモスの中間報告において、「長崎の教会群とキリスト教関連遺産」について、「長崎の教会群」の世界遺産としての価値を、「禁教・潜伏期」に焦点をあてた内容に見直すべきとの評価が示され推薦を取下げ、修正後、2018年の登録をめざす。

2016年 5月17日　フランスなどとの共同推薦の「ル・コルビュジエの建築作品-近代建築運動への顕著な貢献-」（日本の推薦物件は「国立西洋美術館」）、「登録記載」の勧告。

2016年 7月17日　第40回世界遺産委員会イスタンブール会議で、「ル・コルビュジエの建築作品-近代建築運動への顕著な貢献-」が登録される。（フランスなど7か国17資産）

2016年 7月25日　文化審議会において、「長崎の教会群とキリスト教関連遺産」を2018年の世界遺産候補とすることを決定。（→「長崎と天草地方の潜伏キリシタン関連遺産」）

2017年 1月20日　「奄美大島、徳之島、沖縄島北部及び西表島」ユネスコへ世界遺産登録推薦書を提出。

2017年 6月30日　世界遺産条約受諾25周年。

2017年 7月 8日　第41回世界遺産委員会クラクフ会議で、「『神宿る島』宗像・沖ノ島と関連遺産群」が登録される。（8つの構成資産すべて認められる）

2017年 7月31日　文化審議会世界文化遺産部会で、「百舌鳥・古市古墳群」を2019年の世界遺産候補とすることを決定。

2018年 6月28日　「富士山ー信仰の対象と芸術の源泉」、世界遺産登録5周年。

2018年 7月頃　第42回世界遺産委員会で、「長崎と天草地方の潜伏キリシタン関連遺産」（長崎県・熊本県）が登録される。

2019年 7月10日　第43回世界遺産委員会で、「百舌鳥・古市古墳群」（大阪府）が登録される。

2020年6～7月頃　第44回世界遺産委員会で、「奄美大島、徳之島、沖縄島北部及び西表島」（鹿児島県・沖縄県）の登録可否が審議される。

2021年6～7月頃　第45回世界遺産委員会で「北海道・北東北の縄文遺跡群」（北海道、青森県、秋田県、岩手県）の登録可否が審議される。

2021年　文化庁、京都市の京都府警察本部の本館に全面的に移転。

2022年 6月30日　世界遺産条約受諾30周年。

法隆寺地域の仏教建造物
1993年登録
登録基準（i）（ii）（iv）（vi）

姫路城
1993年登録
登録基準（i）（iv）

古都京都の文化財（京都市、宇治市、大津市
1994年登録
登録基準（ii）（iv）

白川郷・五箇山の合掌造り集落
1995年登録
登録基準（iv）(v)

広島の平和記念碑（原爆ドーム）
1996年登録
登録基準（vi）

厳島神社
1996年登録
登録基準（i）(ii)(iv)(vi)

古都奈良の文化財
1998年登録
登録基準 (ii)(iii)(iv)(vi)

日光の社寺
1999年登録
登録基準 (i)(iv)(vi)

琉球王国のグスク及び関連遺産群
2000年登録
登録基準 (ii)(iii)(vi)

紀伊山地の霊場と参詣道
2004年登録
登録基準（ii）(iii)（iv）(vi)

石見銀山遺跡とその文化的景観
2007年/2010年登録
登録基準（ii）(iii)（v）

平泉ー仏国土（浄土）を表す建築・庭園及び考古学的遺跡群
2011年登録
登録基準（ii）(vi)

富士山−信仰の対象と芸術の源泉

2013年登録

登録基準（iii）(vi)

富岡製糸場と絹産業遺産群

2014年登録

登録基準（ii）(iv)

明治日本の産業革命遺産：製鉄・製鋼、造船、石炭産業

2015年登録

登録基準（ii）(iv)

ル・コルビュジエの建築作品–近代建築運動への顕著な貢献
–2016年登録
登録基準（i）(ii)(vi)

『神宿る島』宗像・沖ノ島と関連遺産群
2017年登録
登録基準（ii)(iii)

長崎と天草地方の潜伏キリシタン関連遺産
2018年登録
登録基準（iii)

百舌鳥・古市古墳群
2019年登録
登録基準（iii）(iv)

第43回世界遺産委員会バクー（アゼルバイジャン）会議2019

写真：古田陽久

日本の世界遺産　物件名、所在地、登録年、登録基準

登録基準 / 物件名	文化遺産						自然遺産			
	(i)	(ii)	(iii)	(iv)	(v)	(vi)	(vii)	(viii)	(ix)	(x)
●法隆寺地域の仏教建造物	●	●		●		●				
●姫路城	●			●						
●古都京都の文化財（京都市　宇治市　大津市）		●		●						
●白川郷・五箇山の合掌造り集落				●	●					
●広島の平和記念碑（原爆ドーム）						●				
●厳島神社	●	●		●		●				
●古都奈良の文化財		●	●	●		●				
●日光の社寺	●			●		●				
●琉球王国のグスク及び関連遺産群		●	●			●				
●紀伊山地の霊場と参詣道		●	●	●		●				
●石見銀山遺跡とその文化的景観		●	●		●					
●平泉−仏国土（浄土）を表す建築・庭園		●				●				
●富士山−信仰の対象と芸術の源泉			●			●				
●富岡製糸場と絹産業遺産群		●		●						
●明治日本の産業革命遺産		●		●						
●ル・コルビュジエの建築作品	●	●				●				
●神宿る島」宗像・沖ノ島と関連遺産群		●	●							
●長崎と天草地方の潜伏キリシタン関連			●							
●百舌鳥・古市古墳群			●	●						
○白神山地									○	
○屋久島							○		○	
○知床									○	○
○小笠原諸島									○	

日本の世界遺産　地方別・都道府県別の数

地方別

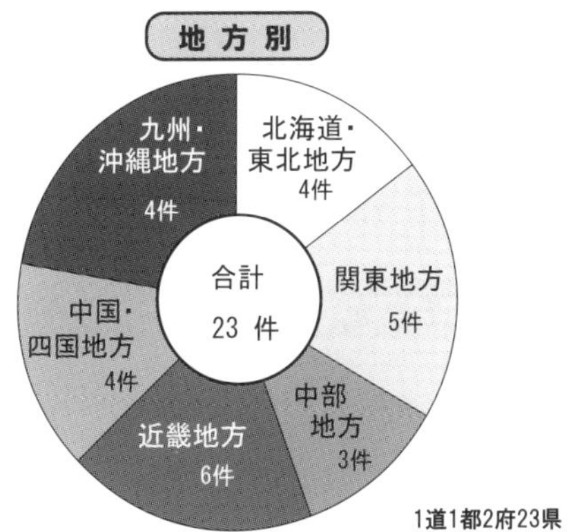

1道1都2府23県

●文化遺産　○自然遺産

2019年8月現在

都道府県別

都道府県名	数	登録遺産名
奈良県	3	●法隆寺地域の仏教建造物 ●古都奈良の文化財 ●紀伊山地の霊場と参詣道
鹿児島県	2	●明治日本の産業革命遺産ー製鉄・製鋼、造船、石炭産業 ○屋久島
広島県	2	●広島の平和記念碑（原爆ドーム） ●厳島神社
岩手県	2	●平泉−仏国土（浄土）を表す建築・庭園及び考古学的遺跡群 ●明治日本の産業革命遺産ー製鉄・製鋼、造船、石炭産業
東京都	2	○小笠原諸島 ●ル・コルビュジエの建築作品ー近代建築運動への顕著な貢献ー
静岡県	2	●富士山−信仰の対象と芸術の源泉 ●明治日本の産業革命遺産ー製鉄・製鋼、造船、石炭産業
長崎県	2	●明治日本の産業革命遺産ー製鉄・製鋼、造船、石炭産業 ●長崎と天草地方の潜伏キリシタン関連遺産
熊本県	2	●明治日本の産業革命遺産ー製鉄・製鋼、造船、石炭産業 ●長崎と天草地方の潜伏キリシタン関連遺産
福岡県	2	●明治日本の産業革命遺産ー製鉄・製鋼、造船、石炭産業 ●「神宿る島」宗像・沖ノ島と関連遺産群
北海道	1	○知床
青森県 秋田県	1 1	○白神山地
栃木県	1	●日光の社寺
群馬県	1	●富岡製糸場と絹産業遺産群
富山県 岐阜県	1 1	●白川郷・五箇山の合掌造り集落
山梨県	1	●富士山−信仰の対象と芸術の源泉
滋賀県 京都府	1 1	●古都京都の文化財（京都市　宇治市　大津市）
三重県 和歌山県	1 1	●紀伊山地の霊場と参詣道
大阪府	1	●百舌鳥・古市古墳群：日本古代の墳墓群
兵庫県	1	●姫路城
島根県	1	●石見銀山遺跡とその文化的景観
山口県	1	●明治日本の産業革命遺産ー製鉄・製鋼、造船、石炭産業
佐賀県	1	●明治日本の産業革命遺産ー製鉄・製鋼、造船、石炭産業
沖縄県	1	●琉球王国のグスクと関連遺産群

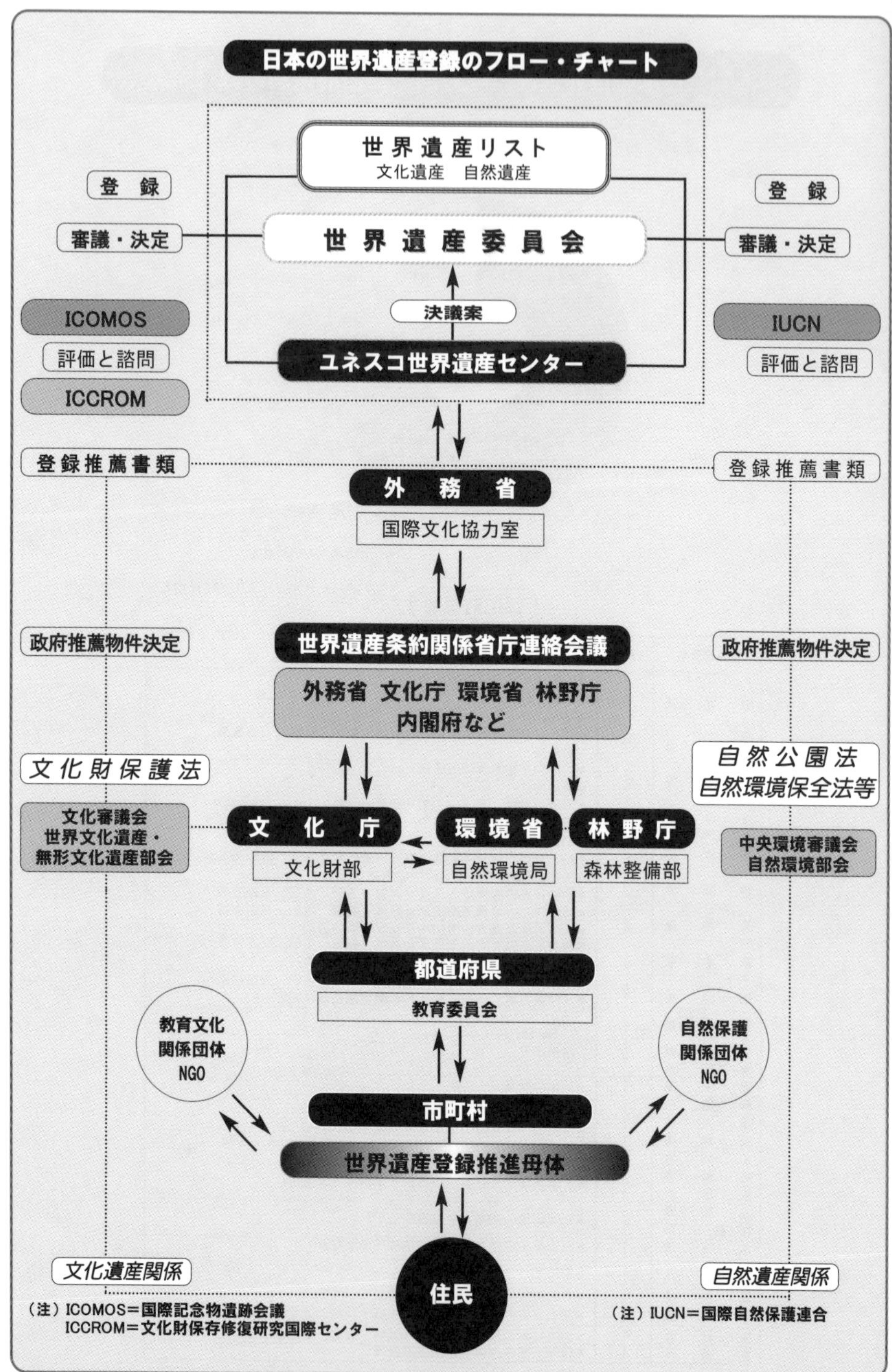
日本の世界遺産登録のフロー・チャート
世界遺産リスト
文化遺産　自然遺産
登　録
登　録
審議・決定
世界遺産委員会
審議・決定
決議案
ICOMOS
評価と諮問
ICCROM
IUCN
評価と諮問
ユネスコ世界遺産センター
登録推薦書類
登録推薦書類
外務省
国際文化協力室
政府推薦物件決定
世界遺産条約関係省庁連絡会議
政府推薦物件決定
外務省　文化庁　環境省　林野庁
内閣府など
文化財保護法
自然公園法
自然環境保全法等
文化審議会
世界文化遺産・
無形文化遺産部会
文化庁
文化財部
環境省
自然環境局
林野庁
森林整備部
中央環境審議会
自然環境部会
都道府県
教育委員会
教育文化
関係団体
NGO
自然保護
関係団体
NGO
市町村
世界遺産登録推進母体
住民
文化遺産関係
自然遺産関係
（注）ICOMOS＝国際記念物遺跡会議
ICCROM＝文化財保存修復研究国際センター
（注）IUCN＝国際自然保護連合

日本の世界遺産登録のプロセス　事例：「百舌鳥・古市古墳群」

2019年7月	「百舌鳥・古市古墳群」の世界遺産登録決定 （第43回世界遺産委員会バクー会議　6月30日～7月10日）
2019年 5 月	14日（火曜日）、ICOMOSが「百舌鳥・古市古墳群」を世界遺産リストに記載するよう勧告。
2019年 1 月	現地調査の結果を基にパリでICOMOS本部協議
2018年9月	ICOMOS（イコモス国際記念物遺跡会議）の専門家が来日し現地調査（注）
2018年 1 月	ユネスコ世界遺産センター　登録推薦書類を受理
2018年 1 月	外務省　登録推薦書類をユネスコ世界遺産センターに提出
2017年 9月	世界遺産条約関係省庁連絡会議 「百舌鳥・古市古墳群」の政府推薦を決定
2017年7月	文化審議会世界文化遺産部会「百舌鳥・古市古墳群」の推薦を決定
2016年7月	文化審議会世界文化遺産部会「百舌鳥・古市古墳群」の推薦を見送る
2015年7月	文化審議会世界文化遺産部会「百舌鳥・古市古墳群」の推薦を見送る
2015年 3 月	大阪府、文化庁長官に登録推薦書類（原案）を提出
2003年 8 月	文化審議会世界文化遺産特別委員会「百舌鳥・古市古墳群」の推薦を見送る
2013年 6 月	大阪府副知事と地元3市長が文化庁長官に登録推薦書類（原案）を提出
2010年11月	ユネスコの世界遺産暫定リストに「百舌鳥・古市古墳群」が記載される
2006年 9 月	文化庁が全国の自治体に対し世界遺産暫定リスト記載候補を公募

（注）現地調査についてはイコモスの専門家（フィリピン）が担当。（本人の希望により氏名は非公表）

日本の世界遺産　今とこれから

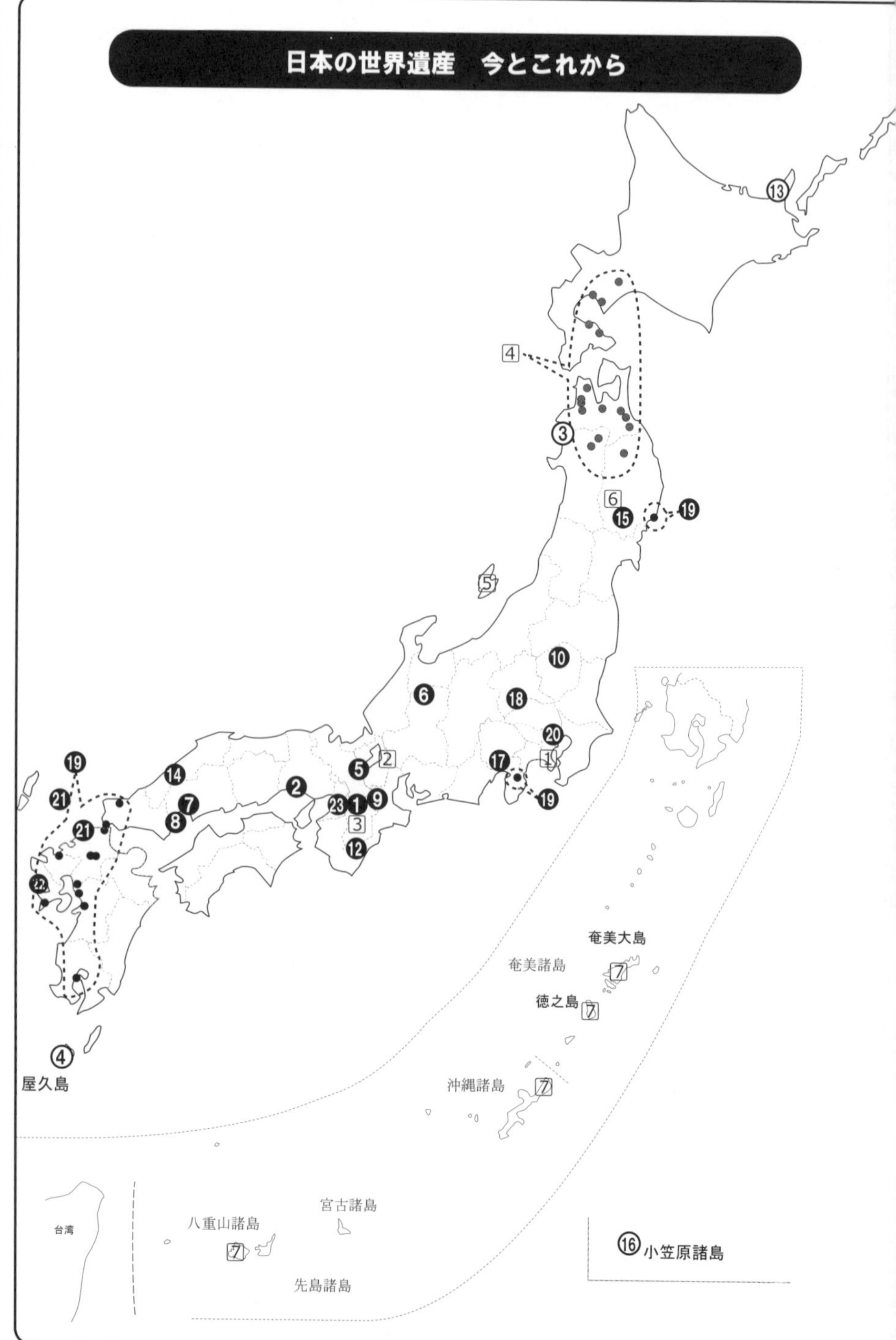

世界遺産登録物件（登録年）　●文化遺産　○自然遺産

❶法隆寺地域の仏教建造物（1993年）
❷姫路城（1993年）
③白神山地（1993年）
④屋久島（1993年）
❺古都京都の文化財（京都市、宇治市、大津市）（1994年）
❻白川郷・五箇山の合掌造り集落（1995年）
❼広島の平和記念碑（原爆ドーム）（1996年）
❽厳島神社（1996年）
❾古都奈良の文化財（1998年）
❿日光の社寺（1999年）
⓫琉球王国のグスク及び関連遺産群（2000年）
⓬紀伊山地の霊場と参詣道（2004年）
⑬知床（2005年）
⓮石見銀山遺跡とその文化的景観（2007年／2010年）
⓯平泉–仏国土(浄土)を表す建築・庭園及び考古学的遺跡群（2011年）
⑯小笠原諸島（2011年）
⓱富士山–信仰の対象と芸術の源泉（2013年）
⓲富岡製糸場と絹産業遺産群（2014年）
⓳明治日本の産業革命遺産：製鉄・製鋼、造船、石炭産業（2015年）
⓴ル・コルビュジエの建築作品－近代建築運動への顕著な貢献－（2016年）
㉑「神宿る島」宗像・沖ノ島と関連遺産群（2017年）
㉒長崎と天草地方の潜伏キリシタン関連遺産（2018年）
㉓百舌鳥・古市古墳群：古代日本の墳墓群（2019年）

暫定リスト記載物件（暫定リスト記載年）

1 古都鎌倉の寺院・神社ほか（1992年）→武家の古都・鎌倉
（登録推薦書類「取り下げ」）
2 彦根城（1992年）
3 飛鳥・藤原の宮都とその関連資産群（2009年）
4 北海道・北東北の縄文遺跡群（2009年）
5 金を中心とする佐渡鉱山の遺産群（2010年）
6 平泉–仏国土(浄土)を表す建築・庭園及び考古学的遺跡群（2012年）（登録範囲の拡大）
7 奄美大島、徳之島、沖縄島北部及び西表島（2016年）（登録推薦書類「取り下げ」）

2020年3月現在

北海道・北東北の縄文遺跡群
（北海道、青森県、秋田県、岩手県）
2009年暫定リスト記載
2021年世界遺産登録をめざす。

金を中心とする佐渡鉱山の遺産群（新潟県）
2010年暫定リスト記載

飛鳥・藤原ー古代日本の宮都と遺跡群（奈良県）
2007年暫定リスト記載

日本の文化遺産　ポテンシャル・サイト　国宝・重要文化財（建造物）

都道府県	数	国宝（建造物）227件	数	重要文化財（建造物）2509件（重要文化財の件数は、国宝の件数を含む）2020年3月現在
北海道	－	－	30	北海道庁旧本庁舎、函館ハリストス正教会復活聖堂ほか
青森県	－	－	32	弘前城天守、岩木山神社、最勝院五重塔、弘前八幡宮ほか
岩手県	1	中尊寺金色堂	27	中尊寺経蔵、金色堂覆堂、正法寺本堂、日高神社本殿ほか
宮城県	3	瑞巌寺本堂、瑞巌寺庫裏、大崎八幡宮	22	瑞巌寺五大堂、我妻家住宅、旧登米高等尋常小学校校舎ほか
秋田県	－	－	27	嵯峨家住宅、赤神神社五社堂、旧奈良家住宅、天徳寺ほか
山形県	1	羽黒山五重塔	30	羽黒山正善院黄金堂、山形県旧県庁舎及び県会議事堂ほか
福島県	1	阿弥陀堂（白水阿弥陀堂）	35	旧高松宮翁島別邸（迎賓館）、天鏡閣本館、旧広瀬座ほか
新潟県	－	－	34	旧新潟税関庁舎、新潟県議会旧議事堂、大泉寺観音堂ほか
茨城県	－	－	32	旧弘道館至善堂、鹿島神宮、大宝八幡神社本殿、笠間稲荷神社本殿ほか
栃木県	7	東照宮、輪王寺（大猷院霊廟）	33	東照宮旧奥社、二荒山神社本殿、輪王寺、岡本家住宅、西明寺ほか
群馬県	1	富岡製糸場（繰糸所、東置繭所、西置繭所）	22	碓氷峠鉄道施設煉瓦造アーチ橋、旧群馬県衛生所ほか
埼玉県	1	歓喜院聖天堂	24	日本煉瓦製造株式会社旧煉瓦製造施設、喜多院、日枝神社本殿ほか
千葉県	－	－	29	新勝寺光明堂、法華経寺、香取神宮、石堂寺、旧花野井家住宅ほか
東京都	2	正福寺地蔵堂、旧東宮御所（迎賓館赤坂離宮）	85	旧江戸城外桜田門、日本銀行本店本館、日本橋、学習院旧正門ほか
神奈川県	1	円覚寺舎利殿	54	鶴岡八幡宮大鳥居、建長寺唐門、横浜市開港記念会館、月華殿ほか
山梨県	2	大善寺本堂、清白寺仏殿	51	門西家住宅、旧高野家住宅、東光寺仏殿、穴切大神社本殿ほか
長野県	5	善光寺本堂、松本城天守ほか	86	善光寺経蔵、善光寺三門、諏訪大社上社、旧三笠ホテルほか
岐阜県	3	安国寺経蔵、永保寺開山堂、永保寺観音堂	49	吉島家住宅、和田家住宅、国分寺本堂、照蓮寺本堂、旧若山家住宅ほか
静岡県	1	久能山東照宮	33	富士浅間宮本殿、江川家住宅、天城山隧道、本興寺本堂、古谿荘ほか
愛知県	3	如庵、犬山城天守、金蓮寺弥陀堂	79	名古屋城、興正寺五重塔、観音寺、船頭平閘門、旧宝寿院宝篋印塔ほか
三重県	－	－	24	四日市旧港港湾施設、旧諸戸家住宅、来迎寺本堂、高倉神社ほか
富山県	1	瑞龍寺（仏殿、法堂、山門）	20	村上家住宅、岩瀬家住宅、立山室堂、気多神社本殿ほか
石川県	－	－	43	成巽閣、金沢城石川門、尾山神社神門、那谷寺、白山神社本殿ほか
福井県	2	明通寺本堂、明通寺三重塔	28	気比神社大鳥居、大滝神社本殿及び拝殿、旧谷口家住宅ほか
滋賀県	22	彦根城天守、延暦寺根本中堂、園城寺ほか	184	日吉大社摂社、春日神社本殿、大通寺本堂、長命寺本堂ほか
京都府	50	慈照寺銀閣、平等院鳳凰堂、本願寺飛雲閣、南禅寺方丈、清水寺本堂ほか	294	仁和寺五重塔、知恩院本堂、八坂神社本殿、裏千家住宅、冷泉家住宅ほか
大阪府	5	住吉大社本殿、桜井神社拝殿ほか	99	旧緒方洪庵住宅、大阪城大手門、四天王寺、中家住宅、泉布観ほか
兵庫県	11	姫路城、山寺本堂、鶴林寺、浄土寺ほか	108	永富家住宅、一乗寺妙見堂、旧神戸居留地十五番館、若王子神社本殿ほか
奈良県	64	東大寺、正倉院、薬師寺、興福寺、春日大社、元興寺、唐招提寺、法隆寺、室生寺ほか	263	吉野水分神社、大峰山寺本堂、今西家書院、福智院本堂、法華寺ほか
和歌山県	7	金剛三昧院多宝塔、金剛峰寺不動堂ほか	80	熊野那智大社、那智青岸渡寺、熊野本宮大社、三船神社、増田家住宅ほか
鳥取県	1	三仏寺奥院（投入堂）	18	三仏寺（納経堂、地蔵堂、文殊堂）、門脇家住宅主屋、樗谿神社ほか
島根県	3	出雲大社本殿、神魂神社本殿、松江城天守	24	日御碕神社日沈宮、菅田庵及び向月亭、熊谷家住宅ほか
岡山県	2	吉備津神社、旧閑谷学校講堂	55	閑谷神社（旧閑谷学校芳烈祠）、旧閑谷学校聖廟、旧矢掛本陣石井家住宅ほか
広島県	7	厳島神社社殿、不動院金堂、浄土寺本堂ほか	62	厳島神社大鳥居、浄土寺（阿弥陀堂、山門）、西国寺三重塔ほか
山口県	3	瑠璃光寺五重塔、功山寺仏殿、住吉神社本殿	38	熊谷家住宅、東光寺大雄宝殿、大照院、旧下関英国領事館ほか
徳島県	－	－	17	切幡寺大塔、田中家住宅、丈六寺本堂、宇志比古神社本殿ほか
香川県	2	本山寺本堂、神谷神社本殿	28	旧金比羅大芝居、丸亀城、高松城、屋島寺本堂、長尾寺経幢ほか
愛媛県	3	太山寺本堂、石手寺二王門、大宝寺本堂	49	道後温泉本館、石手寺本堂、松山城、浄土寺本堂、大山祇神社本殿ほか
高知県	1	豊楽寺薬師堂	20	高知城天守、竹林寺本堂、国分寺金堂、土佐神社、朝倉神社本殿ほか
福岡県	－	－	40	宗像神社辺津宮（本殿、拝殿）、太宰府天満宮、三井三池炭鉱ほか
佐賀県	－	－	14	多久聖廟、与賀神社楼門、佐賀城鯱の門及び続櫓、川打家住宅ほか
長崎県	3	大浦天主堂、崇福寺大雄宝殿、崇福寺第一峰門	36	旧グラバー住宅、旧オルト住宅、青砂ヶ浦天主堂、頭ヶ島天主堂ほか
熊本県	1	青井阿蘇神社	30	霊台橋、通潤橋、祇園橋、熊本城、細川家舟屋形、旧第五高等中学校ほか
大分県	2	宇佐神宮本殿、富貴寺大堂	32	白水溜池堰堤水利施設、泉福寺仏殿、鷹神社神門、行徳家住宅ほか
宮崎県	－	－	9	旧黒木家住宅、神門神社本殿、旧藤田家住宅、興玉神社内神殿ほか
鹿児島県	－	－	11	霧島神宮本殿、旧鹿児島紡績所技師館、箱崎神社本殿ほか
沖縄県	1	－	23	玉陵、墓室、石牆、瀬底土帝君、旧和宇慶家墓、天女橋、喜友名泉ほか

日本の文化遺産　ポテンシャル・サイト　特別史跡・史跡

都道府県	数	特別史跡 62件	数	史跡 1831件（史跡の件数は、特別史跡を含む） 2020年3月現在
北海道	1	五稜郭跡	55	旧北海道庁本庁舎、北黄金貝塚、入江・高砂貝塚ほか
青森県	1	三内丸山遺跡	22	根城跡、亀ヶ岡石器時代遺跡、是川石器時代遺跡ほか
岩手県	3	中尊寺境内、毛越寺跡、無量光院跡	30	柳之御所遺跡、御所野遺跡、高野長英旧宅跡ほか
宮城県	1	多賀城跡附寺跡	35	西の浜貝塚、仙台藩花山村寒湯番所跡ほか
秋田県	1	大湯環状列石	12	秋田城跡、払田柵跡、伊勢堂岱遺跡ほか
山形県	－		25	延沢銀山遺跡、米沢藩主上杉家墓所、城輪柵跡ほか
福島県	－		52	白河関跡、白水阿弥陀堂境域ほか
新潟県	－		33	佐渡金山遺跡、旧新潟税関ほか
茨城県	3	旧弘道館，常陸国分寺跡，常陸国分尼寺跡	32	愛宕山古墳、虎塚古墳、関城跡ほか
栃木県	2	日光杉並木街道附並木寄進碑，大谷磨崖仏	36	日光山内、足利学校跡、足利氏宅跡ほか
群馬県	3	多胡碑、山上碑および古墳、金井沢碑	51	旧富岡製糸場、岩宿遺跡、浅間山古墳、田島弥平旧宅ほか
埼玉県	－		20	埼玉古墳群、吉見百穴ほか
千葉県	1		30	加曽利貝塚、伊能忠敬旧宅ほか
東京都	2	小石川後楽園、江戸城跡	48	武蔵国分寺跡、大森貝塚、湯島聖堂ほか
神奈川県	－		59	鶴岡八幡宮境内、名越切通、東勝寺跡ほか
山梨県	1		15	武田氏館跡、金生遺跡、谷戸城跡、要害山ほか
長野県	1	尖石石器時代遺跡	37	中山道、松本城、小林一茶旧宅ほか
岐阜県	－		26	長塚古墳、高山陣屋跡、美濃国分寺跡ほか
静岡県	3	登呂遺跡、遠江国分寺跡、新居関跡	42	久能山、島田宿大井川川越遺跡、北条氏邸跡ほか
愛知県	1	名古屋城跡	40	三河国分寺跡、桶狭間古戦場伝説地附戦人塚ほか
三重県	1	本居宣長旧宅同宅跡	35	御墓山古墳、上野城跡、離宮院跡ほか
富山県	－		19	越中五箇山相倉集落、菅沼集落、朝日貝塚ほか
石川県	－		24	能登国分寺跡附建物群跡、石動山ほか
福井県	1	一乗谷朝倉氏遺跡	24	吉崎御坊、金ヶ崎城跡、西塚古墳ほか
滋賀県	2	彦根城跡、安土城跡	44	清滝寺京極家墓所、紫香楽宮跡ほか
京都府	3	鹿苑寺庭園、慈照寺庭園、醍醐寺三宝院庭園	85	旧二条離宮（二条城）、長岡宮跡ほか
大阪府	2	大坂城跡、百済寺跡	68	池上曽根遺跡、金山古墳、難波宮跡他ほか
兵庫県	1	姫路城跡	50	播磨国分寺跡、大石良雄宅跡ほか
奈良県	10	平城宮跡、キトラ古墳ほか	118	春日大社境内、唐招提寺旧境内ほか
和歌山県	1	岩橋千塚古墳群	24	和歌山城、金剛峯寺境内、紀伊国分寺跡ほか
鳥取県	1	斎尾廃寺跡	32	妻木晩田遺跡、上淀廃寺跡、三徳山ほか
島根県	－		56	石見銀山遺跡、荒神谷遺跡ほか
岡山県	1	旧閑谷学校附椿山石門津田永忠宅跡および黄葉亭	46	岡山城跡、高松城跡附水攻築堤跡ほか
広島県	2	厳島、廉塾ならびに菅茶山旧宅	26	原爆ドーム、毛利氏城跡、頼山陽居室ほか
山口県	－		43	萩反射炉、土井ヶ浜遺跡、松下村塾ほか
徳島県	－		12	阿波国分尼寺跡、丹田古墳ほか
香川県	1	讃岐国分寺跡	22	屋島、丸亀城跡、石清尾山古墳群ほか
愛媛県	－		16	松山城跡、伊予国分寺塔跡、法安寺跡ほか
高知県	－		11	竜河洞、土佐藩砲台跡、高知城跡ほか
福岡県	4	太宰府跡、大野城跡、王塚古墳、水城跡	93	石塚山古墳、宗像神社境内、元寇防塁ほか
佐賀県	2	吉野ケ里遺跡、名護屋城跡並陣跡	24	多久聖廟、大隈重信旧宅、谷口古墳ほか
長崎県	2	原の辻遺跡、金田城跡	32	出島和蘭商館跡、原城跡、吉利支丹墓碑ほか
熊本県	1	熊本城跡	40	チブサン古墳、江田穴観音古墳、豊前街道ほか
大分県	1	臼杵磨崖仏	42	福沢諭吉旧居、岡城跡、宇佐神宮境内ほか
宮崎県	1	西都原古墳群	23	安井息軒旧宅、千畑古墳、本庄古墳群ほか
鹿児島県	－		28	旧集成館、隼人塚、指宿橋牟礼川遺跡、城山ほか
沖縄県	－		41	首里城跡、今帰仁城跡、座喜味城跡、勝連城跡、中城城跡ほか
二府県以上	1	基肄（椽）城跡	25	延暦寺境内、近松門左衛門墓、歌姫瓦窯跡、琵琶湖疏水ほか

日本の文化遺産　ポテンシャル・サイト　特別名勝・名勝

都道府県	数	特別名勝 36件	数	名勝 418件（名勝の件数は、特別名勝を含む）　2020年3月現在
北海道	−	−	3	天都山、旧岩船氏庭園(香雪園)、ピリカノカ
青森県	−	十和田湖および奥入瀬渓流＊	6	仏宇多(仏ヶ浦)、瑞楽園、種差海岸、金平庭園ほか
岩手県	1	毛越寺庭園	10	猊鼻渓、碁石海岸、珊瑚島、厳美渓、観自在王院庭園ほか
宮城県	1	松島	5	秋保大滝、磐司、旧有備館および庭園
秋田県	−	十和田湖および奥入瀬渓流＊	4	奈曽の白瀑谷、檜木内川堤(サクラ)、如斯亭庭園ほか
山形県	−	−	7	金峰山、山寺、酒井氏庭園、玉川寺庭園、大沼の浮島ほか
福島県	−	−	2	会津松平氏庭園、須賀川の牡丹園
新潟県	−	−	10	佐渡小木海岸、佐渡海府海岸、清津峡、笹川流ほか
茨城県	−	−	2	桜川(サクラ)、常盤公園
栃木県	−	−	2	華厳滝および中宮祠湖(中禅寺湖)湖畔、大谷の奇岩群
群馬県	−	−	6	吾妻峡、妙義山、楽山園、三波川(サクラ)、躑躅ヶ岡ほか
埼玉県	−	−	1	長瀞
千葉県	−	−	4	高梨氏庭園
東京都	2	旧浜離宮庭園、六義園	11	旧芝離宮庭園、向島百花園、旧古河氏庭園ほか
神奈川県	−	−	5	建長寺庭園、円覚寺庭園、瑞泉寺庭園、三渓園、山手公園
山梨県	1	富士山＊、御岳昇仙峡	5	富士五湖、猿橋、恵林寺庭園、向嶽寺庭園
長野県	1	上高地	5	姨捨(田毎の月)、寝覚の床、天竜峡、光前寺庭園
岐阜県	−	−	5	霞間ヶ渓、鬼岩、永保寺庭園、東氏館跡庭園
静岡県	−	富士山＊	9	三保松原、白糸ノ滝、日本平、楽寿園、西伊豆西南海岸ほか
愛知県	−	−	5	名古屋城二ノ丸庭園、阿寺の七滝、木曽川堤(サクラ)ほか
三重県	−	瀞八丁＊	7	熊野の鬼ヶ城附獅子岩、赤目の峡谷、旧諸戸氏庭園ほか
富山県	1	黒部峡谷	2	黒部峡谷附猿飛ならびに奥鐘山
石川県	1	兼六園	9	白米の千枚田、那谷寺庫裡庭園、時国氏庭園ほか
福井県	1	一乗谷朝倉氏庭園	14	気比の松原、三方五湖、東尋坊、伊藤氏庭園、若狭蘇洞門ほか
滋賀県	−	−	22	延暦寺坂本里坊庭園、竹生島、居初氏庭園ほか
京都府	11	天橋立、西芳寺庭園ほか	44	嵐山、御室(サクラ)、円山公園、今日庵(裏千家)庭園ほか
大阪府	−	−	6	箕面山、南宗寺庭園、竜泉寺庭園、普門寺庭園
兵庫県	−	−	8	慶野松原、香住海岸、安養院庭園、旧赤穂城庭園ほか
奈良県	1	平城宮東院庭園、瀞八丁＊	10	平城京、吉野山、月瀬梅林、奈良公園、依水園ほか
和歌山県	−	瀞八丁＊	11	和歌山城西之丸庭園、那智大滝、根来寺庭園ほか
鳥取県	−	−	6	三徳山、浦富海岸、小鹿渓、尾崎氏庭園、観音寺庭園、深田氏庭園
島根県	−	−	12	鬼舌震、万福寺庭園、隠岐国賀海岸、隠岐知夫赤壁ほか
岡山県	1	岡山後楽園	12	下津井鷲羽山、頼久寺庭園、奥津渓、応神山、鬼ヶ嶽ほか
広島県	1	三段峡	8	縮景園、鞆公園、浄土寺庭園、帝釈峡、平和記念公園ほか
山口県	−	−	10	錦帯橋、毛利氏庭園、狗留孫山、常徳寺庭園ほか
徳島県	−	−	3	鳴門、阿波国分寺庭園、旧徳島城表御殿庭園
香川県	1	栗林公園	16	象頭山、神懸山(寒霞渓)、琴弾公園
愛媛県	−	−	12	波止浜、面河渓、大三島、志島ヶ原、岩屋、天赦園ほか
高知県	−	−	3	入野松原、室戸岬、竹林寺庭園
福岡県	−	−	8	松濤園、清水寺本坊庭園、戸島氏庭園、旧亀石坊庭園ほか
佐賀県	1	虹の松原	2	九年庵(旧伊丹氏別邸)庭園
長崎県	1	温泉岳	7	旧円融寺庭園、石田城五島氏庭園、旧金石城庭園
熊本県	−	−	6	水前寺成趣園、妙見浦、千厳山および高舞登山ほか
大分県	−	−	6	耶馬渓、別府の地獄、旧久留島氏庭園
宮崎県	−	−	4	五箇瀬川峡谷(高千穂峡谷)、妙国寺庭園尾鈴山瀑布群ほか
鹿児島県	−	−	5	知覧麓庭園、仙厳園附花倉御仮屋庭園、志布志麓庭園ほか
沖縄県	1	識名園	11	川平湾及び於茂登岳、石垣氏庭園、伊江御殿別邸庭園ほか
二府県＊	3	十和田湖〜、富士山、瀞八丁	3	三波石峡、木曽川

日本の文化遺産　ポテンシャル・サイト　重要伝統的建造物群保存地区

都道府県	数	重要伝統的建造物群保存地区　43道府県100市町村120地区　2020年3月現在
北海道	1	函館市元町末広町
青森県	2	弘前市仲町、黒石市中町
岩手県	1	金ヶ崎町城内諏訪小路
宮城県	1	村田町村田
秋田県	2	仙北市角館、横手市増田、
山形県	0	－
福島県	3	下郷町大内宿、南会津町前沢、喜多方市小田付
新潟県	1	佐渡市宿根木
茨城県	1	桜川市真壁
栃木県	1	栃木市嘉右衛門町
群馬県	2	中之条町六合赤岩、桐生市桐生新町
埼玉県	1	川越市川越
千葉県	1	香取市佐原
東京都	0	－
神奈川県	0	－
山梨県	2	早川町赤沢、甲州市塩山下小田原上条
長野県	7	東御市海野宿、南木曽町妻籠宿、塩尻市奈良井、塩尻市木曽平沢、白馬村青鬼、千曲市稲荷山 長野市戸隠
岐阜県	6	高山市三町、下二之町大新町、美濃市美濃町、恵那市岩村本通り、白川村荻町、郡上市八幡北町
静岡県	1	焼津市花沢
愛知県	2	豊田市足助、名古屋市有松
三重県	1	亀山市関宿
富山県	4	南砺市相倉、南砺市菅沼、高岡市山町筋、高岡市金屋町
石川県	8	金沢市東山ひがし、主計町、卯辰山麓、寺町台、加賀市加賀橋立、加賀東谷、輪島市黒島地区、白山市白峰
福井県	2	若狭町熊川宿、小浜市小浜西組
滋賀県	4	大津市坂本、近江八幡市八幡、東近江市五個荘金堂、
京都府	7	京都市上賀茂、産寧坂、祇園新橋、嵯峨鳥居本、美山町北、与謝野町加悦、伊根町伊根浦
大阪府	1	富田林市富田林
兵庫県	6	神戸市北野町山本通、豊岡市出石、篠山市篠山、篠山市福住、たつの市龍野 養父市大屋町大杉
奈良県	3	橿原市今井町、宇陀市松山、五條市五條新町
和歌山県	1	湯浅町湯浅
鳥取県	2	倉吉市打吹玉川、大山町所子
島根県	3	大田市大森銀山、大田市湯泉津、津和野町津和野
岡山県	3	倉敷市倉敷川畔、高梁市吹屋、津山市城東
広島県	3	竹原市竹原地区、呉市豊町御手洗、福山市鞆町
山口県	5	萩市堀内地区、平安古地区、浜崎、佐々並市、柳井市古市・金屋
徳島県	3	美馬市脇町南町、東祖谷山村落合、徳島　牟岐町出羽島
香川県	1	丸亀市塩飽本島町笠島
愛媛県	2	内子町八日市護国、西予市宇和町卯之町
高知県	2	室戸市吉良川町、安芸市土居廓中
福岡県	5	朝倉市秋月、うきは市筑後吉井、うきは市新川田篭、八女市八女福島、八女市黒木
佐賀県	4	有田町有田内山、嬉野市塩田津、鹿島市浜庄津町浜金屋町、鹿島市浜中町八本木宿
長崎県	4	長崎市東山手、長崎市南山手、雲仙市神代小路、平戸市大島村神浦
熊本県	0	－
大分県	2	日田市豆田町、杵築市北台南台
宮崎県	3	日南市飫肥、日向市美々津、椎葉村十根川
鹿児島県	3	出水市出水麓、南九州市知覧、薩摩川内市入来麓、南さつま市加世田麓
沖縄県	2	竹富町竹富島、渡名喜村渡名喜島

日本の文化遺産　ポテンシャル・サイト　重要文化的景観

都道府県	数	重要文化的景観　27道府県65件 2020年3月現在
北海道	1	アイヌの伝統と近代開拓による沙流川流域の文化的景観
青森県	0	−
岩手県	2	一関本寺の農村景観、遠野 荒川高原牧場
宮城県	0	−
秋田県	0	−
山形県	2	最上川の流通・往来及び左沢町場の景観、最上川上流域における長井の町場景観
福島県	0	−
新潟県	2	佐渡西三川の砂金山由来の農山村景観、佐渡相川の鉱山及び鉱山町の文化的景観
茨城県	0	−
栃木県	0	−
群馬県	1	利根川・渡良瀬川合流域の水場景観
埼玉県	0	−
千葉県	0	−
東京都	1	葛飾柴又の文化的景観
神奈川県	0	−
山梨県	0	−
長野県	2	姨捨の棚田、小菅の里及び小菅山の文化的景観
岐阜県	1	長良川中流域における岐阜の文化的景観
静岡県	0	−
愛知県	0	−
三重県	0	−
富山県	0	−
石川県	2	金沢の文化的景観 城下町の伝統と文化、大沢・上大沢の間垣集落景観
福井県	0	−
滋賀県	7	近江八幡の水郷、高島市海津・西浜・知内の水辺景観、高島市針江・霜降の水辺景観、東草野の山村景観、菅浦の湖岸集落景観、大溝の水辺景観、伊庭内湖の農村景観
京都府	3	宇治の文化的景観、京都岡崎の文化的景観、宮津天橋立の文化的景観
大阪府	1	日根荘大木の農村景観
兵庫県	1	生野鉱山及び鉱山町の文化的景観
奈良県	1	奥飛鳥の文化的景観
和歌山県	1	蘭島及び三田・清水の農山村景観
鳥取県	1	智頭の林業景観
島根県	1	奥出雲たたら製鉄及び棚田の文化的景観
岡山県	0	−
広島県	0	−
山口県	0	−
徳島県	1	樫原の棚田及び農村景観
香川県	0	−
愛媛県	3	遊子水荷浦の段畑、奥内の棚田及び農山村景観、宇和海狩浜の段畑と農漁村景観
高知県	6	四万十川流域の文化的景観(源流域の山村、上流域の山村と棚田、上流域の農山村の流通・往来、中流域の農山村の流通・往来、下流域の生業と流通・往来)、久礼の港と漁師町の景観
福岡県	1	求菩提の農村景観
佐賀県	1	蕨野の棚田
長崎県	7	平戸島の文化的景観、五島市久賀島の文化的景観、小値賀諸島の文化的景観、新上五島町北魚目の文化的景観、新上五島町崎浦の五島石集落景観、佐世保市黒島の文化的景観、長崎市外海の石積集落景観
熊本県	10	通潤用水と白糸台地の棚田景観、天草市崎津・今富の文化的景観、三角浦の文化的景観 阿蘇の文化的景観 阿蘇北外輪山中央部の草原景観、南小国町西部の草原及び森林景観、涌蓋山麓の草原景観、産山村の農村景観、根子岳南麓の草原景観、阿蘇山南西部の草原及び森林景観、阿蘇外輪山西部の草原景観
大分県	3	小鹿田焼の里、別府の湯けむり・温泉地景観、田染荘小崎の農村景観
宮崎県	1	酒谷の坂元棚田及び農山村景観
鹿児島県	0	
沖縄県	2	北大東島の燐鉱山由来の文化的景観、今帰仁村今泊のフクギ屋敷林と集落景観

〈著者プロフィール〉

古田 陽久（ふるた・はるひさ　FURUTA Haruhisa）世界遺産総合研究所 所長

1951年広島県生まれ。1974年慶応義塾大学経済学部卒業、1990年シンクタンクせとうち総合研究機構を設立。アジアにおける世界遺産研究の先覚・先駆者の一人で、「世界遺産学」を提唱し、1998年世界遺産総合研究所を設置、所長兼務。毎年の世界遺産委員会や無形文化遺産委員会などにオブザーバー・ステータスで参加、中国杭州市での「首届中国大運河国際高峰論壇」、クルーズ船「にっぽん丸」、三鷹国際交流協会の国際理解講座、日本各地の青年会議所（JC）での講演など、その活動を全国的、国際的に展開している。これまでにイタリア、中国、スペイン、フランス、ドイツ、インド、メキシコ、英国、ロシア連邦、アメリカ合衆国、ブラジル、オーストラリア、ギリシャ、カナダ、トルコ、ポルトガル、ポーランド、スウェーデン、ベルギー、韓国、スイス、チェコ、ペルーなど68か国、約300の世界遺産地を訪問している。
現在、広島市佐伯区在住。

【専門分野】世界遺産制度論、世界遺産論、自然遺産論、文化遺産論、危機遺産論、地域遺産論、日本の世界遺産、世界無形文化遺産、世界の記憶、世界遺産と教育、世界遺産と観光、世界遺産と地域づくり・まちづくり

【著書】「世界の記憶遺産60」(幻冬舎)、「世界遺産データ・ブック」、「世界無形文化遺産データ・ブック」、「世界の記憶データ・ブック」（世界の記憶データブック）、「誇れる郷土データ・ブック」、「世界遺産ガイド」シリーズ、「ふるさと」「誇れる郷土」シリーズなど多数。

【執筆】連載「世界遺産への旅」、「世界の記憶の旅」、日本政策金融公庫調査月報「連載『データで見るお国柄』」、「世界遺産を活用した地域振興－『世界遺産基準』の地域づくり・まちづくり－」（月刊「地方議会人」）、中日新聞・東京新聞サンデー版「大図解危機遺産」、「現代用語の基礎知識2009」（自由国民社）世の中ペディア「世界遺産」など多数。

【テレビ出演歴】TBSテレビ「ひるおび」、「NEWS23」、「Nスタニュース」、テレビ朝日「モーニングバード」、「やじうまテレビ」、「ANNスーパーJチャンネル」、日本テレビ「スッキリ!!」、フジテレビ「めざましテレビ」、「スーパーニュース」、「とくダネ!」、「NHK福岡ロクいち！」など多数。

【ホームページ】「世界遺産と総合学習の杜」http://www.wheritage.net/

世界遺産ガイド ー文化遺産編ー 2020改訂版

2020年（令和2年）4 月 24 日　初版 第1刷

著　　者　古 田 陽 久
企画・編集　世界遺産総合研究所
発　　行　シンクタンクせとうち総合研究機構 ©
〒731-5113
広島市佐伯区美鈴が丘緑三丁目4番3号
TEL＆FAX　082-926-2306
郵 便 振 替　01340-0-30375
電子メール　wheritage@tiara.ocn.ne.jp
インターネット　http://www.wheritage.net
出版社コード　86200

Complied and Printed in Japan, 2020　ISBN978-4-86200-235-8 C1520 Y2600E

発行図書のご案内

世界遺産シリーズ

書名	ISBN・価格・発行	内容
世界遺産データ・ブック　2020年版　新刊	978-4-86200-228-0 本体2778円 2019年8月	最新のユネスコ世界遺産1121物件の全物件名と登録基準、位置を掲載。ユネスコ世界遺産の概要も充実。世界遺産学習の上での必携の書。
世界遺産事典−1121全物件プロフィール−　2020改訂版　新刊	978-4-86200-229-7 本体2778円 2019年8月	世界遺産1121物件の全物件プロフィールを収録。 2020改訂版
世界遺産キーワード事典　2009改訂版	978-4-86200-133-7 本体2000円 2008年9月発行	世界遺産に関連する用語の紹介と解説
世界遺産マップス −地図で見るユネスコの世界遺産−　2020改訂版　新刊	978-4-86200-232-7 本体2600円 2019年12月発行	世界遺産1121物件の位置を地域別・国別に整理
世界遺産ガイド−世界遺産条約採択40周年特集−	978-4-86200-172-6 本体2381円 2012年11月発行	世界遺産の40年の歴史を特集し、持続可能な発展を考える。
世界遺産フォトス −写真で見るユネスコの世界遺産− 世界遺産の多様性を写真資料で学ぶ。	4-916208-22-6 本体1905円 1999年8月発行	
世界遺産フォトス 第2集−多様な世界遺産−	4-916208-50-1 本体2000円 2002年1月発行	
世界遺産フォトス 第3集−海外と日本の至宝100の記憶−	978-4-86200-148-1 本体2381円 2010年1月発行	
世界遺産入門−平和と安全な社会の構築−	978-4-86200-191-7 本体2500円 2015年5月発行	世界遺産を通じて「平和」と「安全」な社会の大切さを学ぶ
世界遺産学入門−もっと知りたい世界遺産−	4-916208-52-8 本体2000円 2002年2月発行	新しい学問としての「世界遺産学」の入門書
世界遺産学のすすめ−世界遺産が地域を拓く−	4-86200-100-9 本体2000円 2005年4月発行	普遍的価値を顕す世界遺産が、閉塞した地域を拓く
世界遺産概論＜上巻＞＜下巻＞	上巻 978-4-86200-116-0 下巻 978-4-86200-117-7 2007年1月発行 本体各2000円	世界遺産の基礎的事項をわかりやすく解説
世界遺産ガイド−ユネスコ遺産の基礎知識−	978-4-86200-184-9 本体2500円 2014年3月発行	混同するユネスコ三大遺産の違いを明らかにする
世界遺産ガイド−世界遺産条約編−	4-916208-34-X 本体2000円 2000年7月発行	世界遺産条約を特集し、条約の趣旨や目的などポイントを解説
世界遺産ガイド −世界遺産条約とオペレーショナル・ガイドラインズ編−	978-4-86200-128-3 本体2000円 2007年12月発行	世界遺産条約とその履行の為の作業指針について特集する
世界遺産ガイド−世界遺産の基礎知識編− 2009改訂版	978-4-86200-132-0 本体2000円 2008年10月発行	世界遺産の基礎知識をQ&A形式で解説
世界遺産ガイド−図表で見るユネスコの世界遺産編−	4-916208-89-7 本体2000円 2004年12月発行	世界遺産をあらゆる角度からグラフ、図表、地図などで読む
世界遺産ガイド−情報所在源編−	4-916208-84-6 本体2000円 2004年1月発行	世界遺産に関連する情報所在源を各国別、物件別に整理
世界遺産ガイド−自然遺産編− 2020改訂版　新刊	978-4-86200-234-1 本体2600円 2020年4月発行	ユネスコの自然遺産の全容を紹介
世界遺産ガイド−文化遺産編− 2020改訂版　新刊	978-4-86200-235-8 本体2600円 2020年4月発行	ユネスコの文化遺産の全容を紹介
世界遺産ガイド−文化遺産編− 1. 遺跡	4-916208-32-3 本体2000円 2000年8月発行	
世界遺産ガイド−文化遺産編− 2. 建造物	4-916208-33-1 本体2000円 2000年9月発行	
世界遺産ガイド−文化遺産編− 3. モニュメント	4-916208-35-8 本体2000円 2000年10月発行	
世界遺産ガイド−文化遺産編− 4. 文化的景観	4-916208-53-6 本体2000円 2002年1月発行	
世界遺産ガイド−複合遺産編− 2020改訂版　新刊	978-4-86200-236-5 本体2600円 2020年4月発行	ユネスコの複合遺産の全容を紹介
世界遺産ガイド−危機遺産編− 2020改訂版　新刊	978-4-86200-237-2 本体2600円 2020年4月発行	ユネスコの危機遺産の全容を紹介
世界遺産ガイド−文化の道編−	978-4-86200-207-5 本体2500円 2016年12月発行	世界遺産に登録されている「文化の道」を特集
世界遺産ガイド−文化的景観編−	978-4-86200-150-4 本体2381円 2010年4月発行	文化的景観のカテゴリーに属する世界遺産を特集
世界遺産ガイド−複数国にまたがる世界遺産編−	978-4-86200-151-1 本体2381円 2010年6月発行	複数国にまたがる世界遺産を特集

世界遺産ガイド–日本編– 2020改訂版 新刊	978-4-86200-230-3 本体 2778円 2019年9月発行 日本にある世界遺産、暫定リストを特集
日本の世界遺産 –東日本編– –西日本編–	978-4-86200-130-6 本体 2000円 2008年2月発行 978-4-86200-131-3 本体 2000円 2008年2月発行
世界遺産ガイド–日本の世界遺産登録運動–	4-86200-108-4 本体 2000円 2005年12月発行 暫定リスト記載物件はじめ世界遺産登録運動の動きを特集
世界遺産ガイド–世界遺産登録をめざす富士山編–	978-4-86200-153-5 本体 2381円 2010年11月発行 富士山を世界遺産登録する意味と意義を考える
世界遺産ガイド–北東アジア編–	4-916208-87-0 本体 2000円 2004年3月発行 北東アジアにある世界遺産を特集、国の概要も紹介
世界遺産ガイド–朝鮮半島にある世界遺産–	4-86200-102-5 本体 2000円 2005年7月発行 朝鮮半島にある世界遺産、暫定リスト、無形文化遺産を特集
世界遺産ガイド–中国編– 2010改訂版	978-4-86200-139-9 本体 2381円 2009年10月発行 中国にある世界遺産、暫定リストを特集
世界遺産ガイド–モンゴル編– 新刊	978-4-86200-233-4 本体 2500円 2019年12月発行 モンゴルにあるユネスコ遺産を特集
世界遺産ガイド–東南アジア編–	978-4-86200-149-8 本体 2381円 2010年5月発行 東南アジアにある世界遺産、暫定リストを特集
世界遺産ガイド–ネパール・インド・スリランカ編– 新刊	978-4-86200-221-1 本体 2500円 2018年11月発行 ネパール・インド・スリランカにある世界遺産を特集
世界遺産ガイド–オーストラリア編–	4-86200-115-7 本体 2000円 2006年5月発行 オーストラリアにある世界遺産を特集、国の概要も紹介
世界遺産ガイド–中央アジアと周辺諸国編–	4-916208-63-3 本体 2000円 2002年8月発行 中央アジアと周辺諸国にある世界遺産を特集
世界遺産ガイド–中東編–	4-916208-30-7 本体 2000円 2000年7月発行 中東にある世界遺産を特集
世界遺産ガイド–知られざるエジプト編–	978-4-86200-152-8 本体 2381円 2010年6月発行 エジプトにある世界遺産、暫定リスト等を特集
世界遺産ガイド–アフリカ編–	4-916208-27-7 本体 2000円 2000年3月発行 アフリカにある世界遺産を特集
世界遺産ガイド–イタリア編–	4-86200-109-2 本体 2000円 2006年1月発行 イタリアにある世界遺産、暫定リストを特集
世界遺産ガイド–スペイン・ポルトガル編–	978-4-86200-158-0 本体 2381円 2011年1月発行 スペインとポルトガルにある世界遺産を特集
世界遺産ガイド–英国・アイルランド編–	978-4-86200-159-7 本体 2381円 2011年3月発行 英国とアイルランドにある世界遺産等を特集
世界遺産ガイド–フランス編–	978-4-86200-160-3 本体 2381円 2011年5月発行 フランスにある世界遺産、暫定リストを特集
世界遺産ガイド–ドイツ編–	4-86200-101-7 本体 2000円 2005年6月発行 ドイツにある世界遺産、暫定リストを特集
世界遺産ガイド–ロシア編–	978-4-86200-166-5 本体 2381円 2012年4月発行 ロシアにある世界遺産等を特集
世界遺産ガイド–コーカサス諸国編– 新刊	978-4-86200-227-3 本体 2500円 2019年6月発行 コーカサス諸国にある世界遺産等を特集
世界遺産ガイド–バルト三国編– 新刊	4-86200-222-8 本体 2500円 2018年12月発行 バルト三国にある世界遺産を特集
世界遺産ガイド–アメリカ合衆国編– 新刊	978-4-86200-214-3 本体 2500円 2018年1月発行 アメリカ合衆国にあるユネスコ遺産等を特集
世界遺産ガイド–メキシコ編–	978-4-86200-202-0 本体 2500円 2016年8月発行 メキシコにある世界遺産等を特集
世界遺産ガイド–カリブ海地域編– 新刊	4-86200-226-6 本体 2600円 2019年5月発行 カリブ海地域にある主な世界遺産を特集
世界遺産ガイド–中米編–	4-86200-81-1 本体 2000円 2004年2月発行 中米にある主な世界遺産を特集
世界遺産ガイド–南米編–	4-86200-76-5 本体 2000円 2003年9月発行 南米にある主な世界遺産を特集

書名	ISBN・価格・発行	内容
世界遺産ガイド−地形・地質編−	978-4-86200-185-6 本体2500円 2014年5月発行	世界自然遺産のうち、代表的な「地形・地質」を紹介
世界遺産ガイド−生態系編−	978-4-86200-186-3 本体2500円 2014年5月発行	世界自然遺産のうち、代表的な「生態系」を紹介
世界遺産ガイド−自然景観編−	4-916208-86-2 本体2000円 2004年3月発行	世界自然遺産のうち、代表的な「自然景観」を紹介
世界遺産ガイド−生物多様性編−	4-916208-83-8 本体2000円 2004年1月発行	世界自然遺産のうち、代表的な「生物多様性」を紹介
世界遺産ガイド−自然保護区編−	4-916208-73-0 本体2000円 2003年5月発行	自然遺産のうち、自然保護区のカテゴリーにあたる物件を特集
世界遺産ガイド−国立公園編−	4-916208-58-7 本体2000円 2002年5月発行	ユネスコ世界遺産のうち、代表的な国立公園を特集
世界遺産ガイド−名勝・景勝地編−	4-916208-41-2 本体2000円 2001年3月発行	ユネスコ世界遺産のうち、代表的な名勝・景勝地を特集
世界遺産ガイド−歴史都市編−	4-916208-64-1 本体2000円 2002年9月発行	ユネスコ世界遺産のうち、代表的な歴史都市を特集
世界遺産ガイド−都市・建築編−	4-916208-39-0 本体2000円 2001年2月発行	ユネスコ世界遺産のうち、代表的な都市・建築を特集
世界遺産ガイド−産業・技術編−	4-916208-40-4 本体2000円 2001年3月発行	ユネスコ世界遺産のうち、産業・技術関連遺産を特集
世界遺産ガイド−産業遺産編−保存と活用	4-86200-103-3 本体2000円 2005年4月発行	ユネスコ世界遺産のうち、各産業分野の遺産を特集
世界遺産ガイド−19世紀と20世紀の世界遺産編−	4-916208-56-0 本体2000円 2002年7月発行	激動の19世紀、20世紀を代表する世界遺産を特集
世界遺産ガイド−宗教建築物編−	4-916208-72-2 本体2000円 2003年6月発行	ユネスコ世界遺産のうち、代表的な宗教建築物を特集
世界遺産ガイド−仏教関連遺産編 新刊	4-86200-223-5 本体2600円 2019年2月発行	ユネスコ世界遺産のうち仏教関連遺産を特集
世界遺産ガイド−歴史的人物ゆかりの世界遺産編−	4-916208-57-9 本体2000円 2002年9月発行	歴史的人物にゆかりの深いユネスコ世界遺産を特集
世界遺産ガイド −人類の負の遺産と復興の遺産編−	978-4-86200-173-3 本体2000円 2013年2月発行	世界遺産から人類の負の遺産と復興の遺産を学ぶ
世界遺産ガイド−暫定リスト記載物件編−	978-4-86200-138-2 本体2000円 2009年5月発行	世界遺産暫定リストに記載されている物件を一覧する
世界遺産ガイド −特集　第29回世界遺産委員会ダーバン会議−	4-86200-105-X 本体2000円 2005年9月発行	2005年新登録24物件と登録拡大、危機遺産などの情報を満載
世界遺産ガイド −特集　第28回世界遺産委員会蘇州会議−	4-916208-95-1 本体2000円 2004年8月発行	2004年新登録34物件と登録拡大、危機遺産などの情報を満載

世界の文化シリーズ

世界遺産の無形版といえる「世界無形文化遺産」についての希少な書籍

書名	ISBN・価格・発行	内容
世界無形文化遺産データ・ブック 2019年版 新刊	978-4-86200-224-2 本体2600円 2019年4月発行	世界無形文化遺産の仕組みや登録されているものを地域別・国別に整理。
世界無形文化遺産事典 2019年版 新刊	978-4-86200-225-9 本体2600円 2019年4月発行	世界無形文化遺産の概要を、地域別・国別・登録年順に掲載。

世界の記憶シリーズ

ユネスコのプログラム「世界の記憶」の全体像を明らかにする日本初の書籍

書名	ISBN・価格・発行	内容
世界の記憶データ・ブック 2017〜2018年版 新刊	978-4-86200-215-0 本体2778円 2018年1月発行	ユネスコ三大遺産事業の一つ「世界の記憶」の仕組みや427件の世界の記憶など、プログラムの全体像を明らかにする日本初のデータ・ブック。

ふるさとシリーズ

誇れる郷土データ・ブック 新刊 ー世界遺産と令和新時代の観光振興ー2020年版	978-4-86200-231-0 本体2500円 2019年12月発行 令和新時代の観光振興につながるユネスコの世界遺産、世界無形文化遺産、世界の記憶、それに日本遺産などを整理。
誇れる郷土データ・ブック ー2020東京オリンピックに向けてー2017年版	978-4-86200-209-9 本体2500円 2017年3月発行 2020年に開催される東京オリンピック・パラリンピックを見据えて、世界に通用する魅力ある日本の資源を都道府県別に整理。
誇れる郷土データ・ブック ー地方の創生と再生ー 2015年版	978-4-86200-192-4 本体2500円 2015年5月発行 国や地域の創生や再生につながるシーズを都道府県別に整理。
誇れる郷土ガイドー日本の歴史的な町並み編ー	978-4-86200-210-5 本体2500円 2017年8月発行 日本らしい伝統的な建造物群が残る歴史的な町並みを特集
誇れる郷土ガイド ー北海道・東北編ー	4-916208-42-0 本体2000円 2001年5月発行 北海道・東北地方の特色・魅力・データを道県別にコンパクトに整理
誇れる郷土ガイド ー関東編ー	4-916208-48-X 本体2000円 2001年11月発行 関東地方の特色・魅力・データを道県別にコンパクトに整理
誇れる郷土ガイド ー中部編ー	4-916208-61-7 本体2000円 2002年10月発行 中部地方の特色・魅力・データを道県別にコンパクトに整理
誇れる郷土ガイド ー近畿編ー	4-916208-46-3 本体2000円 2001年10月発行 近畿地方の特色・魅力・データを道県別にコンパクトに整理
誇れる郷土ガイド ー中国・四国編ー	4-916208-65-X 本体2000円 2002年12月発行 中国・四国地方の特色・魅力・データを道県別にコンパクトに整理
誇れる郷土ガイド ー九州・沖縄編ー	4-916208-62-5 本体2000円 2002年11月発行 九州・沖縄地方の特色・魅力・データを道県別にコンパクトに整理
誇れる郷土ガイドー口承・無形遺産編ー	4-916208-44-7 本体2000円 2001年6月発行 各都道府県別に、口承・無形遺産の名称を整理収録
誇れる郷土ガイドー全国の世界遺産登録運動の動きー	4-916208-69-2 本体2000円 2003年1月発行 暫定リスト記載物件はじめ全国の世界遺産登録運動の動きを特集
誇れる郷土ガイドー全国47都道府県の観光データ編ー 2010改訂版	978-4-86200-123-8 本体2381円 2009年12月発行 各都道府県別の観光データ等の要点を整理
誇れる郷土ガイドー全国47都道府県の誇れる景観編ー	4-916208-78-1 本体2000円 2003年10月発行 わが国の美しい自然環境や文化的な景観を都道府県別に整理
誇れる郷土ガイドー全国47都道府県の国際交流・協力編ー	4-916208-85-4 本体2000円 2004年4月発行 わが国の国際交流・協力の状況を都道府県別に整理
誇れる郷土ガイドー日本の国立公園編ー	4-916208-94-3 本体2000円 2005年2月発行 日本にある国立公園を取り上げ、概要を紹介
誇れる郷土ガイドー自然公園法と文化財保護法ー	978-4-86200-129-0 本体2000円 2008年2月発行 自然公園法と文化財保護法について紹介する
誇れる郷土ガイドー市町村合併編ー	978-4-86200-118-4 本体2000円 2007年2月発行 平成の大合併により変化した市町村の姿を都道府県別に整理
日本ふるさと百科ーデータで見るわたしたちの郷土ー	4-916208-11-0 本体1429円 1997年12月発行 事物・統計・地域戦略などのデータを各都道府県別に整理
環日本海エリア・ガイド	4-916208-31-5 本体2000円 2000年6月発行 環日本海エリアに位置する国々や日本の地方自治体を取り上げる

シンクタンクせとうち総合研究機構

事務局　〒731-5113　広島市佐伯区美鈴が丘緑三丁目４番３号

書籍のご注文専用ファックス　082-926-2306　電子メールwheritage@tiara.ocn.ne.jp